新商科
MBA新形态特色教材

企业伦理

郑耀洲 ◎ 主编

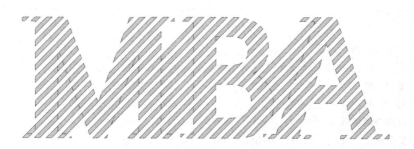

清华大学出版社
北京

内 容 简 介

基于联合国负责任管理教育原则和商学院可持续发展教育的需求,本书共分10章:企业伦理概述、道德推理、伦理与企业文化、企业社会责任、企业市场营销伦理、企业人力资源管理伦理、企业财务金融伦理、可持续发展概述、环境保护伦理、共益企业。

本书编入了与可持续发展和"30·60"双碳目标等主题有关的最新理论、政策、实践与案例,力求在知识体系和内容上有所创新,并体现"课程思政、案例导向、经法管融通、数字化"等特点。

本书既适合用作高校 MBA(工商管理硕士)、EMBA(高级管理人员工商管理硕士)以及其他各类研究生和本科生的教材,也适合广大企事业单位、政府与公共组织的管理工作者阅读参考。

本书封面贴有清华大学出版社防伪标签,无标签者不得销售。
版权所有,侵权必究。举报: 010-62782989,beiqinquan@tup.tsinghua.edu.cn。

图书在版编目(CIP)数据

企业伦理/郑耀洲主编. —北京:清华大学出版社,2022.9
新商科·MBA新形态特色教材
ISBN 978-7-302-61931-4

Ⅰ.①企⋯ Ⅱ.①郑⋯ Ⅲ.①企业伦理—教材 Ⅳ.①F270-05

中国版本图书馆CIP数据核字(2022)第179580号

责任编辑:张　伟
封面设计:汉风唐韵
责任校对:王荣静
责任印制:刘海龙

出版发行:清华大学出版社
　　网　　址:http://www.tup.com.cn,http://www.wqbook.com
　　地　　址:北京清华大学学研大厦A座　　邮　编:100084
　　社　总　机:010-83470000　　邮　购:010-62786544
　　投稿与读者服务:010-62776969,c-service@tup.tsinghua.edu.cn
　　质量反馈:010-62772015,zhiliang@tup.tsinghua.edu.cn
　　课件下载:http://www.tup.com.cn,010-83470142
印　装　者:北京嘉实印刷有限公司
经　　销:全国新华书店
开　　本:185mm×260mm　　印　张:12.25　　字　数:280千字
版　　次:2022年11月第1版　　印　次:2022年11月第1次印刷
定　　价:49.00元

产品编号:094098-01

前言

传统商业社会的发展模式给人类社会和环境带来诸多问题,联合国倡导的可持续发展理念已成为全球共识。中国经济社会进入高质量发展阶段后,可持续商业以及未来商业领导者的培养,对中国高校的负责任管理和可持续发展教育提出了更高的要求,商业伦理方面的课程越来越受到社会各界广泛的重视。2018年,"企业伦理"被全国工商管理专业学位研究生教育指导委员会正式指定为MBA核心课程之一,相关课程也在越来越多的高校本科生和研究生层面广泛开设。同时,共同富裕战略目标和"双碳"战略目标的落地,给企业伦理教材的更新带来了新的挑战和机遇。

本书是教育部首批新文科研究与改革实践项目"新商科'四位一体''五育并举'人才培养体系创新与实践"(项目编号:2021020017)的成果之一。

作为"新商科·MBA新形态特色教材"之一,为了便于教师教学和学生自学,本书每章包括:①学习目标、引言、引导案例;②正文;③案例分析、本章小结、核心概念、思考题、即测即练。

本书具有以下几个特点。

(1) 内容新颖。本书不仅包含大量的经典内容,还突出了可持续发展教育主题,编入了环境保护伦理与"双碳"国家战略、经济社会可持续发展与共同富裕、商业向善与共益企业等主题的最新理论、政策与实践。

(2) 案例与课程思政导向。每章均编入了反映中国经济社会发展和商业伦理热点,以及弘扬社会主义核心价值观的鲜活案例,这些案例连同最新的理论、政策与实践,可助力高校实现"企业伦理课程是天然的思政课程"的教学目标乃至人才培养目标。

(3) 经法管融通。每章都融入了经济、法律、管理多学科的理论与实践,以体现新商科教材特色和中南财经政法大学"经法管"融通的办学特色。

(4) 数字化与立体化。本书配有丰富的教辅资料:PPT、案例分析参考、课后习题参考答案、教学大纲、知识点体系、期末试卷等。

本书写作大纲由郑耀洲负责拟定,10章内容的编写分工为:郑耀洲,前言、第1~4章、第8~10章;冉雅璇,第5章;安增科,第6章;卢亮,第7章;汤一鹏参与了写作大纲的拟定和第2章的编写;冯娇娇参与了第5章和第6

章部分内容的编写。此外，郑耀洲还负责所有教辅资料的制作，以及全书内容的统稿和校对。张安娜和尤咏洁参与了文献的收集和整理。

感谢全国 MBA 商业伦理与社会责任教学论坛的周祖城教授、钱小军教授、吕力教授、辛杰教授、周勇教授等专家学者对我们企业伦理教学团队的指导和帮助。感谢德胜洋楼、百果园、远大科技等案例企业，积极配合我们团队开展企业伦理的案例研究、开发与教学。感谢清华大学出版社张伟编辑的支持和帮助。

本书大量吸收了国内外最新研究成果，感谢这些成果的作者对本书内容的贡献。企业伦理学是一门年轻的、学科跨度极大的交叉学科，企业伦理教材的编写难度不言而喻，书中不足之处，敬请各位专家和广大读者批评指正，大家宝贵的意见将使本书不断完善。

郑耀洲

数字经济与商业伦理研究中心

2022 年 5 月 17 日

目录

第1章 企业伦理概述 ... 1
引导案例：烽云物联的科技向善之路 ... 1
1.1 伦理 ... 2
1.1.1 伦理的概念 ... 2
1.1.2 伦理与道德 ... 3
1.1.3 伦理与法律 ... 3
1.2 企业伦理 ... 5
1.2.1 企业与社会 ... 5
1.2.2 企业伦理的概念 ... 5
1.2.3 企业伦理学 ... 6
1.3 企业伦理和企业社会责任及可持续发展 ... 8
1.3.1 企业伦理与企业社会责任 ... 8
1.3.2 企业社会责任与可持续发展 ... 9
1.4 学习企业伦理的意义 ... 11
1.4.1 与个人发展的关系 ... 11
1.4.2 与商学院发展的关系 ... 11
1.4.3 与企业及社会发展的关系 ... 12
1.5 本书的框架结构 ... 13
案例分析：胖东来：肩负责任，寻找可持续发展 ... 14
本章小结 ... 16
核心概念 ... 16
思考题 ... 17
即测即练 ... 17

第2章 道德推理 ... 18
引导案例：白象意外走红 ... 18
2.1 道德推理的含义 ... 19
2.1.1 道德推理的定义 ... 19
2.1.2 道德推理的标准 ... 19
2.1.3 道德责任推理 ... 20

2.2 伦理学理论 ·· 20
    2.2.1 功利主义 ·· 21
    2.2.2 义务论 ·· 22
    2.2.3 权利论 ·· 24
    2.2.4 正义论 ·· 25
    2.2.5 美德论 ·· 26
  2.3 伦理决策和道德管理 ·· 28
    2.3.1 伦理决策 ·· 28
    2.3.2 道德管理 ·· 31
  案例分析：创业中的伦理困境 ·· 33
  本章小结 ·· 33
  核心概念 ·· 34
  思考题 ·· 34
  即测即练 ·· 35

第3章 伦理与企业文化 ·· 36

  引导案例：方太用儒家文化引领创新 ·· 36
  3.1 企业文化概述 ·· 37
    3.1.1 企业文化的兴起 ·· 37
    3.1.2 企业文化的定义与结构 ·· 38
    3.1.3 企业文化结构解析 ·· 39
    3.1.4 企业文化落地 ·· 42
  3.2 企业文化与伦理 ·· 43
    3.2.1 基于伦理的企业价值观 ·· 43
    3.2.2 伦理与企业准则 ·· 44
    3.2.3 伦理型领导 ·· 45
  3.3 企业伦理美德模型 ·· 46
  案例分析：德胜听证会助力企业文化落地 ·· 48
  本章小结 ·· 50
  核心概念 ·· 50
  思考题 ·· 51
  即测即练 ·· 51

第4章 企业社会责任 ·· 52

  引导案例：鸿星尔克的爆红 ·· 52
  4.1 企业社会责任的定义及其发展 ·· 53
    4.1.1 企业社会责任的定义 ·· 53
    4.1.2 企业社会责任的时序演化 ·· 55

4.2 企业社会责任理论 ··· 57
4.2.1 企业社会责任金字塔模型 ··· 57
4.2.2 利益相关者理论 ··· 59
4.3 企业社会责任的相关概念 ··· 61
4.3.1 企业社会响应 ··· 61
4.3.2 企业社会绩效 ··· 62
4.3.3 企业公民 ··· 63
4.3.4 共享价值 ··· 64
案例分析：疫情下百果园的企业社会责任实践 ··· 65
本章小结 ··· 66
核心概念 ··· 67
思考题 ··· 68
即测即练 ··· 68

第5章 企业市场营销伦理 ··· 69
引导案例：企业借灾难营销 ··· 69
5.1 营销与道德 ··· 70
5.1.1 营销伦理的定义 ··· 70
5.1.2 营销伦理评判 ··· 70
5.1.3 营销管理哲学 ··· 71
5.2 营销中的伦理 ··· 72
5.2.1 产品中的伦理 ··· 72
5.2.2 定价中的伦理 ··· 74
5.2.3 广告促销中的伦理 ··· 76
5.2.4 分销渠道中的伦理 ··· 77
5.3 新环境下的营销伦理 ··· 79
5.3.1 绿色营销中的伦理 ··· 79
5.3.2 大数据营销中的伦理 ··· 81
5.3.3 "反"营销中的伦理 ··· 83
案例分析：疯狂购物节的绿色消费新趋势 ··· 85
本章小结 ··· 86
核心概念 ··· 86
思考题 ··· 86
即测即练 ··· 87

第6章 企业人力资源管理伦理 ··· 88
引导案例：招聘风波 ··· 88
6.1 企业制度与权力 ··· 89

6.1.1　权力与冲突 ……………………………………………………………… 89
　　　6.1.2　权力的滥用 ……………………………………………………………… 90
　　　6.1.3　制度的约束 ……………………………………………………………… 91
　6.2　人力资源管理中的伦理 ………………………………………………………… 92
　　　6.2.1　招聘选拔中的伦理 ……………………………………………………… 92
　　　6.2.2　薪酬设计中的伦理 ……………………………………………………… 94
　　　6.2.3　考核晋升中的伦理 ……………………………………………………… 96
　　　6.2.4　惩罚解雇中的伦理 ……………………………………………………… 98
　6.3　人力资源管理伦理面临的新挑战 ……………………………………………… 99
　　　6.3.1　企业对员工个人生活的干扰 …………………………………………… 99
　　　6.3.2　人工智能在人力资源管理中的应用 …………………………………… 101
　案例分析：困在算法系统里的外卖骑手 ……………………………………………… 103
　本章小结 ………………………………………………………………………………… 104
　核心概念 ………………………………………………………………………………… 104
　思考题 …………………………………………………………………………………… 105
　即测即练 ………………………………………………………………………………… 105

第7章　企业财务金融伦理 ……………………………………………………… 106

　引导案例：瑞幸咖啡的"自爆" ……………………………………………………… 106
　7.1　财务金融与财务金融伦理 ……………………………………………………… 107
　　　7.1.1　财务金融活动与模式 …………………………………………………… 107
　　　7.1.2　建立财务金融伦理的原因 ……………………………………………… 107
　　　7.1.3　财务金融伦理的定义、作用和应遵循的原则 ………………………… 109
　7.2　资本运作中的伦理 ……………………………………………………………… 110
　　　7.2.1　筹资中的伦理 …………………………………………………………… 110
　　　7.2.2　投资中的伦理 …………………………………………………………… 112
　　　7.2.3　分配中的伦理 …………………………………………………………… 113
　7.3　会计职能管理中的伦理 ………………………………………………………… 115
　　　7.3.1　会计与伦理 ……………………………………………………………… 115
　　　7.3.2　财务会计中的伦理 ……………………………………………………… 116
　　　7.3.3　管理会计中的伦理 ……………………………………………………… 117
　　　7.3.4　内部审计中的伦理 ……………………………………………………… 118
　　　7.3.5　会计职业道德准则 ……………………………………………………… 119
　案例分析：比亚迪投资绿色项目 ……………………………………………………… 120
　本章小结 ………………………………………………………………………………… 121
　核心概念 ………………………………………………………………………………… 122
　思考题 …………………………………………………………………………………… 122
　即测即练 ………………………………………………………………………………… 122

第8章 可持续发展概述 ········· 123

引导案例：从"工业锈带"到"生态秀带" ········· 123
8.1 可持续发展的概念 ········· 124
    8.1.1 可持续发展理念的脉络 ········· 124
    8.1.2 可持续发展的定义 ········· 125
8.2 可持续发展的三个维度 ········· 126
    8.2.1 可持续发展的三维度模型 ········· 126
    8.2.2 经济、社会和环境的可持续 ········· 127
8.3 可持续发展目标 ········· 128
    8.3.1 联合国可持续发展的17个目标 ········· 128
    8.3.2 中国的可持续发展 ········· 130
8.4 企业可持续发展 ········· 131
    8.4.1 企业可持续发展的概念 ········· 132
    8.4.2 企业可持续发展的衡量 ········· 133
    8.4.3 实现企业可持续发展面临的挑战 ········· 136
案例分析：可持续发展的斯德哥尔摩皇家海港城 ········· 137
本章小结 ········· 138
核心概念 ········· 139
思考题 ········· 139
即测即练 ········· 139

第9章 环境保护伦理 ········· 140

引导案例：加州突发重大环境灾难 ········· 140
9.1 人类与环境 ········· 141
    9.1.1 环境公平 ········· 141
    9.1.2 环境问题 ········· 142
9.2 企业与环境 ········· 145
    9.2.1 企业环境责任的概念 ········· 146
    9.2.2 企业承担环境责任的原因 ········· 146
    9.2.3 影响企业承担环境责任的因素 ········· 148
9.3 "双碳"目标下的企业行动 ········· 149
    9.3.1 "双碳"目标 ········· 150
    9.3.2 "双碳"目标下的战略和路径 ········· 151
    9.3.3 "双碳"目标下各行业的转变路径 ········· 153
    9.3.4 企业的"双碳"行动 ········· 155
案例分析："双碳"目标下远大"活楼"的实现 ········· 156
本章小结 ········· 158

核心概念 ··· 159
思考题 ··· 159
即测即练 ··· 159

第10章 共益企业 ··· 160

引导案例：第一反应：中国第一家共益企业 ································· 160

10.1 共益企业的概念和特点 ··· 161
    10.1.1 共益企业的概念 ·· 161
    10.1.2 共益企业的特点 ·· 164

10.2 影响共益企业的因素 ··· 165
    10.2.1 内部因素 ·· 165
    10.2.2 外部因素 ·· 166

10.3 成为共益企业的途径 ··· 168
    10.3.1 共益企业实践 ·· 168
    10.3.2 共益企业认证 ·· 170

案例分析：Rifò：循环经济、工艺和可持续时尚的结合 ····················· 172
本章小结 ··· 174
核心概念 ··· 174
思考题 ··· 175
即测即练 ··· 175

参考文献 ··· 176

附录1 联合国全球契约 ··· 180

附录2 贝迩商学院责任教育评估表 ··· 182

附录3 "双碳"重要会议和文件 ··· 183

第 1 章

企业伦理概述

学习目标

1. 了解伦理的概念;
2. 了解道德的含义,认识伦理和道德的关系;
3. 体会伦理与法律的区别和联系;
4. 学习企业与社会的关系,认识到企业伦理和企业伦理学的重要性;
5. 了解企业社会责任的本质;
6. 了解可持续发展以及可持续发展与企业社会责任的关系;
7. 认识到学习企业伦理的意义及重要性。

引言

在现代社会中,企业作为市场的主体,既是社会财富的重要创造者,也是各种资源的主要使用者、消耗者。企业在创造利润的同时,也在创造着社会生活。现代企业已不仅仅是一个经济实体,也是一个社会实体,更是一个文化实体,对社会的发展、人类的生活方式和自然环境的平衡都有着深远的影响。企业在生产经营过程中,在考核成本、追逐利润的同时,也要记住自身应负的社会责任。企业在发展自身的同时,也要成为社会发展的推动者,而不应该成为社会的掠夺者、自然的破坏者。

对于中国很多的企业来说,企业伦理(business ethics,也称商业伦理)是个全新的话题。社会主义市场经济体制的逐步建立使社会经济生活和社会政治生活发生分化,于是出现了伦理原则的分化和整合的问题,企业伦理作为一种特定的伦理规范,也因此成为人们的研究对象。

烽云物联的科技向善之路

烽云物联站在国家政策的风口之上,专注智慧农业技术,服务乡村振兴。

近些年来,国家出台了一系列对农业的扶持政策,如 2019 年,农业农村部、中央网络安全和信息化委员会办公室颁布的《数字农业农村发展规划(2019—2025 年)》,提出要实施数字乡村战略,给烽云物联带来了机遇。在政策的基础之上,烽云物联汇集相关领域专家,依托雄厚的人才力量,打造了一个自主研发的农业大数据平台。平台不仅能够对农作物生长、发育状况、病虫害、水肥状况以及相应的环境进行定期信息获取,以实现生成动态空间信息系统,而且其建模工具可以对农业生产中的现象、过程进行模拟,智能化决策农业生产。

利用自身的先进技术,烽云物联服务乡村振兴,将科技向善落到实处。红星村地处汉中市东北丘陵地带,是远近闻名的"贫困村"。烽云物联在实地调研之后,综合考虑了红星村的经济物质条件和村民期望,最终决定应用物联网技术改造红星村的农业产业发展体系。为此,他们计划将农田种植、温室种植、水产养殖等农业物联网技术应用于红星村,并适当将休闲农业元素融入其中,形成特色鲜明的农业物联网解决方案——红星村生态菜园子,帮助红星村脱贫"摘帽"。

资料来源:http://www.cmcc-dlut.cn/Cases/Detail/5608。

1.1 伦　　理

1.1.1 伦理的概念

"伦理"一词由来已久。在中国,"伦理"一词最早出现在《礼记》"凡音者,生于人心者也。乐者,通伦理者也"中。在这里,伦理是指"事物的条理"。在《说文解字》中有"伦者,辈也"。"伦"指人与人之间的关系。引申来看,"伦"是指人、组织、社会、自然之间的关系,包括:人与他人的关系,人与组织的关系,人与社会的关系,人与自然的关系,组织与组织的关系,组织与社会的关系,组织与自然的关系,社会与社会的关系,社会与自然的关系等。在汉语中,"理"最初是指"玉工治玉",后来衍生为"客观事物的层次,事物的规律和标准"。现代学者整合汉语中的"伦"与"理"之义,将"伦理"定义为"处理人们相互关系应遵循的道德和准则"。

在西方,伦理最早可以追溯到希腊哲学家柏拉图所处的时代。在古希腊,"伦理"一词早在荷马史诗《伊利亚特》中就已经出现了。西方语言学家普遍认为它来源于希腊的"ethos"和"itos"这两个词汇,"ethos"意为某团体或社会的道德思想,"itos"意为内心的状态。从词源的意思来看,"ethics"表示内在的道德规范。公元前4世纪,古希腊哲学家亚里士多德改造了"ethos"的意义,构建了形容词"ethikos"(伦理的)。从现代的观点来看,与中国文化中的"伦理"概念不同,西方的"伦理"一开始就具有原始的、素朴的理性特征。

中国文化的"伦理"主要指"人际关系",尤其是血缘亲属之间人际和谐的宗法秩序,而西方文化中的"伦理"主要指社会世界和公共生活中的正义治理规则,具有鲜明的理性取向。汉语言文化"伦理"中的"理"与"道"在理性维度上联系密切,而与"德"的本质和意蕴相去甚远,英语中的"ethics"(伦理)与汉语中的"理"比较接近,但与"伦"的本义没有多少关联。不过,这种概念差别在中国进入近代以后发生了变化,蕴含西方理性特征的"伦理"概念渐进式地渗入中国文化之中,并与中国文化中"道德"的概念发生某种潜在的文化竞争。最终,中国文化采用了与罗马人将"ethics(伦理)"转换为"moral(道德)"相似的方式,将西方的"伦理"概念转换为包含中国文化意蕴的"道德"概念。

总的来说,广义上的"伦理"指的是事物之间的条理顺序。狭义而言,伦理是指处理人、组织、社会、自然之间利益关系的行为规范。从古至今,从东方到西方,从至圣先师到普通个体,伦理都是永恒谈论的话题。

1.1.2 伦理与道德

在道德哲学中,每每谈起伦理,道德也会被同时提及。

"美德"(arete)一词最早可以追溯到荷马史诗,它泛指事物在表现其自身独特品性上的优秀、卓越。荷马不仅用它来形容英雄在战场上的勇敢,也用它来夸赞马匹奔跑起来的强劲。在中国,"道德"二字最早可以追溯到 3 000 多年前的殷商时期,在相关典籍中均有记载。《道德经》中提到"道生之,德畜之,物形之,势成之。是以万物莫不尊道而贵德。道之尊,德之贵,夫莫之命而常自然",其中"道"指的是自然运行和人世共处的真理,"德"为遵循"道"的规律发展变化的事物。

道德相依,密不可分。"道"是"德"的前提,没有"人所共由"的规范,就不可能有对规范的内心感悟;"德"是"道"的归宿,规范只有通过"内得于心"才能接受并发挥作用。而要把外部的规范转化成自觉要求的、体现在行动中的规范,需要包括社会舆论、内心信念、道德教育和自身修养等活动在内的全部努力。所以道德包含三方面的内容:道——(道德)规范;德——对规范有所得,表现为(道德)认识、情感、意志、信仰和习惯等;由"道"转化为"德"的途径和方法,即(道德)评价、教育、修养等。

伦理与道德是两个既相互区别又密切关联的概念,伦理指的是人类社会生活中长期形成的那些约定俗成的伦理关系(伦)及其所应遵循的道理(理),道德则体现了人类通过实践理性把握"伦"—"理"的自觉程度。

在中国古代文化中,"道德"概念包罗了生命主体对自然、社会、人类等大千世界万事万物之规律的理解和把握。"道"又可分为"天道""地道"和"人道"三类,就"人道"而言,它更多地关涉"善"与"仁"等情性内容。因此,"伦理"一词属于"道德"范畴中一个下位概念或二级概念。在现代汉语中,许多学者对"道德"与"伦理"两个概念一般并不做严格的区分,"伦理学"也常常称为"道德哲学"或"道德科学"等。但在日常生活中,两者还是存在一些差别。例如,我们会说某个人"有道德",但不会说某个人"有伦理"。在日常用法中,"道德"更多地用于人,更含主观、主体、个人意味;而"伦理"则更多地用于物和事,更具有客观、客体、社会、团体的意味。

作为学科,道德是伦理学的研究对象。伦理学要评价相关行为,提出值得从事的行为和应该反对的行为;评价实践中指导与约束人的行为的标准,提出值得遵守的标准;评价现实中的价值观,提出值得倡导的价值观,包括什么样的生活是值得过的、什么样的美德是值得拥有的。

1.1.3 伦理与法律

法律与伦理是两种不同的规范,尽管它们之间存在着密切的联系,但是它们在规范价值层次、规范调整范围、规范方式和强制程度等方面存在很大的差异。这些差异表明,法律与道德都有不同的规范空间和规范层次,法律是法律,伦理是伦理,法律规范不能代替伦理规范,伦理规范也不能代替法律规范。它们发挥着不同的规范作用。

1. 伦理与法律的区别

首先,伦理与法律调整对象与调整范围不同。伦理调整的不仅仅是人的行为,还包括人的内心,即行为的动机是否高尚、善良等;而法律则考察人行为的外部表现的合法性,虽然也会考察行为的动机,但不能离开行为考虑动机。典型的例子就是在刑法中不惩罚思想犯。伦理调整几乎涵盖了社会生产、生活的全部活动,而法律则只调整特定的行为。

其次,调整机制和可诉性不同。伦理的调整主要借助社会舆论、习俗、惯例和社会教育等来培养人们道德义务感的形成,通过人的自我约束和自觉遵守达到道德教化的目的,它属于一种软调节,其可诉性不确定。而法律依靠的是国家强制力,它由专门的司法机关和司法工作者依照特定的司法程序展开,属于一种硬调节,具有可诉性。

最后,伦理与法律的价值层次不同。道德伦理是一个多层次的规范体系,每一层次道德伦理所蕴含的文明价值各不相同。高层次的道德伦理所摄取的文明价值显然高于低层次的道德规范,但是低层次的道德规范的适用效力高于高层次的道德规范。法律规范属于道德伦理规范体系,但是法律在复杂关系调整和多元利益调适中的"中庸"角色或者"中人"标准决定了其必须保持"一般"和"普遍"的性质,所以法律规范所能吸收的只是道德伦理规范体系中最基本的内容和最起码的要求。

2. 伦理与法律的联系

首先,从社会起源上考察,道德先于法律产生;从法律内容看,法律源于道德。所以,一定社会的道德观念和伦理规范在很大程度上影响法的形成以及法的内容本身。伦理是较高层次的社会规范,法律是较低层次的规范,所以,在价值取向上,伦理规范必然指导并且影响法律规范。法律背后所存在的伦理价值观念支配并影响着法律的性质和方向。法的道德价值内涵在于:凡是法律所禁止并制裁的行为,应当是伦理所反对和谴责的行为;凡是法律所要求并肯定的行为,应当是伦理所提倡和颂扬的行为。

其次,伦理价值观念以及规则直接影响法律。例如,诚实信用是市场经济的道德规则,它要求人们在市场活动中遵守诺言、诚实不欺,在不损害他人利益和社会利益的前提下追求自己的利益。在历史上,诚实信用这一伦理规则曾经长期以商业习惯的形式存在。为了协调社会冲突,西方国家将诚实信用伦理规范引入法典,成为近现代民商法一项重要的法律原则,并且通过制裁各种欺诈行为予以保证。由于该法律原则的调整及于整个民商法律领域,所以被奉为"帝王条款"。

此外,从伦理角度看,法律是伦理实现的保障。法律规范具有普遍性和确定性的特点,所以伦理所提倡的善和所谴责的恶,可以通过法律确认而规范化和具体化;法律强制具有有效性和权威性的特点,所以伦理所提倡的善和所谴责的恶,可以通过法律的强制力而达到真正扬善惩恶的目的。社会基本道德伦理体现在、融合于法律法规之中,法律是道德伦理的凝固化、具体化、外在化和公开化。

1.2 企 业 伦 理

1.2.1 企业与社会

在开始探讨什么是企业伦理之前,我们要先明确什么是企业。

卡罗尔(Carroll)在其2003年出版的《企业与社会》(*Business & Society*)一书中,将企业定义为"私有的、商业导向或利润导向的组织合集,小到个人业主,大到巨型公司"。他主要是界定了在探讨企业与社会关系时企业的范围。在讨论企业与社会的关系时,人们总会把目光先投向那些引人瞩目的大企业,它们的产品和公司形象都广为人知,社会影响力也相对较大,人们对于这些企业的一举一动都会格外关注,而这些企业也乐于向公众展示其良好的一面。而一些产业,它们本身就会比其他产业造成更有争议的社会问题。比如制造产业,天然就会对空气和水造成污染。因此我们在讨论企业与企业和社会关系时,可能会更多地集中在一些特定行业或者大企业上,但是我们也不能无视小微企业作为社会一分子的这个事实,即使它们没有足够的资源和能力承担太多的社会责任。

从企业的性质看,企业具有"经济人"与"社会人"的双重性质。首先,企业是一个经济组织,利润是其生存和发展的基础。毫无疑问,企业是以营利为目的的经济组织形式,追求更多的利润是企业的根本目的所在。

此外,企业不是独立的、纯粹的个体,它是一个社会物。也就是说,企业还具有社会组织的性质,它不能脱离其他社会群体独立存在。正是由于企业既是个体的存在物,又是社会存在物,决定了企业的任何行为会对他人或社会产生这样或那样的影响。企业要想获得持续的生存权利,就必须对它可能造成的影响承担社会责任。

作为"社会人"的企业,它与社会实质上是局部与整体的关系。企业是社会的一个部分,不可能脱离社会而存在。社会作为一个整体,没有企业也构不成社会。社会的存在与发展决定着企业最终的生存与发展;而企业作为社会的一个重要部分,其自身发展状况也会对社会整体的发展产生重大影响。两者是相互依存、互利互助的关系。因此,如果一方的发展对另一方产生不利影响,那么这种影响最终也会回归到产生影响的那一方。所以,保持两者和谐互利的发展关系是社会与企业共同发展的必然要求。

电视纪录片《公司的力量》就在很大程度上揭示了企业和社会的关系。该纪录片以世界现代化进程为背景,梳理了公司起源、发展、演变、创新的历史,讨论了公司组织与经济制度、思想文化、科技创造、社会生活等诸多层面之间的相互推动和影响。

1.2.2 企业伦理的概念

1. 企业伦理的定义和作用

在经济迅猛发展的同时,商业领域的伦理与道德问题却日趋严峻。商业贿赂、虚假广告、财务造假、欺瞒顾客等,无不昭示着企业的商业伦理面临着严重的危机。

(1) 企业伦理的定义。企业伦理是企业在长期的生产经营实践活动中,涵盖企业内外部道德关系而形成的企业特有的伦理理念、伦理观念、价值目标、道德意识、道德规范、道德精神、道德传统及道德实践的总和。参照 1.1.1 中伦理的定义，企业伦理也可以定义为：处理企业与其利益相关者之间利益关系的行为规范。企业的利益相关者（stakeholder）包括企业内部的员工、外部的顾客以及其他与该企业有关联的组织（如企业、政府、非营利组织），乃至自然环境等。

（2）企业伦理的作用。企业伦理不仅可以提升企业的核心竞争力和凝聚力，还是企业的无形资产，是企业发展的不竭之源，是企业实现可持续发展的必由之路。其中涉及市场领域的伦理问题一般被称为经营伦理，而组织内部活动引起的伦理问题一般被称为管理道德。企业伦理道德对企业而言是一种极为宝贵的无形资产，会对人的经济行为发生作用，进而促进企业经济目标的实现。企业伦理是培育企业核心竞争力的核心，在现代企业制度建设中，必须重视企业伦理管理和建设。然而，即使企业及其管理者都明白企业的基业长青必须采取伦理行为，但在一些情境下，他们还是会为了追寻利益而转向非伦理的举措。

2. 企业采取非伦理行为的原因

企业采取非伦理行为的主要原因有三个。

（1）市场竞争。在严峻的市场竞争中，企业的压力巨大，要确保能够在竞争中存活下来，就必须有明确的追求利润目标。所以，伦理的思考在严酷的经济活动中根本不具备生存空间。然而，亚当·斯密早就指出，任何市场经济只有在共享的道德观的基础之上才能正常运行。市场竞争会驱使企业通过放弃伦理原则来确立竞争优势。如果所有参与市场竞争的人员都严格遵守市场道德规范，那么那些采取非伦理行为却没有受到制裁的竞争者就很容易建立优势。因此，竞争会给企业带来一定的压力。

（2）组织上的局限性。组织结构会促使组织各成员的行为始终服务于企业特定目标的实现。组织结构会表现为具体的岗位职责框架，对组织中各个成员的行为都提出一定的要求。组织结构一方面事先规定了员工应该做什么，另一方面也明确了员工不应该做什么。在组织层面上，另一方面是组织文化。有实证研究指出，在企业中已正式制度化的或仅仅是以非正式方式存在、与具体任务无特殊联系的文化价值定式，有可能成为阻碍伦理行为的重大障碍。

（3）管理者的道德。年轻的管理者容易被机会主义所侵蚀，如果这种判断是对今天或未来管理者的道德观的真实写照，那么，毫无责任感可言的利己主义显然会使伦理在企业实践中处于糟糕的境地。有些管理者会认为，伦理定向与在经济生活同样可行的传统"美德"是相一致的，企业不必做出伦理上的特别努力。

1.2.3 企业伦理学

企业伦理学，或称管理伦理学、商业伦理学，是研究企业在一切经营活动中的道德现象与管理准则的科学，一般研究管理过程中的道德现象、道德评价体系、道德标准的规律。简单地说，企业伦理学是研究商业道德的一门学问，专事研究商业活动的对与错的问题，其本质是倾向关于学术的（知识性的、技能性的、关于做事的）、社会的、简单化的，主要探讨企业与个人、与社会、与政府和其他企业间的"对的"关系是什么。

1. 企业伦理学与经济伦理学的区别

企业伦理学作为经济伦理学的一个重要分支,无论是在世界范围内还是在中国学界和公司实践中,都取得了长足的发展。然而,企业伦理学又与经济伦理学有所区别,经济伦理学关注的是宏观层面上对市场经济过程及其相关机构的基本论证,它探讨理应普遍适用的游戏规则。而企业伦理学探讨微观层面"企业行为的社会责任",由于市场和法律具有局限性,自我负责在日趋全球化的现代工业社会中已经变成一种越来越重要的制度因素。

2. 企业伦理学研究的主要方面和热门问题

在世界范围内,企业伦理学的研究主要集中在四个方面,包括企业伦理决策研究、企业社会绩效与利益相关者研究、企业道德行为研究和组织伦理研究。

(1) 企业伦理决策研究聚焦于个体为什么会采取伦理行为、什么因素影响了个体采取伦理行为。

(2) 企业社会绩效与利益相关者研究聚焦于企业的社会绩效、企业的社会责任等研究热点。

(3) 在企业道德行为研究中,代表性研究成果是道德行为发生论、基于道德主义原则对行为进行分析等。

(4) 在组织伦理研究方面,伦理氛围、组织伦理维度、组织伦理准则和组织伦理规范在学术界影响巨大。

3. 企业伦理学的发展

国外企业伦理的研究起步相对较早,经历了一个从不成熟到较为成熟、从不完善到较为完善的发展阶段。目前,国外企业伦理学的研究异常活跃,每年都有大量的文献出版,不同学科的专家经常开展企业经营管理中的伦理问题的对话和交流,国际性的企业伦理学会议不断举办,研究队伍和机构逐渐壮大,内容也渐趋深入,方法日趋综合与合理。总体来看,国外企业伦理学研究具有历史性、地域性和可操作性的特点。

企业伦理学这门学科在中国起步较晚,20世纪80年代中后期,中国在引进管理科学一系列重要分支学科的进程中,开始译介产生于西方国家的企业伦理学、商业伦理学。20世纪90年代中期至21世纪初,一些期刊发表了多篇评述国外企业伦理研究状况、探讨管理与伦理相结合各种相关问题的文章。近些年来,越来越多的国内学者推出了各有特色的企业伦理学方面的著作,推动了我国企业伦理学的发展。

此外,企业伦理(学)课程在高校开设越来越广泛。1999年,国务院学位委员会和教育部研究生工作办公室发文,将"企业伦理"列为企业管理专业硕士研究生的8门主要专业课之一。2018年,"企业伦理"被列为MBA核心课程之一。越来越多的高校在本科生、研究生中也开设了企业伦理等方面的选修课和必修课。

管理活动无处不在,管理活动中的伦理道德问题自然也是无处不在的。人类需要管理活动,也必然需要有助于提高管理活动效能的管理伦理研究。人类社会的这种实际需求,是企业伦理学不断演进的根本动力。

1.3 企业伦理和企业社会责任及可持续发展

1.3.1 企业伦理与企业社会责任

在1.2.1部分,我们通过学习企业和社会的关系,认识到保持企业和社会和谐互利的发展关系是二者共同发展的必然要求,而企业社会责任(corporate social responsibility,CSR)正是满足这一要求的社会必然产物。

1. 企业社会责任是企业和社会共同发展的必然产物

企业与社会是相互依存、相互制约的关系。要想让企业承担社会责任,最好的工具就是"社会"。

企业的生存要依赖社会,企业的盈利来源于社会。没有社会,便没有企业的生存与发展。因此,当企业社会责任成为社会对企业的要求时,就能有效推动企业承担社会责任。消费者对符合社会责任标准的产品的购买会使这些企业产生市场竞争优势,使其他企业也向这一趋势靠拢。此外,企业社会责任的良好履行不仅能赢得合作伙伴的信任,还会吸引社会责任投资者的青睐,争取到更多的发展资金。可见,企业对社会责任的主动承担往往是在社会发展的竞争中和利益的激励下实现的。

因此,可以借助"社会"这个工具,通过营造社会责任评价氛围,推动企业承担社会责任。可以通过加强对社会大众,特别是相关利益者的宣传教育,提高社会大众对企业社会责任的认可度与重视度;还要发挥媒体的舆论监督作用,经常、及时地了解、报道企业的经营行为,增加社会对企业履行社会责任认知的透明度。同时,加强对不履行社会责任行为的监督,加大对企业逃避社会责任现象的曝光,并给予强烈的谴责,以加大不良企业的社会责任压力。

2. 企业社会责任的强制性和自觉性

企业社会责任既是强制的法律责任,也是自觉的道德责任。道德的社会责任,指虽没有法律的直接规定,但道德伦理要求公司承担的对社会的责任。法定的社会责任,指由法律、行政法规等明文规定的企业应当对社会承担的责任。两者相互依存、相互促进,共同构成完整的企业社会责任,有利于企业与社会的和谐发展。

一方面,由于法律规定不能包罗万象、面面俱到,道德的社会责任便成为法定的社会责任的必要补充。而法律责任是将道德责任中最根本的社会责任上升到法律的层面,保障其切实有力的实现。

另一方面,道德意义上的社会责任主要通过对企业经营者内心信念与思想活动的调整,保证企业对社会责任的履行。因此,道德意义上的社会责任有利于企业经营者树立正确的社会责任观,进而促进其对法定社会责任的自觉履行。而法律意义上的社会责任,通过立法体现出对企业的社会责任的导向性教育功能,有利于企业社会责任意识的不断提升,从而促进企业履行更多道德意义上的社会责任。

3. 国家层面社会责任机构的成立

2022年3月,为切实推动中央企业科技创新和社会责任工作,经中央机构编制委员会批准,国务院国有资产监督管理委员会成立社会责任局。国务院国有资产监督管理委员会社会责任局的主要职能为:

(1) 突出抓好中央企业碳达峰碳中和有关工作,"一企一策",有力有序推进"双碳"工作;

(2) 抓好安全环保工作,推动企业全过程、全链条完善风险防控体系;

(3) 抓好中央企业乡村振兴和援疆援藏援青工作;

(4) 抓好中央企业质量管理和品牌建设,打造一批国际知名高端品牌;

(5) 抓好中央企业社会责任体系构建工作,指导推动企业积极践行ESG (environmental, social and governance)理念,主动适应、引领国际规则标准制定,更好地推动可持续发展。

未来,在国家的带领和推动下,企业社会责任将会成为整个社会都必须面对的共同议题。在第4章中,将对企业社会责任的定义及发展、企业社会责任的相关理论概念等内容进行具体介绍。

1.3.2 企业社会责任与可持续发展

早在1987年,世界环境与发展委员会在《我们共同的未来》报告中就阐述了可持续发展的概念,得到了国际社会的广泛认同。可持续发展是指既满足现代人的需求又不损害满足后代人需求的能力,是指经济、社会、资源和环境保护协调发展,它们是一个密不可分的系统。

1. 企业社会责任在可持续发展中的作用

(1) 企业社会责任在实现可持续发展方面发挥着至关重要的作用。企业社会责任是从企业的角度出发,超越了政府和市场的力量,能够有效解决企业的外部性、降低政府监督的成本,对推进可持续发展具有重要且独特的作用。

一是企业社会责任的自律作用。企业在从事生产经营活动时,必须意识到企业赖以生存的生态环境也是其利益相关者之一。企业必须从人与自然和谐共处的社会需要出发,自觉减少污染物排放,保护生态环境。企业的这种自律行为是企业自身出于社会利益的考虑,无须外部力量控制的一种自觉、主动行为。它使企业的环保行为从"要我做"变为"我要做",既可以大大降低政府干预中由信息不对称而产生的"道德风险",又可以在一定程度上减少政府监测的成本,对推进可持续发展具有不可估量的作用。

二是企业社会责任的广泛渗透作用。现在很多公司都将企业社会责任融入企业文化(corporate culture)中,通过企业文化对员工潜移默化的柔性影响,将企业社会责任渗透到员工的价值取向中。在企业中,如果每一个成员都树立可持续发展的意识,他们就会自觉遵守企业的环保规章,主动配合企业的环保措施,从而减少企业内部的管理成本。

三是企业社会责任的持久激励作用。对于企业而言,践行企业社会责任是一个复杂而漫长的过程。但一旦形成,企业社会责任就具有可重复性,会影响一代又一代企业成员,为企业改进技术和管理、控制污染提供持续的激励,成为引领企业长期行为的基本准则。

(2) 企业社会责任是企业可持续发展的基础。企业的"社会人"属性意味着企业的存在是建立在社会需求的基础之上。没有社会,就没有企业的生存和发展。企业的发展实际上就是企业在社会提供的时空范围内不断地拓展,所以企业发展的可持续性就必须以社会对企业的可接受性为前提:企业的产品和劳务是否满足社会需要,以及企业的行为是否符合社会伦理规范等。社会要求企业以社会利益为重,并不是否认企业追求自身利益的行为,而是要求企业将社会利益放在首要位置,在实现社会利益的过程中追求企业自身利益,从企业社会责任出发去实现利润的最大化。

企业社会责任体现了企业所追求的目标和所采取的手段的合道德性,以及体现在与企业利益相关者的重大问题的处理方式上,它作为企业价值体系的核心,满足了社会对企业的期望,让社会给予企业更大的拓展空间,从根本上决定了企业发展的可持续性。

2. 可持续发展中企业社会责任的趋势热点

可持续发展不仅是全人类全社会的共同目标,也是中国实现高质量发展的必然选择。可持续发展旨在实现经济发展、社会进步、环境保护之间的平衡,随着国家"双碳"战略和共同富裕战略的逐步落地,可持续发展中的企业社会责任出现两大趋势热点。

(1) 企业"双碳"行动。2020年9月22日,中国在第七十五届联合国大会一般性辩论中承诺:中国将提高国家自主贡献力度,采取更加有力的政策和措施,二氧化碳排放力争于2030年前达到峰值,努力争取2060年前实现碳中和。自此,中国进入"双碳"时代。2021年被称为中国碳中和"元年",元年意味着开始,同时也预示未来三四十年时间里,碳中和将是中国经济社会发展的重要主题。

在碳达峰和碳中和的"双碳"目标下,在如何履行社会责任方面,身处各行各业的企业面临新的挑战和机遇。既然碳中和已经成为不可逆转的趋势,企业主动的"双碳"行动,不仅是一种社会责任的体现,也可以获得企业可持续发展的动力。本书9.3将专门讨论"双碳"目标下的企业行动。

(2) 企业公益和共益企业(benefit corporation, B Corp 或 BC)。在高质量发展中促进共同富裕,就是要通过解决发展的不平衡、不协调的问题,增强整个社会发展的包容性和全面性,这与联合国在社会进步方面的可持续发展目标是一致的。

企业公益是企业履行社会责任的重要方式之一,也是促进共同富裕的重要推动工具。实现共同富裕的关键路径之一,是促进初次分配、再分配、三次分配的有机结合。第三次分配强调在自愿基础上,由"先富者"以公益慈善形式对社会资源和财富进行分配,缩小过大的贫富差距。对企业而言,参与推进共同富裕,必然需要开展更多企业公益层面的实践。本书8.3.2将讨论经济、社会可持续发展与共同富裕。

此外,在中国,在倡导共同富裕的时代背景下,如何通过"共益经济"实现共同富裕成为当下的热门话题。而世界范围内正在兴起的共益企业,作为公益组织和传统商业性组织之间的一种混合型组织,正是通过兼顾获利、社会目标和环境影响,来重新定义商业成功的。在可持续发展的背景下,共益企业将迎来企业社会责任的不断创新。本书第 10 章将专门讨论共益企业。

1.4 学习企业伦理的意义

1.4.1 与个人发展的关系

首先,学习伦理有助于个人对社会的认识与把握。对于社会价值类的问题,如"是好是坏?是优是劣?是先进还是落后?"等,需要我们用价值哲学和伦理学去进行评判。而伦理的不可或缺性就表现为:能对现实的社会及社会生活的性质作出善恶判断,为改革社会或完善社会提供价值指导。

其次,学习伦理有助于确立一个好的善恶观、人生观。在现实社会中,人们对善恶的看法是不尽相同的,与之相应,也有多种多样的人生观。面对如此多的见解,伦理关于善恶根源和至善的探讨与说明,能使我们知道究竟什么样的善恶观和人生观是可取的。

最后,学习伦理有助于改善自己的道德人格。人格有高尚与卑微之分,但无论是高尚人格还是卑微人格都不是先天生就的,而是后天形成的。所有正直的人都想远离卑微、趋近高尚,于是就有"什么是高尚与卑微""高尚的人应该具备哪些品质""怎样判断实有人格的高低优劣"和"如何塑造理想的高尚人格"等问题。而对于这些问题,自然只能通过对伦理学的学习和了解来获得答案。

1.4.2 与商学院发展的关系

传统商业社会的发展模式给社会和环境带来诸多问题,探索商业的可持续发展已成为全球共识。面对日益复杂的经营环境、日益严重的环境压力和自然资源挑战以及更加严格的社会要求,如何保证商业的可持续发展,从而促进社会乃至全球的可持续发展,现有商业运营者、未来商业领袖的环境保护意识、社会责任领导力成为关键。

社会经济发展和企业管理需要的改变,对商学院的传统教育提出新的要求和挑战——关注可持续发展,注重责任领导力培养。

1. 负责任管理教育与企业伦理

究竟什么是负责任的管理?英国《金融时报》报道:这是关于"在作出商业决策时,除了考虑到股东的利益,同时也要考虑到所有其他利益相关者,如员工、客户、供应商、环境、社区和子孙后代"。

负责任管理教育原则(the principles for responsible management education,PRME)由联合国全球契约提出,于 2007 年在日内瓦全球契约领导人峰会上正式启动。该原则是受联合国支持,促进并且激励学术机构进行责任管理教学与研究的全球性倡议。后来成立的 PRME 倡议组织的愿景和使命是,在全球范围内革新商业管理领域的教育、研究和思想引领,提升对联合国可持续发展目标的认知水平,培养未来商业领袖。PRME 的六项原则和一项附加原则(表 1-1)在管理教育机构之间建立起了一个持续改进的过程,强调将可持续性和负责任的管理价值观以及可持续发展目标纳入教学、研究和实践活动中,规范商学院对学生的培养模式,切实提高当今商学院学生的能力,从而培养能够面临复杂挑战的新一代商业领袖。

表 1-1 PRME 的六项原则和一项附加原则

原则	内容
原则 1：目标(purpose)	我们帮助学生进行能力建设,使他们成为未来商业和社会可持续发展价值观的缔造者,让他们能够更好地服务一个包容和可持续发展的全球经济
原则 2：价值观(values)	我们会将诸如联合国全球契约等国际倡议所提出的全球社会责任纳入我们的学术活动、课程和组织实践之中
原则 3：方法(method)	我们将建立教育框架、材料、教学进程和环境,使学生能有效地学习责任领导力
原则 4：研究(research)	我们将积极参与理论与实践研究,加深我们对企业在创造可持续的社会、环境和经济价值方面的角色、动态和影响的了解
原则 5：合作(partnership)	我们将通过与企业管理者的互动,更好地了解他们在社会和环境责任方面所遇到的挑战,并且和他们一起找到最有效的方法来应对这些挑战
原则 6：对话(dialogue)	我们将促进和支持与教育工作者、学生、企业、政府、消费者、媒体、民间社会组织以及其他感兴趣的团体和利益相关方就有关全球社会责任和可持续性的重要议题进行对话和探讨
附加原则	相信我们所做的一切活动将会代表我们所想传递给学生的价值观和态度

2. 商学院国际认证与企业伦理

除了 PRME 原则以外,还有多个国内外对商学院可持续发展教育的认证,如中国高质量 MBA 教育认证(Chinese Advanced Management Education Accreditation, CAMEA)、美国高等商学院联合会(Association to Advance Collegiate Schools of Business, AACSB)认证、英国工商管理硕士协会(Association of MBAs, AMBA)认证和欧洲质量改进体系(European Quality Improvement System, EQUIS)认证等,都强调了伦理、企业社会责任和可持续发展在商学院教育中的重要性,也突出了企业伦理在商学院教育中的重要性。

无论是 PRME 原则还是国际性的商学院认证,以及中国的政治、经济、社会、文化、生态环境的持续改善,都为企业伦理、企业社会责任、可持续发展相关课程教学的开展创造了良好的外部条件。在教育中加强经营管理者企业伦理基础理论知识的学习,将有助于管理者熟知企业道德规范,拥有独立的价值观进而影响企业价值观的形成;也有助于我国商学院在 PRME 原则的指导下开展企业伦理课程,通过国际认证,实现商学院的发展。(参见附录 2)

1.4.3 与企业及社会发展的关系

学习企业伦理对社会发展的作用主要体现在以下两方面。

一方面,学习企业伦理可以约束企业及其员工的行为,促进企业健康发展。企业规范是企业能够长远发展的重要因素。企业管理者是企业的核心,企业的伦理价值观受企管理者的道德素质约束,管理者具有正确的商业伦理价值观,才能使企业具有商业良心和商业精神,这是企业规范运营的基础,也是企业具备竞争优势的必要条件。而企业伦理包含了企业如何处理与外部和内部利益相关者以及管理的商业行为。因此,学习企业伦理知识,使企业懂得在商业活动中的底线是什么,懂得企业长久不衰的核心价值是什么,能够有效规范商业主体的行为,使商业主体在决策中自觉遵守企业伦理准则。

另一方面,企业伦理教育对社会主义市场经济制度良好运行具有基础性作用,促进经济社会发展。人们的经济活动是不可能脱离社会活动独立进行的,市场经济活动中的经济个体,不仅处于经济关系中,同时也处于复杂的社会关系中,他们既是追求经济利益的经济主体,也是推动社会持续发展的道德伦理主体。诚信、公平、正义、善良是社会主义市场经济制度能够良好运行的基础,而学习企业伦理能够帮助自己树立诚信、公平、正义、善良等正确的道德标准,未来我们多数都将成为市场的主体之一,我们具备诚信、公平、正义、善良的素养,有利于社会主义市场经济制度良好运行。作为一名雇员、消费者、投资者,如果个人道德观念不强、道德素质不高,就会缺乏遵守法律法规的自觉性,有法不依,甚至知法犯法,专门钻法律的空子,从而使法制建设成为空谈。法制建设垮了,人们的经济利益最后也得不到保障。从这种角度来讲,企业伦理建设能够促进法制建设的发展,从而间接起到保障经济主体利益的作用。

1.5 本书的框架结构

本书主要围绕伦理、企业社会责任和可持续发展三大逻辑板块展开。奥利弗·拉什(Oliver Laasch)、罗杰·N.康纳威(Roger N. Conaway)所著的《责任管理原理:全球本土化过程中企业的可持续发展、责任和伦理》一书认为,伦理、责任和可持续发展三个概念存在一个层次关系:伦理是企业开展一切活动的基础,企业社会责任是企业在生产过程中的行为选择,最终的目的是实现企业的可持续发展,即企业的永续发展。本书在借鉴这种逻辑的基础上,结合国内外企业伦理的前沿理论和实践,将内容分为10章。全书的框架结构见图1-1。

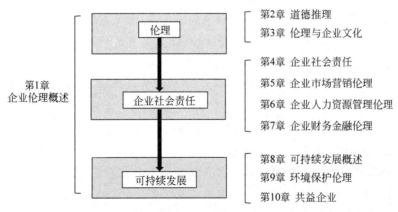

图1-1 全书的框架结构

第1章企业伦理概述，介绍了什么是伦理，以及伦理和道德及法律的区别与联系；随后，介绍了企业伦理、企业伦理与企业社会责任和可持续发展之间的关系，学习企业伦理的意义。最后，介绍了全书的框架结构。

伦理板块，包括第2章和第3章的内容。第2章道德推理，介绍了什么是道德推理，以及经典的伦理学理论，这些理论是企业在道德决策时应该如何判断并作出选择的依据。第3章伦理与企业文化，介绍了企业文化的基本内容以及企业文化和伦理的关系，企业文化是企业伦理的具体体现。

企业社会责任板块，包括第4章、第5章、第6章和第7章的内容。第4章企业社会责任，厘清了企业社会责任的相关概念及其发展脉络，介绍了企业社会责任是哪几种责任，以及对谁负责任。第5章、第6章、第7章，介绍了企业最重要的三个利益相关者——顾客、员工和股东，企业在对这三个利益相关者履行企业社会责任的过程中可能遇到哪些伦理问题，以及应该如何应对这些伦理问题。

可持续发展板块，包括第8章、第9章和第10章的内容。第8章可持续发展概述，介绍了全球的可持续发展与企业的可持续发展的相关内容，实现可持续发展离不开经济、社会和环境的可持续，这一章从逻辑和内容上为第9章和第10章提供了依据。环境是企业重要的利益相关者之一，第9章环境保护伦理，介绍了当前威胁人类生存最主要的环境问题，其中，气候问题尤为严重。为此，实现"双碳"目标对企业、国家和全球都迫在眉睫。在"双碳"背景下，企业应当主动承担环境责任，实现企业的环境可持续发展。第10章介绍了一种全新的治理结构——共益企业。在商业向善和共益创新的理念中，共益企业追求的是社会与经济的双重价值，为企业实现社会与环境的可持续发展提供了一种新的商业范式。

胖东来：肩负责任，寻找可持续发展

在国内的零售市场上，胖东来无疑是神奇的存在。有人说，在许昌，胖东来做什么，同行在这方面就处境艰难。对一个企业的评价如此之高，几乎全网无差评，那么胖东来究竟有什么样的魅力呢？"让顾客有回到家的体验，让员工有家的感觉。"是胖东来一贯的宗旨，胖东来的创始人于东来是这么说的，也是这么做到的。

1995年，于东来在河南许昌创办了一个40平方米的烟酒店，这就是胖东来的雏形。他依靠着勤奋和努力，以及以人为本的思想，让这家烟酒店在当地赢得了良好的口碑，顾客对其称赞有加。在这之前，于东来过得很辛苦，倒卖过电影票、打过工，也做过几次生意，但一直都不大顺利，到最后还负债累累。

天有不测风云，在1998年初，于东来经历了事业上第一个巨大的变故：因为一场纠纷没处理好，胖东来的门店被烧为灰烬。那段时间是于东来人生的黑夜，只有叹息和迷茫。

但是挫折并不能将他打倒。经历过挫折的他更加坚强，也更加成熟稳重。随后于东来推出了第一个量贩商店——名牌服饰量贩，并提供多种增值服务。紧接着，他的电器店和面包店也纷纷诞生了。

胖东来进入高速发展阶段,几年后,许昌出现了第一个胖东来的零售商场——胖东来生活广场。在这里,人们可以享受饮食、服装、购物等服务,这也是当时许昌最大的零售商场。随后,胖东来便民超市和商场陆续开张,在当地已经成为零售业的代名词,沃尔玛和其他知名品牌都很难在当地继续发展。

于东来做企业只有两个词:尊重和快乐。尊重顾客,让顾客快乐;尊重员工,让员工快乐。于东来曾经说过,如果把员工当作自己的家人和亲人去看待,那么这个企业一定会非常和谐。

"于东来每到新乡开一次会,新乡就涨一回工资。"这就是于东来对员工最好的表示。来到胖东来上班的员工,都不会选择离职。在其他企业家发愁怎么留住员工的时候,于东来就说,每个月给他开1万块钱,你看他辞不辞职。

于东来不只是说说而已,他真的做到了。他让员工在企业体验到家的幸福,不仅在工资上给员工最高,还给员工股份。据说胖东来现在员工占的股份高达95%,于东来只有5%的股份。

于东来不允许员工私下加班,"让我发现私下加班,罚款5 000元",加班会导致第二天工作质量下降,所以一定要保证员工有充足的休息时间。

于东来不仅对员工真诚,对顾客也诚信经营。在胖东来所有的服务里,"不满意就退货"是一大特色,早在1995年成立之初,在假货充斥、市场竞争极其激烈的情况下,胖东来就提出"用真心换真心"的经营理念,1999年提出"不满意就退货",自此形成完整的"用真心换真心,不满意就退货"的服务理念。承认一切以顾客为中心、以顾客满意为出发点的原则,胖东来的"不满意就退货"是"无理由退货、无条件退货"。顾客无论是对所购买的商品的颜色、款式、质地、价格等不满意,还是自身原因要退货,只要是商品出售3天以内,胖东来都会直接退货。

除了对员工和顾客的用心经营,胖东来在履行社会责任方面也一直走在行业的前列。1996年,当时于东来的生意稍有起色,他在电视上得知美国航母编队驶入台湾海峡,立即驱车从许昌到北京,向国防工业部门捐款2万元,支持中国建造自己的航母,免得受人威胁。2003年"非典"暴发,于东来捐款800万元。2008年,汶川地震的消息传遍国家每个角落,胖东来捐款捐物近1 000万元,于东来还带队赶往灾区,用切身行动表达自己对灾区人民的关心。2020年疫情,在生意一落千丈的情况下,于东来捐款捐物5 000万元。2021年河南水灾,身为河南人的于东来捐款1 000万元,并且赶赴灾区投入救援活动。

有人曾说胖东来为什么不走出河南呢?其实,这也源自胖东来的"懒"。纵观胖东来的发展历程,其实它是有机会走出河南的,但是按于东来说的,自己只有简单的文凭,能守住现在的企业就已经很不错了,没有那么大的精力搞扩张。只有像胖东来这样始终秉持着初心,认真对待每一名员工和顾客,企业才能够真正实现可持续发展。

问题:

1. 胖东来是如何履行对员工和顾客的责任的?

2. 以本案例为例,企业如何才能实现可持续发展?

本章小结

广义上的"伦理"指的是事物之间条理顺序。狭义而言,伦理是指处理人、组织、社会、自然之间利益关系的行为规范。

伦理与道德是两个既相互区别又密切关联的概念,伦理指的是人类社会生活中长期形成的那些约定俗成的伦理关系(伦)及其所应遵循的道理(理),道德则体现了人类通过实践理性把握"伦"—"理"的自觉程度。作为学科,道德则是伦理学的研究对象。法律与伦理是两种不同的规范,尽管它们之间存在着密切的联系,但是它们在规范价值层次、规范调整范围、规范方式和强制程度等方面存在很大的差异。法律与伦理的联系体现在:首先,从社会起源上考察,道德先于法律产生;从法律内容看,法律源于道德。其次,伦理价值观念以及规则直接影响法律。此外,从伦理角度看,法律是伦理实现的保障。

企业具有"经济人"与"社会人"的双重性质。首先,企业是一个经济组织,利润是其生存和发展的基础。此外,企业不是独立的、纯粹的个体,它是一个社会物。作为"社会人"的企业,与社会实质上是局部与整体的关系,保持两者和谐互利的发展关系是社会与企业共同发展的必然要求。

企业伦理是企业在长期的生产经营实践活动中,涵盖企业内外部道德关系而形成的企业特有的伦理理念、伦理观念、价值目标、道德意识、道德规范、道德精神、道德传统及道德实践的总和。企业伦理是企业处理与其利益相关者之间利益关系的行为规范。

企业伦理学,或称管理伦理学、商业伦理学,是研究企业在一切经营活动中的道德现象与管理准则的科学,一般研究管理过程中的道德现象、道德评价体系、道德标准的规律。

企业社会责任是企业和社会共同发展的必然产物,既有强制的法律责任,又有自觉的道德责任。

企业社会责任在实现可持续发展方面发挥着至关重要的作用,企业社会责任还是企业可持续发展的基础。随着国家"双碳"战略和共同富裕战略的逐步落地,可持续发展中的企业社会责任出现两大趋势热点,一是企业"双碳"行动,二是企业公益和共益企业。

学习伦理有助于个人对社会的认识与把握;有助于确立一个好的善恶观、人生观;有助于改善自己的道德人格。加强企业伦理知识的学习,有助于我国商学院在 PRME 原则的指导下开展企业伦理课程教学,通过国际认证,实现商学院的发展。对企业而言,学习企业伦理可以约束企业及其员工的行为,促进企业健康发展。对社会而言,企业伦理教育对社会主义市场经济制度良好运行具有基础性作用,促进经济社会发展。

核心概念

伦理/伦理学(ethics)

道德(moral)

企业伦理/商业伦理/企业伦理学(business ethics)

企业社会责任(corporate social responsibility,CSR)

利益相关者(stakeholder)
可持续发展(sustainable development)
负责任管理教育原则(principles for responsible management education, PRME)
商学院国际认证(international accreditation of business school)

思考题

1. 什么是伦理？
2. 伦理与道德有什么区别和联系？
3. 伦理与法律有什么区别和联系？
4. 企业与社会是什么关系？
5. 什么是企业伦理和企业伦理学？
6. 企业社会责任对企业和社会发展各有什么作用？
7. 可持续发展与企业社会责任有什么关系？
8. 学习企业伦理学有什么意义？

即测即练

第 2 章 道德推理

学习目标

1. 掌握道德推理的定义和道德推理的标准；
2. 了解几种主要的用于道德推理的伦理学理论；
3. 掌握进行伦理决策的维恩模型；
4. 学习道德管理的三种方式。

引言

企业经常会面临伦理困境，又不得不作出选择，这时就需要找到一个合理的理由支持某种行动或反对某种行动，即需要依据某些伦理学理论进行决策。同时，人们也并不总是按照法律或经济原则来评价企业和人的行为的，事实上，人们常常是按道德标准来评价行为的。

道德推理（moral reasoning），是实践中推理判断的一种形式、一种道德评价过程。道德推理很自然地成为企业伦理课程的重要内容。本章将学习与道德推理有关的理论知识：道德推理的定义和标准、用于道德推理的经典的伦理学理论以及伦理决策模型和道德管理的方式等。

白象意外走红

2022年春天，白象"拒绝外资收购，员工1/3是残疾人"的传闻在网络上盛传，这家老牌的方便面品牌因此登上热搜，重新回到了大众的视野，旗下产品的销量也出现暴涨，又引发一场国货热潮。

事实上，白象近年来在公益福利事业上的付出，远不止于此。从向宋庆龄基金会捐款1 000万元设立"白象大学生救助基金"，到捐建5所希望小学，帮助贫困地区的孩子、支援乡村教育；从举全公司之力驰援汶川地震，到集团跋涉2 300多千米亲赴玉树地震一线抗震救灾；新冠肺炎疫情发生之时，白象爱心捐赠了300万元防控资金；河南暴雨受灾，白象再捐500万元及物资。

正如白象在官方微博中说的，好味道和好品质是白象25年坚持的初心和发展的宗旨,未来小象将继续为大家带来更多好味。只要白象始终坚守初心、宗旨,做良心企业,市场和消费者,是不会让其吃亏的!

资料来源:《白象爆红会成为下一个鸿星尔克吗》。https://user.guancha.cn/main/content?id=712663。

2.1 道德推理的含义

道德推理有助于确定和区分正确的思维、决定和行动,以及这些行为对他人和我们自己是错误的、伤害的还是有害的。道德是以价值观、信仰、情感以及事实为基础并受其驱动的。道德行为还包括基于道德标准和原则对事实进行良心推理。商业伦理是指将道德推理和原则应用到以利润为导向的商业活动中。

2.1.1 道德推理的定义

道德推理是指判断人类行为、制度或政策是否符合或违反道德标准的推理过程。道德推理涉及三个基本组成部分:①了解合理的道德标准要求、禁止、重视或谴责什么;②表明特定的人、政策、机构或行为具有这些道德标准要求、禁止、重视或谴责的各种特征的证据或信息;③对人、政策、制度或行为被禁止或要求、对与错、公正或不公正、有价值或应受谴责等的结论或道德判断,见图 2-1。

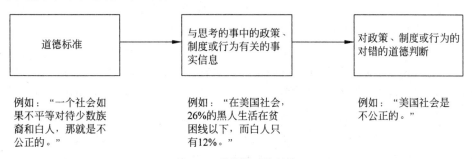

图 2-1 道德推理的结构

资料来源:VELASQUEZ M G. Business ethics: concepts and cases[M]. 8th ed. London: Pearson Education, 2018: 32.

人进行道德判断所依据的道德标准通常比较复杂。一个人的道德标准通常包括限制其范围的资格、例外和限制。此外,也可能以各种方式与其他重要的道德标准相结合。尽管如此,无论人们的道德标准有多复杂,揭示人的道德标准的一般方法仍然大致相同。

2.1.2 道德推理的标准

伦理学家使用三个主要标准来评估一段道德推理的质量。

(1) 道德推理必须合乎逻辑。用于作出判断的假设和前提,无论是事实上的还是推断出来的,都应该是已知的,并且要明确。首先,道德推理必须是合乎逻辑的,也就是说,我们在评价一个人的道德推理时,首先要明确这个人的道德标准。其次,我们还应该了解这个人提供了哪些证据来支持他的结论,并确切地知道这个人的结论是什么。然后,我们可以确定这个人的道德标准以及他提供的证据是否在逻辑上支持他的结论。

(2)用来支持一个人判断的事实证据应该是准确的、相关的且是完整的。

(3)推理中使用的道德标准应该是一致的。当在决策中发现一个人的道德标准不一致时,必须对标准进行修改。一致性指的是一个人必须愿意接受将自己的道德标准始终如一地适用于处于类似情况下的所有人的后果。也就是说,你必须对一个人在一种情况下的行为适用于与你对另一种类似情况下的行为相同的道德标准。两个行为或两种情况"相关相似",即在一种情况下,与判断一个行为是对还是错有关的所有因素在另一种情况下也存在。例如,假设我认为,因为我想要高额利润,所以在道德上允许我定高价。如果我要保持一致的话,我必须坚持,我的供应商在他们想要高利润的时候定高价在道德上也是可以接受的。

2.1.3 道德责任推理

道德推理的一个主要目的是明确关注问题,以促进履行道德责任的方式行事。在以下情况下,个人对其行为的有害影响负有道德责任:①故意和自由地采取行动或导致该行为发生,并且知道该行为在道德上是错误的或对他人造成伤害;②故意和自由地没有采取行动或防止有害行为,即使知道一个人这样做在道德上是错误的,个人对其行为的有害影响负有道德责任。虽然不存在构成道德错误行为的普遍定义,但如果行为对他人造成身体或精神伤害,则行为及其后果可以被定义为道德错误。

消除一个人造成伤害或伤害的道德责任的两个条件是无知和无能。然而,明知将发生有害行为但故意不阻止的人仍应负责。因疏忽而未能告知潜在有害事项的人仍可能对由此产生的行为负责。当然,在某种情况下,一些减轻责任的情况可以原谅或减轻一个人的道德责任。这些情况包括:①造成伤害的严重程度较低;②对不当行为的认识不确定;③造成或避免伤害的程度。正如我们从法庭审判中所知,证明涉嫌非法行为的意图并非易事。从法律上讲,如果有足够的物理证据和其他证据表明一个人"明知并自愿"表现出意图实施非法行为,那么被告在审判中会处于不利地位。但是,一个人在道德上不负责任的程度可能很难确定。

2.2 伦理学理论

伦理学理论包含对行为的道德评价理论和对人的道德评价理论。对行为的道德评价,有结果论和非结果论两大流派。结果论主张以行为所造成的结果作为评价行为对错的标准,非结果论不以行为结果作为评价行为对错的标准。

本节介绍功利主义、义务论、权利论、正义论和美德论(表2-1)。其中,功利主义是结果论的代表性理论,义务论、权利论、正义论是非结果论理论。对人的道德评价的代表性理论是美德论。这些经典的伦理学理论能帮助个人、组织和企业在面临道德困境时进行道德评价并作出决策。

表 2-1　伦理学理论

伦理学理论	内　　容
功利主义	功利主义是一种基于结果的伦理学理论,判断一个行为是否道德,取决于其结果是不是符合大多数人的利益
义务论	义务论是一种基于义务或责任的理论,也被称为普遍主义。结果并不能证明行动和手段是正确的,即使做一些"错误"的事情对大多数人有益处,人们仍然应该正确地行事
权利论	权利有道德权利和法律权利两类,也可以分为积极权利和消极权利
正义论	正义是指公平和公正,正义有四种类型:分配正义、补偿正义、惩罚正义和程序正义
美德论	美德论强调道德品质,既非道德规则(义务论),也非行为后果(功利主义),而是一种对人的评价

2.2.1　功利主义

功利主义是一种基于结果的伦理学理论。在现今有关伦理学的研究中,人们普遍认为杰里米·边沁(Jeremy Bentham)与约翰·斯图亚特·密尔(John Stuart Mill)是功利主义的开创者。功利主义最基本的观点是判断一个人的行为是不是道德的,取决于其结果是不是符合社会上大多数人的愿望和要求,是不是符合绝大多数人的利益。如果能证明一个人采取某些行为是为了达到某些结果,那么这些行为就是正当的。

1. 功利主义的特征

作为一种典型的结果主义至上的理论,功利主义的特征包含以下三点。

(1) 功利主义与利己主义不同,它认为个人的利益并非终极目标,它追求社会上绝大多数人的利益与福祉,如果某个行为能使获益的人群最大化,那么这种行为在道德上就是正当的;如果某种行为带来的收益与其他可供选择的行为带来的收益相比,净收益大于成本,那么这种行为在道德上就是正确的。

(2) 与普遍主义不同,功利主义认为行为和规则的结果是检验一个行为是否道德的唯一依据。如果这个行为或者规则带来的结果是好的,那么这个行为和规则就是道德的,人们就应当去做或者遵守它。

(3) 功利主义认为行为或者结果好坏与否,还在于它能否帮助多数人实现最大的利益和福祉,如果某种行为对每个个体的利益最大,且这些利益大于其他选择的成本和收益,那么它在道德上就是正确的。

2. 功利主义的分类

功利主义分为基于行为和基于规则两种。

基于行为的功利主义者会通过对特定行为的分析,以确定这一行为是否获得最大效用。基于规则的功利主义者认为,可以将一般原则作为标准,以衡量从某种行为方式中获得的最大利益。行为本身并不是检验是否获得最大利益的依据。

例如,有一条准则是"禁止偷盗",假设偷的是一个无恶不作、欺压百姓的人的财富,并且将这些财富分给很多贫苦的百姓,对绝大多数百姓而言,利益大于成本,那么行为功利主义者就会认为这是对的。但是对于规则功利主义而言,一旦纵容了此次"偷盗",长此以往,人们之间的信任、诚实都会丧失,会产生更多的偷盗行为,成本高于利益,所以有了"禁止偷盗"这一规则。行为功利主义者考察某一行为的总体后果,而基于规则的功利主义者考察一系列行为的结果。

3. 对功利主义的批评

功利主义被经济学家、商业有关人士广泛地应用,但是对功利主义的批判也从未停止。功利主义存在的问题主要有以下几个方面。

第一,关于这个"利益"的定义不明晰。是经济上的利益还是环境上的效益,是追求真理、平等是正当的,还是削减成本才是正确的?

第二,关于谁来做这些决定还没有达成一致。谁来决定什么对谁好?决定中谁的利益是首要的?人们不会评判行为,而是评判其后果。如果有些行为是错误的呢?决策者是否应该仅仅根据后果来采取这些行动?如何衡量诸如健康、安全和公共福利等非金钱利益的成本和收益?

第三,功利主义忽视了正义和权利的原则。正义原则关注的是善的分配,而不是在一个决定中善的总量。权利原则涉及个人权利,而不考虑集体计算的利益。

2.2.2　义务论

义务论,是一种基于义务或责任的理论,也被称为普遍主义。义务论认为,结果并不能证明行动和手段是正确的,即使做一些"错误"的事情对大多数人有益处,人们仍然应该正确地行事。义务论认为,无论结果如何,人们的行事方式都应该基于一些普遍原则,如公平、正直、诚实和尊重等。

1. 康德的义务论

在康德看来,行为是否合乎道德不在于其结果是否利大于弊,而在于该行为是否合乎道德准则。道德法则具有绝对的约束力,这被认为是一种绝对命令(categorical imperative),即无条件命令,"你应该做某事",不附加任何假设条件。康德提出了绝对命令的三条具体原则,阐明了符合道德的行为必须符合的三个条件:普遍一致性、对人的尊重和普遍接受。

(1) 普遍一致性。道德准则应该是面向所有人的,而且应当是平等地面向所有人的,因此,行为所遵循的准则在普遍推广后必须具有一致性,即不会出现自相矛盾,不具有这一特点的行为是不符合伦理的。可以挑战的一个问题是:人们都按照该行为遵循的准则行事可行吗?如果不是,则该行为不符合伦理;如果是,还需进一步分析该行为是否体现了对人的尊重以及是否能被普遍接受。

(2) 对人的尊重。当且只有当一个人从事某一行为,不把他人仅仅作为实现自身利益的工具,而是尊重并发展他人自由选择的能力时,该行为才可能是道德的。

每一个人都有尊严,并应当得到他人的尊重。理性人应该永远同时把人看作目的,而永远不要把人只是看作实现自身目的的手段。康德的绝对命令迫使决策者在行动时要考虑到责任,要对所有人负责并尊重所有人的选择自由。

把人看作目的,并不意味着雇主不能让其雇员从事艰苦的甚至是危险的工作。如果雇主事先告知雇员该工作的性质和内容,并且雇员自愿承担该工作,那么让雇员从事艰苦的甚至是危险的工作是完全可以的。相反,如果事先没有告知工作的危险,或者雇员不是自愿的,雇主的行为则是不道德的。

(3)普遍接受。如果在相同的情境下,任意一个人都会如此行事,那么一个人如此行事即为道德的。这体现了绝对命令的普遍接受。

假设雇主在决定因为某名女性员工怀孕而裁掉她,根据康德的原则,雇主应该思考当自己是一名孕期员工时,是否愿意自己因为怀孕而被裁员。如果此时,雇主不希望这种事情发生,那么说明这样对待其他的员工是不道德的。

康德的绝对命令仍然存在一些问题:首先,康德的原则不够精确,缺乏实用价值,当个体或组织面临道德困境并需要作出相对的决策时,很难想到全人类。其次,如果使用的规定必须对所有人都平等,则很难解决利益冲突,毕竟利益相关者的利益和相对权力存在不同程度的差异。

2. 罗斯的初始义务论

罗斯(Ross)认为,那些在不考虑具体情况之前,所有人都应该遵守的义务为初始义务。初始义务有以下两个特征:①初始义务是不证自明的;②初始义务是初定的,它们不是绝对不可违反的,在冲突的情况下,人们需要决定哪个义务压倒其他义务。

罗斯列举了七种初始义务:

(1) 诚信(fidelity)的义务,如果个体作出了承诺,那么他就有义务遵守承诺;

(2) 补偿(reparation)的义务,如果个体给他人造成了伤害且现在有能力进行补偿,那么他就有这个义务;

(3) 感恩(gratitude)的义务,如果个体曾经被他人帮助过或者从他人那里受益,而且个体现在又有能力回报,那么他就有这个义务;

(4) 正义(justice)的义务,如果某人获得了他不应该得到的东西,而现在又有能力去纠正这个情况,那么他就有这个义务;

(5) 行善(beneficence)的义务,罗斯认为美德、理智、快乐都是具有内在自有价值的东西,因此他认为如果我们处在能够帮助他人,使他们变得更加善良、更加理智、更加高兴的地位,我们也有一个初始的行动理由去帮助他们实现这些有内在价值的东西;

(6) 自我完善(self-improvement)的义务,每个人都有自我完善的义务,有义务让自己变得更加有德行,变得更加理智;

(7) 不伤害(non-maleficence)的义务,不同于行善的义务,这是一种不伤害他人和防止伤害他人的初始义务。

人们对罗斯的初始义务论的批评也从未停止过:第一,罗斯将道德行为归结为初始义务,也就是这些义务的正确性大于错误性,即对行为的道德性没有作出表述。第二,罗斯没有对道德行为作出统一准确的描述。第三,对罗斯的初始义务论最大的批评就是直觉主义。罗斯认为义务是确定无疑的,但对于为什么是确定无疑的,罗斯的回答是依赖于某种无法进一步论证的直觉知识或领悟。

3. 底线伦理和理想伦理

底线伦理表现的是一种普遍主义的义务规范,是一种基本的道德。底线伦理是一种人人都应为之的最低标准。底线伦理的有效性在于对于人们行为的基本约束,即不能作恶。底线伦理首先要求人"有所不为",其次才要求人"有所为"。

底线伦理可以分为人类生存底线伦理、个人底线伦理、社会底线伦理和政治底线伦理。①人类生存底线伦理维护的是人的基本尊严。一是对人生命的基本尊重,二是对人尊严的维护。②个人底线伦理,关注人应该怎样行动才合乎规则,是人人为之的基本道德义务。③社会底线伦理是强调重视人与人、人与自然的关系。在人与人方面,社会底线伦理要求每个人扮演好自己的角色,协调人与人之间的利益冲突。在人与自然方面,社会底线伦理要求尊重自然、保护自然。④政治底线伦理要求维护利益公平、履行义务、尊重公共规则和尊重个体主观性。

底线伦理是一条最低限度、不能被逾越的基准线,是社会生活中最低的伦理要求。底线伦理形成于人类共识,是一种对人行为的约束。在谈到底线伦理时,还有时常被提及的理想伦理,它描述的是一种人之价值的终极理想追求。底线伦理的价值目标是个人行为合规和社会的基本稳定。理想伦理是超越道德与义务的要求,需要人们不懈奋斗的终极追求。

2.2.3 权利论

权利是一个社会哲学的概念,权利在构成上是与义务和责任相对应的一种约束性关系,它本身需要规范化原则加以保护和实施。

1. 法律权利与道德权利

在社会哲学中,权利有许多不同的类型,但是至少有两种是人们共同认可的,即道德权利(或习俗权利),以及法律权利或者说国家强制保护的权利。

法律权利是法律规定的由个人享有的权利。在我国,公民享有的人身自由权、健康权、人格尊严不受侵犯等权利都是由《中华人民共和国宪法》规定的。法律权利是由法律赋予的。

而道德权利是指个体作为人,无论性别、种族或国籍都应该享有的权利。道德权利并不是指某一种具体权利,而是指一大类。道德权利可以分成各种不同的权利,范伯格归纳了这样几种有特定意义的道德权利:

(1) 习惯的权利,这是一种来自已经确立的习惯和预期的权利;

(2) 理性的权利,它不必然是任何一种现实的权利,而应该是一种肯定的权利,并在一个更完善或更理想的法律体系终将会如此;

(3) 凭良心的权利,它是一种要求,这种要求的正当性,不必在于得到现实或理想的法规或习惯的承认,而在于由已受启迪的个人良心的原则加以承认;

（4）履行的权利，严格地说它完全不是一种权利，虽然通常的用法上这样称呼它，但它只不过是在道德上证明履行某种其他的权利是合理的。

道德权利有三个特点：第一，道德权利与义务之间联系十分密切，个体拥有道德权利意味着个体的这些道德权利不容他人侵犯，同时个体也负有不侵犯他人这些道德权利的义务。第二，道德权利也赋予了个体自主、平等地追求自身利益的权利，但是这个权利也是要在不侵害他人权利的范围内。第三，道德权利允许个人为自己的行为辩护，并在这样做时寻求保护。

2. 消极权利与积极权利

权利也可以分为消极权利和积极权利，或者说这是权利的两个方面。消极权利是指一种他人不得干涉个人行使权利的义务。比如个人享有言论自由的权利，那么你的雇主就有不得干涉你行使言论自由权利的这一种消极权利。而积极权利指一种他人不仅保护你追求某一目标的权利，并且还会为你提供实现目标的需要的义务。比如，你的身份是父母，你有权利为孩子提供平等受教育的权利，那你就有权利将孩子送到学校享受这一权利。

3. 对权利论的批评

第一，个人享有的权利可能被用来伪装和操纵自私的、不公正的政治主张和利益。比如，公民享有言论自由的权利，但是这种权利一旦被滥用，可能造成危害，如网络暴力、片面报道等。

第二，对权利的保护可能会夸大社会中的某些权利，而损害其他权利。当个人或团体的权利优先于他人的权利时，可能会提出公平和不公平的问题。比如，《中华人民共和国未成年人保护法》在保护犯罪儿童的权利时，可能就会涉及损害他人的权利。

第三，权利的边界是什么？在什么情况下威胁某些权利但总体上有益于大众的权利的行为可以被允许？

2.2.4 正义论

1. 正义原则

正义是指公平和公正，公正体现在方方面面。当代哲学家约翰·罗尔斯（John Rawls）提出了两项正义原则，这两项原则被公认为正义原则的代表。

第一项正义原则：每个人对与所有人所拥有的最广泛的基本自由体系相容的类似自由体系都应有一种平等的权利（平等自由原则）。

第二项正义原则：社会和经济的不平等应这样安排，使它们：①在与正义的储存原则一致的情况下，适合最少受惠者的最大利益（差别原则）；②依系于在机会公正平等的条件下职务和地位向所有人开放（机会的公正平等原则）。

第一项原则规定所有的人都应该被平等对待。第二项原则指出，当所有人（通过他们的职位或职务）都有平等的机会和对社会机会与负担的优势时，正义就得到了伸张。平等的机会并不能保证财富的平等分配。当平等的机会被剥夺时,社会上的弱势群体可能得不到公正的对待。

2. 正义类型

理查德·乔治(Richard George)将正义分为四类:分配正义、补偿正义、惩罚正义和程序正义。

(1) 分配正义。分配正义是指利益和负担的公平分配。像资源、财富、健康、幸福、地位和权力这些利益是每个人都希望拥有的,并且都渴望获得更多的利益。与此相对,疾病、贫穷、枯燥乏味的工作和各类人身伤害负担则是每个人都不希望承受过多的。如果社会上的利益多到足够填满所有人的欲望或者可以消除所有的负担,那分配公正的问题也就不再存在了。

(2) 补偿正义。补偿性正义涉及对某人过去的伤害或不公正进行赔偿。一般来说,只有满足三个条件时,行为者才有义务对受害者进行补偿:首先,行为者由于个人的错误或疏忽行为对他人造成了伤害的。比如企业没有给员工安全保护导致员工受伤的,企业有义务对员工进行补偿。其次,个人行为确实是造成他人伤害的原因。最后,这个人对他人造成的伤害是故意的。

(3) 惩罚正义。惩罚正义是指一个人如果对他人造成了伤害,那么应该给这个加害者一定的惩罚。惩罚正义探讨的核心问题是对犯错者施加什么样的惩罚才算公正。围绕这一问题,首先我们要考虑的是,什么样的行为应该接受惩罚;其次,谁应该被惩罚;最后,惩罚力度、方式是什么?

(4) 程序正义。程序正义指的是公平的决策实践、程序和当事人之间的协议。在司法领域,程序正义有三个基本特征:充分通知——个人只有在法律已被公布或以其他方式传播时才有责任遵守法律,并且只有在明确被提出指控时才有责任遵守法律;公平的听证——提出和审议拟议违法行为的所有相关证据,并给予被指控方提供评论的机会;基于证据的判断——司法判决不受外部压力、个人腐败和更明显的偏见来源影响。

3. 对正义论的批评

正义论在运用过程中,首先面临的问题就是谁来审判。在国家及其司法系统的管辖范围之内,道德困境可以通过程序和法律来解决,但是在这之外,谁来决定谁对谁错?谁有道德上的权威来惩罚谁?当这样做不符合当权者的利益时,机会和负担能公平地分配给所有人吗?

2.2.5 美德论

美德论强调道德品质,既非道德规则(义务论),也非行为后果(功利主义),而是一种对人的评价。在西方,柏拉图和亚里士多德是美德论的奠基者,而在东方,儒家文化也十分崇尚美德。儒家文化起源于中国,详细阐述了社会价值观、制度、仪式、美德和超然理想。儒家伦理发展了仁、礼、义、智、廉的个人品格和美德。

1. 什么是美德

美德论关注的是我们应该成为什么样的人,而不是应该采取什么样的具体行动。它基于良好的品格、动机和核心价值观。美德伦理学认为,拥有良好品格和行为的人是有道德的、感觉良好、快乐和富有的。然而,实际的智慧往往是美德所必需的。

美德不是先天形成的,它可以通过学习和后天的努力获得;美德体现在个体的行为习惯中;美德是由人高尚的个性特征组成,这也是美德的三个特征。比如,一个人有信守诺言的习惯,并且认为信守诺言是正确的且愿意一直如此,他能在信守诺言这一行为中体会到愉悦。如果有一天他失约了,他会为此而难过不安。那么,此人就拥有信守诺言这一美德。如果一个人偶尔信守诺言,或者他守约是为了取悦某一人或人群,那么并不能说此人有信守诺言这一美德。

关于哪些是高尚的个性特征,中西方思想家有着许多看法。孔子认为,人的美德包含"智""仁""勇"三种。孔子说:"知、仁、勇三者,天下之达德也。"老子认为美德是"慈""俭"和"不敢为天下先"。孙子提出了为将五德:"将者,智、信、仁、勇、严也。"

柏拉图提出理想城中的人应该具备正义、勇敢、节制与智慧这四种美德。亚里士多德认为有两种美德,即理智美德和伦理美德。理智美德可以通过学习获得;伦理美德是一种心理习惯,无法通过传授学习的方式获得,只能通过反复练习获得。美德是一种中道,如果不用理智来调节,就会产生不及或过度。比如勇敢是一种美德,过度勇敢就是鲁莽,达不到勇敢的话就是怯懦。表 2-2 列举了几种中道美德,以及过度和不及的情况。

表 2-2 亚里士多德的中道

不及	中道	过度
怯懦	勇敢	鲁莽
软弱	坚强	蛮横
禁欲	节制	纵欲
吝啬	大方	挥霍
自卑	自信	自夸
麻木	温和	急躁

2. 对美德论的批评

目前对美德论仍然存在一些批评。

第一,美德论作为一种理论,并不能真正解决伦理实践中遇到的问题。此外,各种理论对美德的定义并不是十分准确,很难真正指导人们作出正确的决策。

第二,美德论并没有具体指出哪些行为是绝对不能容忍的。

第三,美德论缺乏理论上的独立性,它要么依赖义务论或结果主义,要么陷入循环论证。

2.3 伦理决策和道德管理

2.3.1 伦理决策

在许多商业决策中,伦理、经济和法律都起到了作用。当我们关注伦理和道德决策时,同时考虑经济责任和法律责任,会在作出伦理判断时产生冲突。在道德决策中,我们倾向于关注道德期望,尤其是那些主要与经济(对利润的追求)和法律(社会的法典化伦理)产生矛盾的因素。因此,在大多数决策情况下,伦理、经济和法律成为中心变量,在寻求作出明智的决策时,必须对这三个变量加以考虑和平衡。

企业的经济、法律和道德责任可以用一个维恩(Venn)模型来描述,该模型说明了某些行动、决策、实践或政策如何履行其中一个、两个或三个责任类别。图2-2显示了维恩模型,说明了这三个责任类别的重叠领域。

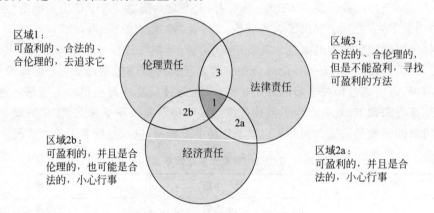

图2-2 进行伦理决策的维恩模型

资料来源:CARROLL A B,et al. Business & society:ethics,sustainability,and stakeholder management[M]. 10th ed. Stamford:Cengage Learning,2018:197.

注:对换了原著区域2a和区域2b注释位置,使得图文更加对应。

1. 经济责任

经济领域资本指对相关公司产生直接或间接积极经济影响的活动。积极影响基于两个不同但相关的标准:①利润最大化;②股票价值最大化。直接经济活动的例子包括旨在增加销售额或避免诉讼的行为。可能的间接经济活动包括旨在提高员工士气或提升公司公众形象的活动。任何以提高利润或股票价值为目的的活动都被视为具有经济动机。

绝大多数企业活动都是经济性的,但是有一些活动不包括在内。例如:①当存在更有利可图的替代方案时,公司的行为不旨在实现利润最大化(或损失最小化);②在没有真正考虑到可能对公司造成的经济后果的情况下,公司的行为将不属于经济领域。就结果而言,如果该活动导致利润或股票价值下降,可能表明存在非经济动机,但也可能仅仅是选择了一个不合适的商业决策(该行为仍将被视为属于经济领域)。

2. 法律责任

企业的法律责任可分为三大类。

第一个法律类别是合规,可以进一步细分为三种类型:被动、限制和机会主义。第一类合规也叫偶然性,即公司正在做自己想做的事情,只是碰巧遵守了法律。第二类合规,称为限制性合规,是指公司在法律上被迫做它不想做的事情。第三类合规是机会主义合规。机会主义合规有两种一般模式。第一,公司可能会主动寻找并利用立法中的漏洞,以便能够参与某些活动。第二,由于法律标准较弱,公司可能会选择在特定司法管辖区运营。在这种情况下,公司的决定是基于法律制度的,并且在技术上仍然是合法的。

第二个法律类别是回避,其动机是避免当前或未来可能发生的过失行为民事诉讼。例如,为了应对这种担忧,企业可能会停止生产危险品、自愿召回产品或停止不环保的活动。尽管遵守了法律法规,但如果公司意识到自己很可能因为这类行为而被起诉(例如过失行为),那么公司的行为将不属于合法的范畴。所以回避型公司通常采取法律防御策略,试图避免所有诉讼。

第三个法律类别包括对法律变更的预期。法律变更通常是缓慢的,在这个过程中,公司可能希望参与一些活动,这些活动将在新的立法颁布后变得合规。也就是说,公司会根据法律体系的变化考虑采取行动。表 2-3 展示了法律动机和企业可能的回应示例。

表 2-3 法律动机和企业可能的回应示例

法律动机的种类	典型的企业回应例子
被动服从(法律领域以外)	"好吧,回想起来,我们确实是碰巧遵守了法律。"
限制	"我们还想做点别的,但是法律阻止了我们。""我们这么做是为了遵守法律。"
机会主义	"嗯,法律允许我们这么做。""由于法律标准不那么严格,我们可以在该司法管辖区开展业务。"
避免民事诉讼	"我们不这样做的话会被起诉。""诉讼将被撤销。"
对法律的预期	"法律马上要被修改了。""我们想先发制人地阻止立法的需要。"

资料来源:CARROLL A B, SCHWARTZ M S. Corporate social responsibility: a three-domain approach[J]. Business ethics quarterly, 2003, 13(4): 503-530.

3. 伦理责任

模型中的伦理责任指的是一般人群和相关利益相关者预期的商业道德责任。这一责任包括对国内和全球伦理要求的响应。基于这个一般定义,伦理责任包括三个一般伦理标准。

(1)常规标准。常规标准被定义为组织、行业、专业或社会为企业正常运作所必需的标准或规范。社会的定义包括公司的利益相关者,包括股东、雇员、消费者、竞争对手、供应商、当地社区及普通公民。社会规范可能因参考点(即不同的利益相关者群体)而异。为了最大限度地减少这一限制,并加强该标准的实际应用,应参考正式的行为或道德规范

(例如,组织、行业、专业或国际的规范),以确定公司是否按照常规标准行事。

(2) 结果论。结果论(有时被称为"目的论")侧重于目的或结果。尽管结果论有几种类型,但与伦理领域的目的相关的形式表明,道德上正确的做法对人类的利益能起促进作用。根据结果论,当一项行动促进社会福祉时,或者更具体地说,当该行动与所有其他替代方案相比,旨在为社会产生最大净效益(或最低净成本)时,该行动被视为道德行为。

(3) 义务论。与注重后果相反,义务论被定义为体现对责任或义务考虑的活动。如果包含以下特征,则该行为属于伦理责任以外的行为:①具有非道德性质(即不了解或漠视行为的道德);②尽管意识到行为与某些道德原则相冲突(即不道德),但仍会行动;③仅旨在为公司而不是会受到影响的利益相关者产生净利益。

4. 重叠区域

维恩图模型的一个主要特征是在维恩图中描述了经济、法律和伦理责任领域,该图强调了这些领域的重叠性质及由此产生的七个类别。理想的重叠位于模型的中心,在这里,经济责任、法律责任和伦理责任同时得到履行,但模型的其他重叠部分也必须加以说明,因为这些区域代表了决策者在商业决策中可能面临的情况。

(1) 经济/法律责任("2a"部分)。很少有公司从事的活动既经济又合法,同时又被认为是不道德的。其原因是,基于对法律制度的关注(例如,限制性遵守、避免民事诉讼或预期法律)的活动也很可能被认为是合乎道德的。例外情况可能是那些偶然遵守法律、寻找并利用立法和行政漏洞获取经济利益的公司。这种投机取巧的行为通常被认为是不道德的。例如,虽然破产法的使用本身并不是不道德的,有时还能保住工作,但一些公司可能会试图以一种机会主义的方式使用这些法律,这在道德上可能被认为是不合适的。

(2) 经济/伦理责任("2b"部分)。在这一类别中,公司活动不是基于法律考虑,而是同时基于道德和经济的考虑。这一类别将包括许多公司的活动,这些公司的动机通常是:"良好的道德就是良好的商业。"要被认为是合乎道德的,这种活动必须超越理性的自我关注,并基于传统主义、结果主义或道义主义原则。因为几乎所有非法活动都被视为不道德行为,所以要满足不履行法律责任的条件,这类活动只能是被动地遵守法律。出于经济和道德原因,向慈善机构捐款的公司属于这一类。环境部门、"社会"或"环境"共同基金行业或参与"绿色"产品销售的公司,在提供间接经济效益的同时,可以被认为是合乎道德的。

(3) 法律/伦理责任("3"部分)。某些企业活动的发生不是因为任何经济利益,而是法律要求和道德使然。正当合法的活动通常会提供间接的经济利益,这意味着很少有公司活动会属于这一类。例如,安装防污染装置的活动,因为它是法律要求(即限制性遵守)和合乎道德的,即使没有长期的经济利益,也属于这一类。

(4) 经济/法律/伦理责任("1"部分)。同时受到底线、法律制度和道德原则推动的活动就属于这一类,这一类别符合卡罗尔的"道德管理"。根据卡罗尔的"道德管理",管理层希望"盈利,但仅限于遵守法律和道德标准"。在经济、法律和伦理的许多重叠部分中,谨慎是必要的,但在这一核心部分,管理层的建议是"放手去做",因为这三类责任都同时满足了。从规范的角度来看,这一核心部分(经济/法律/伦理),或者是经济/伦理部分(只要公司是被动地遵守法律),是所有公司在任何可能的情况下都应该寻求经营的方式。

2.3.2 道德管理

媒体过多地关注不道德或不道德的商业行为,以至于很容易忘记有其他道德类型的可能性。例如,很少有人注意到不道德的活动和非道德领域的活动之间的区别。同样,很少有人注意到这两种形式的行为与道德管理的对比。下面我们将对三种管理伦理模式进行描述和对比,即不道德管理(immoral management)、道德管理(moral management)、非道德管理(amoral management)(表2-4)。

表2-4 三种管理伦理模式

组织的特征	不道德管理	道德管理	非道德管理
伦理标准	管理决策行动和行为暗示着与道德(伦理)形成积极的对立。决策与被接受的伦理原则是不调和的。对道德是一种积极的否定	管理行为符合伦理标准,或是正确的标准。符合现存的职业行为标准。伦理领导是管理的一个常见部分	管理既不是道德的,也不是非道德的,决策处于道德判断应用范畴之外。管理行为处于具体的道德秩序的范畴之外,或者超出了该范畴。可能意味着缺乏道德观念和道德意识
动机	自私,管理人员只关心公司的利润	管理人员希望成功,但必须在合理的伦理规范之内(公正、公平、应尽的流程的活动)	意图是好的,但动机是自私的,不考虑行为对他人造成的影响
目标	不惜任何代价取得利润及组织的成功	在遵守法律和道德标准的范围内追求利润	盈利,不考虑其他目标
法律导向	管理人员为了达到其目标,必须克服的障碍是法律标准	遵守法律的字面意义以及精神实质。法律是最低标准的伦理行为。宁愿在高于法律强制的标准之上进行经营	法律是伦理指南,但该法律是字面上的法律,关键的问题是我们所做的事情要合法
策略	为了公司盈利,抓住机会,只要有利可图,就要偷工减料	根据合理的伦理标准进行经营。当产生伦理困境时,承担领导责任。一种进步的自我利益	给经理人一定的自由支配空间,个人伦理也许会应用在策略当中,但前提是经理人选择了个人伦理。如果有要求的话,经理人会对法律命令作出反应

资料来源:CARROLL A B et al. Business & society:ethics,sustainability,and stakeholder management[M]. 10th ed. Stamford:Cengage Learning,2018:207.

1. 不道德管理

可把不道德和不伦理用作同义词。不道德管理可以被定义为一种没有道德原则或规范的方法,同时隐含着对什么是道德的积极的反对态度。不道德的管理决策、行为和实践与道德规范和道德原则不一致。

该模式认为,管理层的动机是自私的,它只关心或主要关心自身或组织的利益。如果管理层的行为和被认为道德的行为完全相反,这表明管理层能明辨是非,但选择做错误的事。因此,他们的动机被认为是贪婪或以自我为中心。在这个模式中,管理层的目标是几乎不惜任何代价获得盈利和组织的成功。管理层不关心其他利益相关者是否要求得到公平或公正的对待。

考虑到法律经常被认为是最低限度道德的体现,管理层对法律的定位是什么？不道德管理把法律标准看作管理人员为了达到目的而必须避免或克服的障碍。不道德的管理者会像从事不道德的活动一样,很快就从事非法活动。

2. 道德管理

与不道德管理相反的是道德管理。道德管理符合最高的道德行为标准或职业行为标准。尽管道德标准的等级不是确定的,但道德管理致力于在行为、动机、目标、法律取向和一般经营战略方面提高道德规范与专业标准。

与不道德管理的自私动机相比,道德管理渴望成功,但只在以公平、正义、尊重权利和正当程序等规范为基础的标准范围内。道德管理的动机是公平、平衡或无私。组织的目标强调盈利能力,但仅限于遵守法律和道德标准的范围内。

道德管理追求营利性、合法性和道德性的目标。道德管理不会以牺牲法律和道德为代价来追求利润。事实上,这里的重点不仅在于法律的条文,而且在于法律的精神。法律被视为道德行为的最低标准,因为道德管理始终在高于法律规定的水平上实施。

3. 非道德管理

非道德管理不仅仅是不道德管理和道德管理之间的一种管理。从概念上讲,它被定位在另外两种管理之间,但它在性质和种类上与两者不同。非道德管理分为两种：①有意的非道德管理。有意非道德的管理者不会在他们的决策、行动和行为中考虑道德因素,因为他们相信商业活动不在道德判断适用的范围之内。他们简单地认为,与生活的其他领域相比,商业领域适用不同的规则。如今,有意非道德的管理者明显是少数。在当今这个有道德意识的社会中,仍存在有意非道德的管理者,但他们正在逐渐消失。②无意的非道德管理。与有意非道德的管理者一样,无意非道德的管理者不从道德的角度思考商业活动,是出于不同的原因。这些管理者只是漫不经心地、无意地、下意识地否认自己的决定和行动可能会对他人产生负面或有害的影响。这些管理者缺乏道德认知和道德意识。他们没有"道德感",也就是说,他们不认为他们所做的事情需要道德层面的思考。这些管理者通常被认为是出于好意,但要么太麻木不仁、要么太自私,以至于无法考虑自己的决定和行动对他人的影响。这些管理者通常认为自己是有道德的管理者,但他们经常忽视这些潜意识或无意识的方面。事实证明,与其说他们是不道德,更不如说他们是非道德。

有时,非道德的管理者可能没有意识到隐藏的偏见,这些偏见会妨碍他们保持客观。研究人员发现,许多商界人士的一生都被客观的幻觉所迷惑。无意识或隐含偏见可能与我们有意识的、明确的信念背道而驰。尽管大多数管理者认为他们是合乎道德的,但有时即使是最善意的人,也会在不知不觉中让无意识的想法和偏见影响看似客观的决策。

此外,人性的三个方面可能会放大无意识偏见:熟悉的偏见、折扣和升级。在熟悉的偏见方面,人们可能相比他们认识的个人(客户),更愿意伤害陌生人(匿名投资者)。折扣指忽视可能不会立即产生后果的决定的行为。当小的判断积累变多,然后通过隐瞒来掩盖无意中的错误时,就会导致升级。因此,小的轻率行为升级为大的轻率行为,无意识的偏见发展为有意识的腐败。这些无意识的偏见被认为是无意的非道德行为的源头。

非道德管理以追求利润为目标,但不会下意识地关注可能与这种目标交织在一起的道德问题。如果非道德管理有一个道德指南的话,那就是受法律约束的市场,即仅仅受到法律条款,而不是法律精神的约束。不道德的管理者将法律视为商业追求的参数,但并不会特别关注法律精神。

创业中的伦理困境

摘要:案例描述了欣凯医药在新药"爱若华"销售顺风顺水时,陷入是否在药品上市后推行安全性观察这一伦理困境。案例围绕欣凯医药面对同行违规操作、公司内外质疑的情况下,是否应推行安全性观察这一决策点展开。此外,结合案例后续进展,案例揭示了伦理决策赋予爱若华的"反脆弱性"及其在不确定环境中发挥的期权价值。[①]

资料来源:中国管理案例共享中心.创业中的伦理困境:欣凯医药的"利""义"抉择[EB/OL]. http://www.cmcc.cn/Cases/Detail/4006.

问题:

1. 欣凯医药面临怎样的困境?
2. 谁是欣凯医药在安全性观察过程中涉及的利益相关者?欣凯医药对他们负有哪些责任?

本章小结

道德推理是指判断人类行为、制度或政策是否符合或违反道德标准的推理过程。道德推理涉及三个基本组成部分:①了解合理的道德标准要求、禁止、重视或谴责什么;②表明特定的人、政策、机构或行为具有这些道德标准要求、禁止、重视或谴责的各种特征的证据或信息;③对人、政策、制度或行为被禁止或要求、对与错、公正或不公正、有价值或应受谴责等的结论或道德判断。

道德推理的评价标准包括:①道德推理必须合乎逻辑;②用来支持一个人判断的事实证据应该是准确的、相关的且是完整的;③推理中使用的道德标准应该是一致的。

功利主义最基本的观点是判断一个人的行为是不是道德的,取决于其结果是不是符

---

① 中国管理案例共享中心案例库中的全国百篇优秀管理案例的摘要。因为版权的原因,高校教师如需案例全文和使用说明书,可经中国管理案例共享中心授权后下载使用。

合社会上大多数人的愿望和要求，是不是符合绝大多数人的利益。如果能证明一个人采取某些行为是为了达到某些结果，那么这些行为就是正当的。义务论，是一种基于义务或责任的理论，也被称为普遍主义。义务论认为，结果并不能证明行动和手段是正确的，即使做一些"错误"的事情对大多数人有益处，人们仍然应该正确地行事。当代哲学家约翰·罗尔斯提出了两项正义原则：①每个人都有平等地享有最广泛的基本自由权利，与他人享有的自由权利一致。②社会和经济的不平等被安排得既合理地预期对每个人都有利，又与对所有人开放的职位和机构有关。美德论强调道德品质，既非道德规则（义务论），也非行为后果（功利主义），而是一种对人的评价。

在道德决策中，我们倾向于关注道德期望，尤其是那些主要与经济（对利润的追求）和法律（社会的法典化伦理）产生矛盾的因素。因此，在大多数决策情况下，伦理、经济和法律成为中心变量，在寻求作出明智的决策时，必须对这三个变量加以考虑和平衡。

不道德管理是指一种没有道德原则或规范的方法，同时隐含着对什么是道德的积极的反对态度。道德管理符合最高的道德行为标准或职业行为标准。尽管道德标准的等级不是确定的，但道德管理致力于在行为、动机、目标、法律取向和一般经营战略方面提高道德规范和专业标准。非道德管理从概念上讲，被定位在另外两种管理之间，但它在性质和种类上与两者不同。非道德管理分为两种：有意的非道德管理和无意的非道德管理。

核心概念

道德推理（moral reasoning）

功利主义（utilitarianism）

义务论（deontology）

权利论（rights/the right theory）

正义论（justice theory）

美德论（virtue theory）

底线伦理（rudimentary ethics）

理想伦理（ideal ethics）

伦理决策（ethics decision making）

道德管理（moral management）

不道德管理（immoral management）

非道德管理（amoral management）

思考题

1. 什么是道德推理？道德推理有什么标准？
2. 什么是功利主义？人们对功利主义有哪些批评？
3. 什么是义务论？什么是普遍主义？什么是底线伦理和理想伦理？
4. 什么是权利论？人们对权利论有哪些批评？
5. 什么是正义论？人们对正义论有哪些批评？
6. 什么是美德论？人们对美德论有哪些批评？

7. 道德决策维恩图中的各个部分分别代表着什么？如何通过伦理决策维恩图模型进行伦理决策？

8. 三种管理伦理模式的伦理标准、动机、目标、法律导向和策略分别是什么？

即测即练

第 3 章

伦理与企业文化

学习目标

1. 了解什么是企业文化；
2. 掌握企业文化的结构；
3. 理解伦理与企业文化的关系；
4. 掌握伦理型企业文化的内容；
5. 了解如何衡量伦理型企业文化。

引言

"人们塑造组织，而组织成型后就转换为组织塑造我们了"这一观点在现今很多企业内部广为流传。同样，企业文化既是由人塑造的，反过来又可以塑造人。在竞争日趋激烈的今天，企业文化越来越被重视，一个企业要想长远发展，势必会打造合适的自身文化。然而，并非所有的企业文化都是被人称道的，如"酒桌文化""996文化"等就广受诟病。企业文化如何与伦理相结合，已成为学界和业界关注的重点。在本章，我们将会介绍什么是企业文化、什么是有伦理的企业文化以及企业伦理美德模型。

方太用儒家文化引领创新

方太集团(以下简称"方太")信奉的是儒家文化。在一些人眼里，儒家的中庸之道，也常常被解读为不思进取。那为什么在"以儒治企"的方太，却始终涌动着一种独一无二、势不可挡的创新文化呢？

儒家文化作用在科技创新上，最终令方太和其用户共同受益。中国的烹饪方式致使油烟量很大，其中含有很多致癌物，方太正在通过"仁者爱人"的儒家思想和不断升级的研发来解决油烟对健康的伤害。同时，方太坚持"不上市，不打价格战，不欺骗"，通过用户体验赢得消费者的认可与口碑，塑造自身高端厨电品牌形象。

以儒家文化为根基，方太已经成功构建了一个高级形态的智慧型创新组织。"方太建造了自己的产品实验室、技术研发实验室，能够模拟吸油烟机在高层建筑和公用排烟管道状态下的模拟实验室，这种实验室旨在对吸油烟机效果研究，而不仅仅是在一般的产品性能测试。"中国家用电器研究院副总工程师张亚晨曾经在许多场合褒奖方太的技术创新精神。

3.1 企业文化概述

大量的研究表明,世界上那些著名的长寿公司都有一个共同特征——有一套坚持不懈的核心价值观,有其独特的、不断丰富和发展的优秀企业文化体系。优秀的企业文化能够发挥凝魂聚气的功效,是企业的核心竞争力之一。

3.1.1 企业文化的兴起

企业文化是一个客观存在的现象,有企业就有企业文化。然而,自企业产生以来,一直到20世纪上半期,企业文化并未得到重视,它对企业发展的作用也不显著。直至20世纪下半期,企业文化的作用才逐渐凸显出来,并涌现出一大批依靠优秀企业文化取胜的企业。

1. 霍桑实验中的企业文化研究

关于企业文化的研究,可以追溯到20世纪著名的霍桑实验,虽然这个实验没有具体提出组织文化这一概念的规范定义,但是在那个时期,组织氛围却受到了广泛的关注。

工作环境的社会背景被称为"氛围"(climate)。氛围是用于描述人们在组织情境中"看到"发生在他们身上的事情。氛围包括员工对组织在实践、政策、程序、惯例和奖励方面的看法。因此,氛围的重点是"情境"及其与员工的感知、感觉和行为的联系。

虽然氛围是对组织中发生的事情或感知的经验性描述,但企业文化可以帮助理解为什么事情会发生。例如,员工认为组织或企业的氛围是和谐融洽的,而该公司推行的"家文化"则可以帮助我们理解为何这个企业的氛围是和谐舒适,而非紧张竞争。

2. 20世纪70年代的企业文化研究

20世纪70年代,石油危机的出现以及经济上的颓势,使得美国社会的自信受到重创。而第二次世界大战后,日本经济在30年内迅速崛起,在日美企业的竞争中,美国明显处于下风:如美国在汽车业这种传统的优势行业中,被日本企业打得抬不起头,美国的标志性建筑也被日本企业收购……这激起了众多学者的研究兴趣,当时美国的管理学者和实践家尝试从不同角度进行探索,试图解开日本企业成功的秘密。日本企业认为,管理的关键是企业对员工的教育和领导者的垂范,树立起共同的信念、目标和价值观,培育企业精神。由此,企业文化这一软实力开始得到重视。

3. 20世纪80年代以来的企业文化研究

20世纪80年代,三本畅销书的出版引起了商界和学界对企业文化的广泛关注:1981年威廉·大内(William Ouchi)的《Z理论:美国企业界怎样迎接日本的挑战》,1982年迪尔(Deal)和肯尼迪(Kennedy)的《企业文化：企业生活中的礼仪与仪式》,1982年彼得斯(Peters)和沃特曼(Waterman)的《追求卓越》,这三项研究都有力地证明了组织效率与强大的企业文化有关。

经过20世纪80年代成果的积淀,企业文化的理论研究更加深入。1992年,结合以往的咨询经验,埃德加·沙因(Edgar H. Schein)推出了《组织文化与领导力》(第2版),进一步加强了对文化内容和结构的解读。1993年,哈奇(M. J. Hatch)在沙因的三层次文化模式结构的基础上提出了组织文化的动态模式。霍夫斯泰德(Hofstede)从组织文化的层次结构入手,提出了多维度组织文化模型。这一时期,研究者还通过一系列的实证研究给出了企业文化与经营绩效之间的实证观点,有力地回击了对企业文化的质疑。

3.1.2 企业文化的定义与结构

1. 企业文化的定义

(1) 文化的含义。"文化"是"文"和"化"的复合,"文"是指语言、文字、制度、典章等一系列的人文事物,而"化"则是指塑造、教化、改变和变易的意思。从"文"和"化"二字的基本含义中,我们可以窥见"文化"一词的内容及作用。第七版的《现代汉语词典》对"文化"的解释是,人类在社会历史发展过程中所创造的物质财富和精神财富的总和。《牛津词典》对"文化"的解释是"人类能力的高度发展,借训练和经验而促成身心的发展、锻炼、修养；或人类社会智力发展的证据,如艺术、科学等"。

沙因认为文化是一套基本假设,由特定的群体发明、发展而来。霍夫斯泰德认为文化的构建具有六种特性：整体性、历史决定的、与人类学概念相关、社会构建的、内隐的、难以改变的。由此可见,文化是一个内涵非常丰富的概念。

(2) 企业文化的含义。具体到管理领域,企业文化、组织文化是人们可以经常接触到的概念。例如,克罗伯(Kroeber)和克拉克洪(Kluckhohn)在1952年出版的《文化：概念和定义的评述》一书中,将企业文化定义为"传播价值观、思想和其他符号系统的模式,塑造企业内部的行为"。瓦拉赫(Wallach)认为,企业文化是企业内共同的信念、价值观、规范和哲学,企业文化决定了事情如何运作,体现在行为标准、语言和自我呈现上。霍夫斯泰德认为,企业文化是共享的信念、价值观和实践,能够将一个企业和另一个企业区别开来。我国著名企业家任正非认为：企业文化表现为企业一系列的基本价值判断或价值主张,企业文化不是宣传口号,它必须根植于企业的组织、流程、制度、政策、员工的思维模式和行为模式之中。

1985年,沙因出版的《组织文化与领导力》中的文化观念既强调企业文化的"多层次性",又强调企业文化的"共享性",因此一直以来被国内外的研究者们广泛采用。沙因认为企业文化包含三个层次：人为事物(artifacts)、价值观和基本假设。最顶层是人为事物,是指个体首次进入一个新群体,面对一个不熟悉的文化时,所看见、听见与感受到的一切现象。通过观察,我们可以了解到企业内的人为事物,如标志性建筑、企业产品、成员的行为等。其次是外显的价值观,这是指群体信念和伦理规则处于一个可以被意识到的层面,并且可以被语言清晰地表达出来。最后是基本假设,这是在组织内被视为理所当然的东西。人为事物是企业文化中最容易通过观察获得的事物，价值观是事物合理化的反映，而深层次的基本假设则是全体共享的信念。

本书认为，企业文化是由企业领导层提倡、全体成员共同遵守的在长期的实践活动中形成的，并且为全体成员共同相信的价值观念、精神、思维方式、制度规范和行为准则的总和。企业文化在一个企业里具有凝魂聚气的功效，它代表一个企业的最终目标是什么，鼓励并要求成员怎么做来实现这个目标。

（3）企业文化的特征。企业文化的定义展示了企业文化如下特征：①系统性：企业文化包含一系列有结构层次的要素，这些要素相互制约、关联，并构成一个系统。②共识性：企业文化由集体共有，并被企业绝大部分的员工接受、认同、内化，进而达成共识，形成健康的价值观。③功能性：企业文化作为一种企业智慧，能指导企业解决内外部问题和矛盾。

2. 企业文化的结构

结构是系统内部各个组成部分的排列方式。有学者（如 Cohen，1993）认为企业文化由正式和非正式两部分组成。正式的企业文化由领导力、结构、政策、奖励系统、社会化机制和决策过程等组成。非正式的企业文化包括隐性行为规范、榜样、仪式、历史轶事和语言。霍夫斯泰德指出，有效、成熟的企业文化从表层到深层依次划分为符号系统、英雄人物、礼仪、价值观四个不同的层次。

研究企业文化的结构可以帮助我们理解企业文化各个组成部分之间的关系。目前关于企业文化结构被普遍接受的观点是"四层次"说。企业文化应该包括物质文化、行为文化、制度文化和精神文化这四个层次，见图3-1。

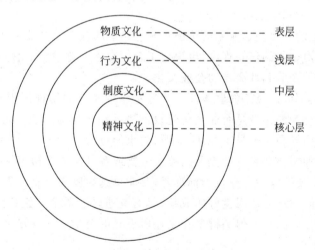

图3-1　企业文化的四个层次

3.1.3　企业文化结构解析

1. 物质文化

华为公司 Logo 可谓深入人心，由 8 片从聚拢到散开的花瓣组成，展示了华为公司独特的企业文化。正如华为的创始人任正非所言，华为的标志是一朵菊花，代表华为的员工要蓬勃向上、万众一心。企业的Logo、企业产品结构和外表款色、企业劳动环境和员工休息娱乐环境、员工的文化设施，以及厂容厂貌等就是我们最常说的物质文化。

物质文化是由企业成员创造的产品和各种物质设施等所构成的器物文化，是企业文化的最外层，是外界最容易接触和体会的企业文化现象。企业的物质文化可以展现企业的外在形象，能够具象化地反映企业更深层次的价值观念，是社会能够直观地观察和体会企业文化的起点。

企业的物质文化总体被分为三类，包括：生产资料，企业产品，企业名称和企业象征物。

生产资料包括建筑物、机械工具、设备设施、原料染料等。企业不仅通过有目的的具体劳动，把意识中的许多表象变为具有实际效用的物品，更重要的是在这一过程中，不时地按照一种文化心理来塑造自己的产品，使产品的使用价值从一开始就蕴含一定的文化价值。企业名称和企业象征物都是企业文化的可视性象征，充分体现出企业的文化个性。企业名称和企业象征物还被企业作为一种文化、智慧、进步的结晶奉献给社会，以显示企业的文化风格。

2．行为文化

行为文化是指企业员工在生产经营、学习娱乐中产生的活动文化，是企业文化的行为层。它包括企业经营、教育宣传、人际关系的活动、文娱体育活动中产生的文化现象。它是企业经营作风、精神面貌、人际关系的动态体现，折射出企业精神和企业价值观。企业行为包括企业家行为和企业员工行为。

企业家是企业的灵魂。企业家的价值观和人格魅力决定了企业文化的健康与优化的程度，决定了员工对企业的信心程度，也决定了企业在未来竞争中的胜负。有什么样的企业家，就有什么样的企业和什么样的企业文化。

员工是企业的主体。员工的群体性行为决定企业整体的精神面貌和企业文明程度。因此，员工群体性行为的塑造是企业文化建设的重要组成部分。企业通过树立科学而明确的行为规范，来引导和培育员工职业、文明、健康的行为。

除此之外，企业文化要素中所提及的英雄人物或者是模范人物，其行为在企业文化建设中也具有相当重要的作用。其行为标准是，要能卓越地体现企业价值观的某个方面，与企业所倡导的目标一致，并取得良好的成绩，具有先进性。需要特别说明的是，他们的行为不一定在所有方面都领先，但关键要在企业所倡导的至少某一个方向上取得突出成绩。

3．制度文化

制度文化是具有本企业文化特色的各种规章制度、道德规范和行为准则的总称，也称企业文化的制度层。它包括企业工艺操作规程、厂规厂纪、厂服、厂徽、经济责任制、考核奖惩制以及生产经营中的交往方式等。它在企业文化里居于中层，属于强制性文化。企业制度文化是企业为实现自身目标对员工的行为给予一定限制的文化，具有共性和强有力的行为规范的要求。

没有规矩,无以成方圆。任何一个群体都必须有一定的行为准则。员工的思想水平、价值观念、道德标准以及性格爱好、行为方式各不相同,所有这些都影响着员工对企业、工作的态度,从而影响着员工的工作效率和整个企业的经营效益。

在企业文化中,企业制度文化是人与物、人与企业运营制度的结合部分。它既是人的意识与观念形成的反映,又是由一定物的形式所构成的。同时,企业制度文化的中介性,还表现在它是精神与物质的中介。制度文化既是适应物质文化的固定形式,又是塑造精神文化的主要机制和载体。正是制度文化这种中介的固定、传递功能,决定了它对企业文化的建设具有重要的作用。

4. 精神文化

精神文化是指企业在生产经营中形成的独具本企业特征的意识形态和文化观念,也称企业文化的精神层,是企业文化的核心层。精神文化具有企业的本质特点,故往往伴随着企业的经营发展而逐步形成。它包括企业精神、企业使命、企业价值观等。

(1) 企业精神。企业精神是企业存在和发展的内在支撑。它是随着企业的发展而逐步形成并固化下来的,是对企业现有观念意识、传统习惯、行为方式中积极因素的总结、提炼和倡导,是企业文化发展到一定阶段的产物。

(2) 企业使命。企业使命是企业存在的根本目的和理由,它回答了"企业为什么存在"的问题。彼得·德鲁克认为,"管理就是界定企业使命,并激励和组织人力资源去实现这个使命"。在《基业长青》一书中,使命被认为是企业存在的根本原因,因为使命描述了企业的根本价值和存在意义,同时使命也表达了企业对社会的态度。弗雷德·戴维(Fred R. David)[①]认为企业在陈述使命时要包含以下九个要素:顾客、产品和服务、市场、技术、对生存增长和盈利的关切、哲学、自我认知、对公司形象的关切、对雇员的关心。企业不应该仅仅追求利润最大化,应该超越财富最大化。如果所有的企业都仅仅将赚钱作为使命,那么企业也将注定不会长久,企业的生存与发展离不开对利益相关者的考量,企业必须对利益相关者的需求作出回应,才能与之共生、共存、共发展。

(3) 企业价值观。企业价值观是企业文化的核心,价值观造就了企业文化的个性与特征。企业价值观是全体企业员工一致赞同,关于企业如何选择某种行为去实现物质产品和精神产品的满足,如何判定好坏、对错、是否有价值,以及价值大小的总的看法和根本观点。在西方企业的发展过程中,企业价值观经历了最大利润价值观、经营管理价值观和社会互利价值观的三次演变。最大利润价值观是指企业的全部管理决策和行动都围绕如何获取最大利润这一标准来进行。经营管理价值观是指企业除了尽可能地为投资者获利以外,还非常注重企业内部人员价值的实现。社会互利价值观要求在确立企业利润水平的同时,把员工、企业和社会的利益统筹起来。

在当代,企业价值观除了经济价值取向和政治价值取向,还包括伦理价值取向和社会价值取向。社会价值取向表明企业及成员对索取与奉献、自我和社会关系的看法。企业是社会和国家的重要组成部分,在其经营活动中不能只考虑利益,向社会毫无节制地索

---

① DAVID F R. 战略管理[M]. 李克宁,译. 6版. 北京:经济科学出版社,1986:115.

取,而应同时着眼于奉献,把增进社会利益、改进社会环境、促进社会发展作为自己的责任。企业价值观的伦理价值取向主要涉及企业所有者、经营者、员工之间,企业和消费者之间、企业和合作者之间重大关系的确立与维持。经营企业如同做人,正直、善良、诚实、讲信用,这些美德不仅适用于个人,也适用于企业。成功的企业的文化往往也和诚信、正直等优良美德联系起来。

3.1.4 企业文化落地

企业文化落地,是指企业的信念、价值观等企业文化精神层内涵融入企业文化的各种载体,并为企业内部员工和外部利益相关者所认同,转化为相应的支持企业的行为的过程。企业文化落地的根本问题是如何有效地让员工认知并认同企业价值观,进而以企业的核心价值观引导和约束自身的行为。

有效的企业文化落地,就是使员工经历"知晓企业文化、认同企业文化和践行企业文化"三个阶段(图 3-2):在研究价值观和行为特点形成过程的基础上,通过文化传播、强化认可、行为遵循等相关方式方法,使员工由知晓、了解到熟悉、相信企业文化,最终自觉践行企业文化,按照企业价值观体系要求进行行为改进,从而实现企业文化落地。

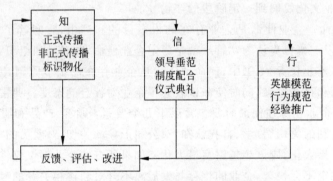

图 3-2 企业文化落地"知-信-行"模型

资料来源:宋梓宸. 企业文化在人力资源管理中落地的有效方法:一个"知信行"模型[J]. 中国人力资源开发,2014(20):17-22.

"知"的环节要解决的核心问题是,如何将企业倡导的理念变成企业中所有员工都知道并理解的理念。这个环节工作的一般目标要求是:企业的文化理念被管理者精通、被员工熟悉、被客户及利益相关者知晓。该环节主要依赖三种常规方式:正式渠道的传播、非正式渠道的传播、物化的传播。

"信"的环节要解决的核心问题是,让全体员工相信企业所提倡的价值理念,并逐渐变成全体员工自己深信不疑的信念。该环节工作的目标是:提高全体员工对企业家所提倡文化理念的相信度。该环节具体措施包括领导的关注和示范、制度的修订和完善、仪式典礼的参与和体验。

"行"的环节要解决的核心问题是,让全体员工自觉实践自己已经相信的、企业家所提倡的理念,并把这种理念变成自己自觉的日常行动,最后变成全体员工的行为习惯。该环节工作的目标是:提高全体员工行为与理念的符合度。该环节主要通过英雄模范的树立、行为规范的出台、标杆经验的推广等方式使员工行为得到改进。

企业文化落地都要经历知、信、行三个环节,在每个环节,企业可以根据其实际情况采用不同的形式去实现该阶段的目标,通过这三个环节提高员工对企业文化的认知度和认同度,并在员工工作过程中提供反馈和评估,使员工行为得到改进,进而推动企业文化更好地落地。

3.2 企业文化与伦理

经过 3.1 的学习,我们知道,企业文化是一种由组织全体成员共享的信念、价值观或行为规范,它表现为企业的物质特征、行为以及制度。在这一基础之上,Trevino 和 Nelson 认为有伦理的企业文化(ethical corporate culture)是企业文化的一个子集,并将伦理型文化定义为"组织环境中阻碍非伦理行为并促进伦理行为的那些方面"。伦理型组织文化需要通过正式的组织系统(政策、领导、权力结构、奖励系统、培训计划)和非正式的组织系统(组织成员的行为和道德规范)的相互作用或者协调来维持。有伦理的文化能够激发人们采取伦理行为。

3.2.1 基于伦理的企业价值观

建立一套基于伦理的核心价值观对企业而言至关重要。正如伍德(Wood,1989)所言:"企业价值观长期以来一直被认为是组织文化的核心维度。"价值观造就了企业文化的个性与特征。如果企业建立一套基于伦理的价值观,那么这些价值观就能够帮助员工更好地作出伦理决策,采取道德的行为。

尽管企业可以从许多潜在的价值观中进行选择,但是仍然存在一些基于伦理的价值观是被普遍接受的,这些价值观也被称为"深层道德价值观"或者"普适的伦理价值观"。2005 年,Schwartz 在《商业伦理杂志》(*Journal of Business Ethics*)发表了一套含有六个方面的核心商业伦理价值观,得到了广泛的认同,它们主要包括:

(1) 诚信(trustworthiness),包括诚实、守信、正直、透明、可靠和忠诚;
(2) 尊重(respect),包括尊重人权;
(3) 责任(responsibility),包括问责、接受过错、不责怪他人;
(4) 公平(fairness),包括过程、公正和公平的概念;
(5) 关怀(caring),包括对他人敏感、避免不必要的伤害;
(6) 公民身份(citizenship),包括遵守法律、帮助社区和保护环境。

当然也有人认为,一套普适的伦理价值观是企业道德的最低标准,这些价值观应该融入企业的所有规范、准则和流程之中,假若有企业的制度或者准则中没有体现这些价值观,那么这些企业的文化可能就存在缺陷。

然而,这些价值观在企业实践应用中,也可能会损害企业短期的私利。比如企业将未经处理的生产废水肆意排放到大自然中,在短期内可以节省一笔可观的除污费用,却损害了其他的利益相关者的权益。在其他情况下,持续应用这些价值观有助于确保公司的长期财务繁荣。无论应用道德价值观是否总能实现利润最大化,所有企业都应该尝试在其整个组织中注入核心道德价值观,作为建立道德企业文化的基本出发点,基于伦理的价值观应该注入企业的制度、流程和实践中。

企业的核心价值观必须在企业政策文件和规章制度中明确地体现,如企业的行为准则或者道德准则。价值观还应包括在公司的年度报告、公共责任声明或社会报告中,并应在公司网站主页上尽可能清楚地标明。

价值观还应该贯彻到企业的流程内,这样价值观才会变得更加鲜活,而不是空中楼阁或者水月镜花,也只有这样,企业文化才能更加道德。比如在绩效考核的过程中,可以加入员工的道德价值观考核。有效的绩效管理体系是伦理文化的重要组成部分。该体系在道德文化的一致性或不一致性方面起着至关重要的作用,因为人们关注的是衡量、奖励和约束的内容。比如在员工晋升的过程中也加入对道德行为的考量,当员工只在财务业绩的基础上晋升时,那么可能使员工产生这样一种想法,即公司不认为伦理价值是重要的。

此外,如果企业有一套基于伦理的价值观,就必须让人觉得企业符合这样的价值观,即企业也要做到言行一致。如果企业的行为与企业的伦理价值观相违背,伦理价值观就会迅速失去意义。为了避免这样的情况发生,领导者的行为和员工的决策与行为都应该尽可能地基于公司的价值观,不应该做出与价值观相违背的事情。

3.2.2 伦理与企业准则

企业的行为准则(corporate codes of conduct)是企业制度文化的一种,是企业用来建立和传播负责任的商业实践与道德组织文化的一种常见的工具。这些行为准则旨在明确说明组织对企业社会责任和员工的行为的期望。这些准则被视为在组织内制定企业社会责任政策的基础,对创建和维持伦理组织文化至关重要。企业行为准则不仅是对员工的期望,也是对企业自身的一种期望和规范。

企业有道德的制度政策的基础是书面的道德准则(code of ethics),道德准则旨在规定组织的道德价值观和承诺,在整个组织内传达这些价值观和承诺,并帮助将其转化为员工(各级)的态度和行为。理想情况下,企业准则通过促进道德商业实践来管理员工的行为,从而影响组织文化,避免法律后果。此外,作为对社会责任的切实承诺,通过作为企业社会责任意识和参与的象征,采用行为准则可能会带来声誉利益,从而维护公司的公共形象并使其合法化。

有效的道德准则应当易于理解,避免负面语气,并表明对员工行为的预期和违反将获得的制裁。制定准则应当让员工也参与进来,让准则适用于组织中的每个人,并包括一个签核流程,员工在此流程中表示他们已经阅读、理解并将遵守准则。同时要对管理者进行道德培训。应定期通过会议、电子邮件、时事通讯和高层演讲加强该准则。比如,美的集团2018年公开发表的《美的集团商业行为规范》明确而详细地说明了,在商业活动中员工及企业应当遵守的,包括但不仅限于遵守法律法规及道德规定、公平竞争、避免利益冲突、反腐败、反洗钱和保护隐私等方面应当遵守的准则。

还有学者认为,为了确保企业准则的行使,还应尽可能建立一个报告机制,保证匿名性和保密性,使员工不必担心被举报。为此,我国的小米集团搭建了一个线上举报平台"小米廉洁举报平台"来监督小米集团的每位员工在工作中是否以合法合规、合乎道德的方式开展业务。

3.2.3 伦理型领导

行为是企业中每一个人践行企业文化的重要步骤,领导者行为和员工行为是企业文化在行为层上的重要体现。

1. 伦理型领导的内涵

伦理型领导(ethical leadership)的历史可谓源远流长。在我国古代,孔子就敏锐地指出"其身正,不令而行;其身不正,虽令不从",意思是领导者道德品行端正,即使不发号施令,下属也会听从;如果领导者道德品行不端正,即使发号施令,也没有人会听从他。一个组织的道德基调是由最高管理层设定的,员工通常会通过观察领导者的行为来获得道德提示。

伦理型领导是指领导者通过个人行为和人际沟通表现出合乎道德规范的适当行为,并通过双向的沟通、激励和决策的制定促使员工去表现这些行为。

如果企业文化的目标是培养最有效支持伦理决策的价值观念、期望、信仰和行为模式,那么这就成为企业领导者的首要责任。领导者在某种程度上有这个义务,是因为组织中的利益相关者很大程度都由"企业高层"指导。领导者的伦理行为不仅是组织伦理文化的一个重要内容,同时,对企业组织及员工个体的影响也至关重要。

2. 伦理型领导的影响

在伦理型领导与伦理行为的研究中,人们发现组织中个人的伦理行为受其领导者的影响很大。

(1) 影响员工行为。虽然领导者的伦理行为可以直接激励下属员工的伦理行为,但是在另一方面,领导者的伦理行为也可以激发整个组织的伦理道德氛围,即"具有道德内容的典型组织实践和程序的普遍感知"。

(2) 影响组织氛围。伦理氛围反映了组织员工对道德问题的规范价值和信念,并在很大程度上由组织中的领导者塑造。当员工认为领导者经常关注道德、认真对待道德,并像关注底线一样关注道德和价值观时,员工就更可能开展道德行为,更可能在公司内部寻求建议,愿意向管理层传达坏消息,愿意报告违反道德的行为。

(3) 影响企业文化落地。在企业文化落地过程,领导者对企业文化的践行往往起着标杆的作用,如果领导者不能以身作则,那么企业文化的内核也不过是空中楼阁,企业制定的各种规章制度也只是纸上谈兵。马尔福斯(Malphurs,2004)认为价值观是通过实践灌输的,追随者更多地关注一个人的行为,而不是他的言论。如果行为不一致,那么领导者的诚信就会丧失。因此,一个有道德的领导者只有通过他的行为才能发展其内在价值。领导者的道德与伦理是通过领导者的伦理道德行为彰显的。领导者必须表现出高水平的道德行为,在行动、行为和决策方面具有最高的道德标准,这样他们才可以为他们的追随者或团队成员树立一个理想的榜样以供模仿学习。

(4) 影响组织绩效。领导者的伦理行为除了提升组织道德氛围,同时也会对组织绩效产生一定的影响。领导者采取伦理行为能够提升组织的公信力。如果领导者关心他人、值得信赖、诚实、公平和负责任，他们就可以被称为有道德的。

3.3　企业伦理美德模型

从3.2我们知道，有伦理的文化能够激发人们进行伦理行为。Kaptein(2008)设计了一个企业伦理美德(corporate ethical virtue,CEV)模型来衡量企业的伦理文化结构，这有助于我们打造有伦理的组织文化。

企业伦理美德模型包含了企业伦理文化的7个规范维度：①清晰性；②一致性；③可行性；④可支持性；⑤透明度；⑥可讨论性；⑦神圣性。

1. 清晰性

清晰性即企业对员工在道德层面的期望（价值观、规范和原则）表达的具体化和可理解的程度。在商业环境中，员工面临着与其他社会环境不同的道德问题，然而一般的道德直觉可能不足以让员工在工作场所区分道德和不道德的行为。例如，员工可能并不能根据道德直觉作出对"饮酒"这一件事情的道德判断，因为"饮酒"并非不道德，但在有些工作场所，饮酒却是不道德的，因此企业的道德准则应该清晰地表明对员工的道德期望。《沃尔玛全球道德操守规范》就清晰地表明了"所有员工应确保在工作时间内，其工作能力和判断力不受饮酒影响。员工饮酒后不应开展工作，也不得在公司内饮酒"。清晰的道德准则能帮助员工辨明哪些行为是不道德的。

而在没有指导的组织参考框架的情况下，员工的自由裁量权和道德直觉越多，其不道德行为的风险就越大。道德期望的模糊性和不确定性是不道德行为的主要来源之一。模糊或不明确的期望可能会使员工假装不知情，这给借口和合理化留下了很大的空间。因此，有道德的组织必须明确其道德标准。

2. 一致性

一致性包括监管者的一致性和高层管理者的一致性。监管者的一致性，即监管者在道德行为方面成为榜样的程度；高层管理者的一致性，即董事会和高级管理层的标准与行为一致的程度，以及他们在道德行为方面作为榜样的程度。

组织可能会规定明确的规范性期望来指导员工行为，但如果监督者与管理者的行为与这些期望相矛盾，员工就会面临不一致的信号。然而，如果管理层的行为与组织的规范性期望一致，那么向员工传达的遵守这些期望的信息就会加强。许多员工采取不道德行为是因为主管、经理或董事会成员做出的不道德和被禁止的行为，从而受到启发或者激励。有研究发现，员工经常模仿领导者的行为，并向领导者寻求正确行为的线索。如果管理者不能为下级员工做出良好的表率，那员工很有可能效仿领导，采取不道德的行动。

3. 可行性

可行性是指企业提供足够资源的程度，如时间、预算、设备和信息，以使员工充分履行其职责。如果员工很少或没有机会实现他们的任务和责任,不道德行为的风险就会增加。更具体地说,当员工缺乏足够的时间、预算、设备、信息和权力来履行职责时,就更可能有不道德的行为。时间压力大的人比时间充裕的人更不倾向于关注他人的合理期望和利益。过高的目标会刺激不道德行为。

4. 可支持性

可支持性是指组织为组织成员提供支持以认同组织道德的程度。大量的研究表明,士气低落和不满的员工更有可能做出不道德的行为。那些觉得自己不被重视或不被公平对待的员工可能会试图通过故意对组织造成损害来平衡公正的天平。不信任和敌对的工作环境会使遵守组织的道德标准变得困难。当员工被鼓励认同其组织的价值观时,他们会受到内在的激励去遵守企业的道德标准。

5. 透明度

透明度即错误行为及其后果在组织中清晰可见的程度。透明度包含垂直和横向两个部分。垂直部分是指管理者能够观察到员工的不道德行为及其后果的程度(自上而下),反之亦然(自下而上)。横向部分指员工能够在多大程度上观察到不道德行为及其后果。

只有当员工知道或应当知道他的行为会造成什么样的后果时,他们才可能承担责任。如果员工几乎不知道他们的行为后果的性质或严重性,他们就失去了改变其行为的机会,这可能导致员工只关注行动而不考虑其后果的情况出现。在透明度较高的企业中,员工更可能成功地改变或纠正自己或同事、主管或下属的行为。相反,透明度较低的组织可能会扩大不道德行为的范围。许多研究强调透明度的重要性,不仅是因为它有可能暴露不道德行为,而且因为它使人们认为有可能被抓住而起到威慑作用。

6. 可讨论性

可讨论性是员工提出和讨论道德问题的机会。

如果在企业中员工很少讨论道德问题,那么在较为封闭的文化环境中,除了人们难以批评非道德行为,那些道德的行为也很难得到鼓励。员工就好像关上了耳朵、闭上了眼睛,看不见也听不见那些关于道德的问题。在这种企业,负面消息被封锁,坏消息被屏蔽,道德行为也被埋没。

如果员工没有足够的空间来交流、分析和讨论他们的经验,就失去了从他人的错误、违规和困境中学习的机会。长此以往,持续对道德言论的回避会强化一种非道德的组织文化。如果道德问题没有被公开谈论,它们就会被忽视或淡化,从而导致更高的道德压力和规范性期望的道德权威的下降。在一个具有高度可讨论性的企业中,是否可以讨论某些规范性期望、道德困境和不道德行为(通过同行报告或举报)缺乏明确性。举报是指员工(前任或现任)向企业或者领导披露企业内可能采取不道德或非法行为的人员。同事的举报是一种向上控制或横向控制。如果要员工检举或揭发那些不道德的行为,那么组织就要给员工足够的安全感,使得他们不必担心会因此受到报复或者伤害。

7. 神圣性

神圣性是指员工因行为不道德而受到惩罚，并因行为道德而获得奖励的可能性。如果企业内一些不道德的行为被容忍甚至被鼓励，那么后续就更有可能出现相似的不道德行为，因为员工可能产生了"此种不道德行为将不受惩罚，甚至会受到管理层的赞赏"这样一种观念。不道德的行为得不到相应的制裁就会破坏规范的有效性。制裁是一种重要的行为刺激，也是规范性的相关来源。如果员工认为不道德的行为会受到惩罚，并且惩罚的严重程度超过了这些行为的潜在回报，那么他们就很有可能放弃这些不道德的行为。当管理者因员工的不道德行为而奖励员工或未能惩罚他们的行为时，他们会发出一个明确的信息，即不道德行为是可以接受或可取的。实施制裁不仅是为了罪犯和受害者，也是为了旁观者的利益。并且，如果企业很少对道德行为表示认可，那么这就可能削弱员工的道德行为意愿，道德行为越有回报，人们的非道德行为就越少。

德胜听证会助力企业文化落地

德胜洋楼是一家以优秀企业文化著称的美式洋楼建造企业，承载德胜文化的《德胜员工守则》先后重版30余次并在海外出版。然而，"5·26"事件震惊了"岁月静好"的德胜公司。

2018年5月26日7时27分，一阵激烈的争吵打破了咖啡屋的平静。员工方某声称其同事沈某在关门时撞击了她的头部，便不由分说地辱骂沈某。沈某也没有顾及当时正在进行的晨会，直接对骂。两人情绪激动，互不相让，主管耐心劝阻无效，一度使部门工作中断。

5月28日上班时间，当事人沈某找到公司高层诉说内心委屈。公司创始人聂先生认识到此次对骂事件没有那么简单，且影响极其恶劣，决定立即召开员工听证会，按照公司听证会程序及有关制度进行处理。

5月28日15时整，员工听证会在德胜楼匠心堂如期举行。会上，方某按照抽签规则的顺序，首先表态："关于此事我感到后悔和自责，虽然沈某关门时撞击了我的头部，但我当时没有控制好自己的情绪，在公共场合辱骂他人，对部门同事和沈某造成了严重伤害，在这里我向所有人郑重道歉。"随后，沈某表示："首先我承认在公共场合与同事争执是错误的，我也向大家道歉，如果我能理智一些，事态就不会发展成这样，给大家带来这么多麻烦，真的很对不起。但是我想说明一点，我并没有撞到方某的头，是她在撒谎！"

鉴于两位当事人各执一词，主持人说道："既然双方表述有出入，那下面我们观看一下监控记录并请听证团成员提问。"在反复观看咖啡屋监控视频后，一位听证员说道："根据录像，沈某关门时，大门并没有与方某的身体形成接触，且从方某进门后的反应来看，她所说的似乎与事实不符。"接下来，五名听证员先后向当事人询问了一些细节问题，并认真做了记录。几名见证人也分别描述了现场情景，一系列证据均指向方某的说法与事实不符。此时，方某终于承认："对不起，我刚才确实撒了谎，先前提供了假的书面报告……"

随后，来自不同部门的旁听人员针对此事各抒己见。一名程序中心的员工首先发言："各位，我建议按照公司程序对当事人进行严肃处理，因为她们的争执严重影响公司工作秩序。尤其是方某，在书面陈述和听证会现场问答过程中均存在撒谎行为。"另一名督察部门的员工讲道："我赞同对她们依规惩处，但我认为，既然当事人已经承认错误，是否可以酌情减轻惩罚力度？"两位当事人的部分同事表示，考虑到两人都是老员工，且已进行反思检讨，站在稳定员工情绪、以人为本的角度上，应以批评教育为主，减少经济性惩罚，如此才能体现"有爱心"的德胜核心价值观。一时间，现场见仁见智、众说纷纭。

当事人所在部门的听证员发言道："首先，我很欣慰看到两位当事人对自身错误进行道歉与反思，希望所有人都能引以为戒，今后杜绝此类事件发生。但我们必须明确的是，不能因为事后的道歉，就漠视德胜'诚实、勤劳、有爱心、不走捷径'的核心价值观，就漠视公司的规章制度。沈某和方某严重违背德胜核心价值观，违反了《德胜公司员工读本（手册）》的相关规定，应依法严肃处理。鉴于二人认错态度诚恳，平时工作尽职尽责，从人文关怀的角度出发，可以酌情减轻惩罚力度，以观后效。"也许是这位听证员的话道出了大家的心声，其他听证员也几乎一致地表态，补充道："我司一向以遵守制度闻名，十一字的德胜价值观大家也都烂熟于心。依法治司是德胜立司之本，遵守制度是德胜发展之魂，我们会依据《德胜公司员工读本（手册）》中有关奖惩条例、解聘预警规定、同事关系法则的部分，综合各方意见作出公正的处罚建议，提交给公司领导。"

这时，主持人做总结发言："公司召开听证会的目的，是查明真相并作出公正的裁决。管理无小事，德胜人不走捷径。这次对骂事件给公司治理敲响了警钟，也拷问着德胜人的灵魂。希望大家扪心自问，是否真正践行了德胜的核心价值观？待会后听证团成员统一意见后，正式向全体员工宣布最终处理意见。"

从听证会后的当晚起，听证团成员就依据德胜核心价值观和《德胜公司员工读本（手册）》反复磋商，终于在30日上午形成最终听证会报告，对"5·26"事件作出如下判决：

方某在工作场合与同事争吵，且事后做伪证试图开脱责任，严重地背离了德胜"有爱心""诚实"两项核心价值观，违反了德胜同事关系相关规定，伤害了员工间的感情，扰乱正常办公秩序，对公司形象造成了恶劣影响。责令其以书面形式向沈某和全体德胜员工道歉，并停职深刻反省三个月，反省期间每周向公司再教育中心提交书面思想认识，再次参加工作起第二日进入解聘预警观察期，以观后效。

沈某虽是被辱骂一方，但她不分场合与同事争吵，违背了德胜"有爱心"这一核心价值观，违反德胜同事关系相关规定，影响了管家中心晨会的正常召开，造成了恶劣影响，责令其以书面形式向全体员工道歉并进行深刻的自我检讨。

资料来源：根据编者开发的2019年全国百篇优秀管理案例《小题大做：德胜听证会助力企业文化落地》精简而成。原案例网址：http://www.cmcc-dlut.cn/Cases/Detail/4000.

问题：

1. 德胜公司为什么要举行此次员工听证会，其结果如何？利用听证会制度处理此次事件体现了德胜什么样的企业文化？

2. 如此处理本次员工对骂事件是否"小题大做"？在此期间，德胜的核心价值观是如何发挥作用的？

3. 德胜是如何借助听证会实现企业文化落地的,对其他企业有何借鉴意义? 如果你是一家公司高管,会采用听证会方案吗?

本章小结

企业文化是一个客观存在的现象,有企业就有企业文化。但是对企业文化的研究在20世纪80年代才得到重视。

企业文化是由企业领导层提倡、全体成员共同遵守的在长期的实践活动中形成的,并且为全体成员共同相信的价值观念、精神、思维方式、制度规范和行为准则的总和。企业文化包括四个层次:物质文化、行为文化、制度文化和精神文化。物质文化是企业文化的最外层,是外界最容易接触和体会的企业文化现象。行为文化是员工在生产经营与学习娱乐中产生的行为文化。制度文化是具有本企业特色的规章制度、道德规范和员工行为的总称。精神文化是具有本企业特征的意识形态和文化。

有效的企业文化落地就是使员工经历"知晓企业文化、认同企业文化和践行企业文化"三个阶段。

伦理文化能够激发人们开展伦理行为,基于伦理的价值观是伦理型企业文化的核心。诚信、尊重、责任、公平、关怀以及公民身份是被普遍认同的核心商业伦理价值观。伦理核心价值观要体现在企业的制度、流程和行为中。企业的道德准则,是企业制度文化的一种体现。伦理型领导作为一种行为文化对企业具有重要意义。伦理型领导能够影响员工的伦理行为,影响组织的伦理氛围,并且对伦理型企业文化落地起着标杆性的作用。

关于如何衡量企业伦理文化,我们介绍了企业伦理美德模型,伦理型文化须具备清晰性、一致性、可行性、可支持性、透明度、可讨论性和神圣性这些特征才能更好地激发员工的伦理行为。①清晰性是指企业对员工在道德层面的期望(价值观、规范和原则)表达的具体化和可理解的程度。②一致性包括监管者的一致性和高层管理者的一致性。③可行性是指企业提供足够资源的程度,如时间、预算、设备和信息,以使员工充分履行其职责。④可支持性是指组织为组织成员提供支持以认同组织道德的程度。⑤透明度即错误行为及其后果在组织中清晰可见的程度。⑥可讨论性是员工提出和讨论道德问题的机会。⑦神圣性是指员工因行为不道德而受到惩罚,并因行为道德而获得奖励的可能性。

核心概念

企业文化(corporate culture)
组织文化(organizational culture)
企业物质文化(corporate material culture)
企业行为文化(corporate behavioral culture)
企业制度文化(corporate institutional culture)
企业精神文化(corporate spiritual culture)
企业价值观(corporate values)
企业伦理核心价值观(core values of business ethics)
企业文化落地(corporate culture landing)

企业行为准则(corporate code of conduct)
伦理型领导(ethical leadership)
企业伦理美德模型(corporate ethical virtue model)

思考题

1. 什么是企业文化？
2. 企业文化的结构是什么？
3. 如何使企业文化落地？
4. 企业文化和伦理是什么关系？
5. 什么样的企业文化才是有伦理的？
6. 什么是伦理型领导？
7. 企业伦理美德模型是什么？

即测即练

第 4 章

企业社会责任

学习目标

1. 了解企业社会责任产生的原因;
2. 掌握企业社会责任的定义;
3. 理解企业社会责任的发展过程;
4. 掌握企业社会责任金字塔模型和利益相关者理论;
5. 了解企业社会责任、企业社会绩效、企业社会公民以及共享价值等相关概念。

引言

传承千年的儒家文化一直在警醒我们勿见利忘义,应该见利思义、以义制利。《汉书·董仲舒传》记载了一句名言:"正其谊不谋其利,明其道不计其功。"这鼓励了中国的商人在追求利益的同时也需要考虑到道德责任的因素。近现代的企业社会责任源于人们对企业的期望,"能力越大,责任越大"这句话也被越来越多的人与企业认可。近现代企业在社会中拥有的资源、财富和地位早就不可同日而语,相应地,企业也应该承担更多的社会责任。

4.1 介绍了企业社会责任的产生原因以及企业社会责任的定义,同时为了更好地理解企业社会责任的含义,还介绍了企业社会责任的演化时序。4.2 介绍了企业社会责任的两个著名理论:企业社会责任金字塔模型以及利益相关者理论。4.3 介绍了企业社会责任发展过程中衍生出来的姊妹概念,包括企业社会响应、企业社会绩效、企业公民以及共享价值这些概念。

鸿星尔克的爆红

2021 年 7 月下旬,河南省爆发特大洪涝灾害。7 月 22 日,运动服饰企业鸿星尔克通过官方微博发布消息称,鸿星尔克将捐赠 5 000 万元物资,驰援河南灾区。网友传来消息:"鸿星尔克 2020 年巨亏,却花了 5 000 万元驰援灾区。"一度淡出大众视野的鸿星尔克,也因此次慷慨捐赠灾区群众而爆红,引发公众"野性消费"。7 月 22 日晚,鸿星尔克淘宝直播间有超过 200 万人参与扫货,上架一款,抢空一款。一时之间,鸿星尔克成了"国货之光",线下门店也是挤满顾客,有的实体店销售额暴增十多倍。2021 年 7 月 26 日,中国共产党中央纪律检查委员会发文点评鸿星尔克的爆红"是善引发善的动人故事"。

4.1 企业社会责任的定义及其发展

自古以来,中国社会一直存在"穷则独善其身,达则兼济天下"这样一种被广泛认同的道德观点。当一个人处于清贫困苦的境遇时,要坚持良好的道德修养;当个人得志时,则要努力让天下百姓都得到益处。同样,当今时代,企业作为社会的重要一员,无论规模大小,它们也被公众期望着践行这样的道德观念。不管是规模小时"善其身",抑或是规模大时"济天下",都是企业履行社会责任的一种表现。

4.1.1 企业社会责任的定义

1895 年,美国社会学界的著名学者阿尔比恩·斯莫尔(Albion W. Small)在全球第一本社会学杂志——《美国社会学杂志》的创刊号上刊登了关于"不仅是政府部门,私人企业也要获得公民的信任"这一观点,这是近代企业社会责任观念的萌芽。自 20 世纪 50 年代开始,企业社会责任在商界、政界和学界都被广泛认可,在了解有关企业社会责任的经典观点之前,我们先来了解企业社会责任为什么会产生。

1. 企业社会责任的产生

卡罗尔(2017)认为,企业社会责任的根源是社会环境中存在一些不尽如人意的问题,这些问题间接致使企业社会责任的诞生。图 4-1 揭示了企业社会责任是如何产生的。社会环境中存在的一些问题会使公众对商业和企业进行批判,这些批评的声音会让企业更加关注社会环境及社会契约的变化,从而产生了企业社会责任。同时承担社会责任会带来更好的社会绩效、社会响应和企业公民。这些造就了一个让人更满意的社会。然而这些"满意"在减少社会对企业的批评之外,同时也会提高社会对企业的期望值,企业稍有不慎可能会招致更多的批判。最终结果是,尽管正面影响和负面影响相互作用,但企业社会绩效和社会满意度的总体水平应随着时间的推移而提高。如果企业不能对社会期望作出响应,它可能会进入一个螺旋式下降,导致企业和社会关系的严重恶化。

2. 企业社会责任的概念

在了解企业社会责任产生的基本逻辑之后,我们将一起学习究竟什么是企业社会责任。

1979 年,卡罗尔将企业社会责任定义为:"某一特定时期社会对企业所寄托的经济、法律、伦理和自由裁决的期望。"基于社会对于企业不同层次的期望,卡罗尔构建了企业社会责任金字塔模型,在这个模型中,企业社会责任是经济责任、法律责任、伦理责任和慈善责任的总和。这是企业社会责任最经典的观点之一,在下一节中,我们将详细介绍这个模

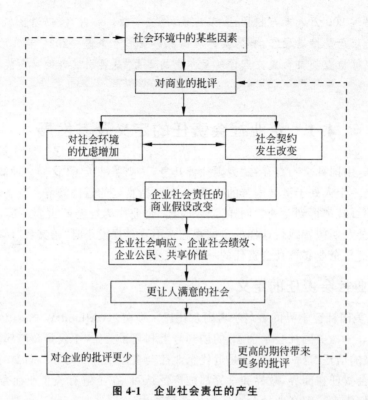

图 4-1　企业社会责任的产生

资料来源：CARROLL A B,et al. Business & society:ethics,sustainability,and stakeholder management[M].10th ed. Stamford:Cengage Learning,2018:32.

型。但是，这种企业社会责任观念的缺陷也十分明显，因为社会期望和企业的履责意愿、能力并不总是匹配的，它们之间会存在一个如何平衡的问题。

德鲁克认为，"在企业经营活动中重要的是管理者应该意识到他们必须考虑公司政策和公司行为对于社会的影响"，他在其《管理——任务、责任、实践》一书中指出："这种有关企业社会责任的概念不再问一问企业有什么限制条件，或者企业在他直接控制之下应该做什么，要求企业对社会问题负责。"德鲁克主张"把对社会的关心作为本身行为的中心"。德鲁克认为组织对社会所要承担的责任可能在两个领域之中产生：一是机构对社会的影响，二是社会本身的问题。德鲁克的社会责任观将社会责任视为管理企业行为对社会影响的义务，认为责任内生于企业行为对社会和环境的影响。它既关注主体的道德追求（企业愿对影响负责），也考虑企业承担责任的客观性（客观上社会有要求）。

企业社会责任的思想在中国也有深厚的渊源，甚至可以追溯至《周易》中关于天人和谐的古典思想。但是，对于企业社会责任的真正研究，我国相对西方国家则起步较晚，长期处于学习、消化和吸收的阶段。在西方学者研究的基础之上，根据我国特色，部分学者也提出了一些具有影响力的企业社会责任观点。

李伟阳和肖红军（2011）基于社会价值本位的逻辑起点，提出了企业社会责任的"元定义"，认为企业社会责任是指在特定的制度安排下，企业追求在预期存续期内最大限度地增进社会福利的意愿、行为和绩效。周祖城（2020）在回答了企业社会责任是事实如何还是应当如何、部分责任还是综合责任这两个前提性问题,以及由谁负责、对谁负责、负责什么、负责到什么程度这四个基础性问题后,给出了企业社会责任明确的定义:企业社会责任是指企业为了维护和增进利益相关者的正当权益、造福于社会而应当对利益相关者和社会整体承担的包括底线责任和超越底线责任在内的综合责任。

本书综合国内外专家学者的观点,从可持续发展的视角,将企业社会责任定义为:企业为实现经济、社会和环境效益的最大化,在法律法规与商业伦理道德的规制下,满足消费者、员工、股东和环境多方利益相关者的需求,进行企业管理经营活动,以实现企业可持续发展目标而承担的综合责任。

4.1.2 企业社会责任的时序演化

在上一节,我们学习了企业社会责任产生的基本逻辑和不同的学者机构对企业社会责任的定义,大致了解了企业社会责任的概念,我们将在这一节学习企业社会责任的演化过程,在这个过程之中我们除了梳理企业社会责任的发展脉络,还将学习到近代以来企业社会责任的著名观点,这将有助于我们全面地掌握企业社会责任。

企业社会责任专家韦恩·维瑟(Wayne Visser,2014)将企业社会责任解释为企业社会责任、企业公民、可持续性。他认为企业责任的演变经历了五个相互重叠的时代和阶段。他定义的这些时代和阶段并没有明确的起点或终点,但它们却能让我们了解多年来这一概念是如何成熟和实践的。

(1) 第一阶段的贪婪时代(the age of greed),以防御型企业社会责任为特征,只有企业在公司的股东价值需要保护的情况下才会进行企业社会责任实践。

(2) 第二阶段的慈善时代(the age of philanthropy),企业依托公司基金会或信托基金对公益事业进行捐款来践行企业社会责任,这种商业慈善形式是企业社会责任的最早形式之一。

(3) 第三阶段的营销时代(the age of marketing),这个时代的到来敦促企业社会责任的提升。在这一阶段,企业社会责任主要用作一种公共关系方法,旨在提升公司的品牌、形象或声誉。

(4) 第四阶段的管理时代(the age of management),这个阶段带来了战略企业社会责任。在此阶段,企业社会责任活动与公司的核心业务相关联。

(5) 第五阶段的责任时代(the age of responsibility),这个时代的来临强调系统的企业社会责任,重点是识别和纠正不负责任与不可持续的根本原因。

除了 Visser 根据企业社会责任的主要内容的变化将企业社会责任划分为笼统的五个阶段,本书吸收 Visser 的观点,以时间为脉络,根据各个时间段企业社会责任的侧重点,介绍从企业社会责任 CSR1.0 到企业社会责任 CSR3.0 的演变过程。

1. CSR1.0 时代

1923 年,谢尔顿(Oliver Sheldon)在他的著作《管理的哲学》第三章"管理的社会责任"(the social responsibility of management)中,第一次提出了企业社会责任的概念。他认为,企业社会责任要与企业满足内外部人们的需要联系起来,企业社会责任包含社会道德的因素。但是真正意义上的企业社会责任研究则是由鲍恩(Bowen)在1953出版的著作《商人的社会责任》开启的。他提出了现代的企业社会责任概念，认为商人"有义务按照社会的目标和价值观的要求，制定政策，做出决定，以及采取行动"。因为鲍恩在这一方面的开创性工作，有人将鲍恩称为"企业社会责任之父"。

20世纪50年代，企业社会责任的核心思想主要包括三个方面，即经理人是公共受托人、平衡竞争性的企业资源、企业慈善。20世纪60年代，受到外部社会运动和企业社会觉醒的驱动，主流观点认为企业社会责任是一种对社会的义务。Davis(1960)提出了著名的"责任铁律"(iron law of responsibility)，即"商人的社会责任要与他们的社会能力相匹配"。这个时代企业社会责任发展的缺陷是没有将企业社会责任与财务绩效关联起来，企业社会责任与企业内部业务没有特别大的联系，或者说这个时代更多的是认为践行社会责任是受外部驱动，不求回报的。

2. CSR2.0时代

CSR2.0是指20世纪70年代至20世纪90年代之间所涌现的关于企业社会责任的概念，在这一时期，"企业追求利润最大化"的观点已经逐渐失去统治地位，企业社会责任受到空前的讨论和关注。

20世纪70年代，企业社会责任的实现主要采取企业社会回应模式，因此这一时期甚至被称作"企业社会回应"阶段。这一时期的著名观点是1971年美国经济发展委员会在《工商企业的社会责任》中的"三个同心圆"的企业社会责任概念模型。这一模型对企业社会责任进行了明确规定，内圆是指企业履行经济功能的基本责任，中间圆是指企业履行其经济功能的责任时应顾及改变社会价值和优先秩序，外圆是企业更广泛地促进社会进步的其他无形责任。

20世纪80年代，企业社会绩效的概念迅猛发展，企业的经济目标与社会目标不再是相互矛盾的权衡关系，而是作为构成要素被整合到企业的全面社会责任框架之中。企业社会绩效更加强调企业社会责任的结果或后果，要求通过管理与企业运营相关的社会议题而降低企业可能面对的社会风险，进而企业社会责任与企业财务绩效之间更加紧密结合起来。20世纪90年代，利益相关方理论在企业社会责任领域得到广泛应用并成为主流范式。这个时期，当人们谈起企业社会责任时，会用"利益相关者"代替社会。

在这一阶段，人们不再关注企业是否履行社会责任，人们更加关注企业应该履行什么样的社会责任，卡罗尔著名的金字塔模型、三重底线(triple bottom line，TBL)理论就是在这一时期提出来的。在这一时期，企业社会责任不再被当作附加于企业身上的，人们尝试将企业社会责任嵌入企业战略和发展之中。

3. CSR3.0时代

进入21世纪，企业社会责任与战略管理思想紧密结合起来，企业社会责任被认为是提高企业最终财务绩效的战略性资源。企业社会责任与企业财务绩效在战略层面紧密耦合起来，企业社会责任成为企业实现商业战略目标的重要手段，二者之间的一致性关系使企业社会责任更具吸引力。

传统的 CSR 观点认为企业和责任是割裂的,虽然履行企业社会责任有助于改善企业社会绩效,但是追求利润最大化的企业还是会站在责任的对立面。因此,传统的企业社会责任很难为企业带来绩效上的改善。20 世纪 70 年代之后,企业社会责任与战略管理相结合,企业社会责任不再是外界强加在企业身上的,而是企业为了实现持续发展和长期利益必须考虑的一件事情。

1996 年,伯克(Burke)和洛格斯顿(Logsdon)正式提出了战略性企业社会责任(strategic corporate social responsibility,SCSR)的概念。他们认为战略性企业社会责任是能够提升生产效率、凝聚核心竞争力并带来长期利润的企业社会责任。传统的企业社会责任行为对利益相关者是有价值的,但被动而非主动自发的企业社会责任行为对企业而言是非战略性的。只有企业社会责任与企业战略相结合并有助于提高生产率时,它才是战略性的。战略性企业社会责任需要从战略的角度来考察企业社会责任,研究如何战略性地选择和实施企业社会责任行为,以提升企业竞争力和竞争优势。他们提出了战略性企业社会责任的五个维度:中心性、前瞻性、自愿性、专用性和可见性。

从管理经济学的角度分析,企业追求的不应该是短期利益最大化,而是长期总价值最大化。而将企业社会看作社会压力的产物,并且被动地应对的行为恰是以前者为目标,战略性企业社会责任管理则是以后者为目的。承担企业社会责任从短期来看通常要支付更多的成本和投入,但是却可以获得相关利益者的认同,他们会把对企业的信赖和好感像存钱一样累积起来,这样建立起来的良好声誉会在长期逐渐给企业带来利息一样的财务回报。可以说企业在战略性社会责任活动上的投入也是一种投资,会以复利的形式为企业带来可观的持续收益。在企业社会责任与企业经济绩效之间存在合力的情况下,理性的企业应该主动采取双赢战略。

现在已经有学者提出共益企业是对企业社会责任共享价值的一种超越,未来可能步入以共益企业为主导的 CSR4.0 时代。在本书的第 10 章,我们将具体介绍共益企业是什么,并且诠释共益企业与企业社会责任的关系。

4.2 企业社会责任理论

在企业社会责任的发展和应用过程中,企业社会责任金字塔模型、三重底线理论和利益相关者理论发挥了巨大的作用。三重底线理论我们将在第 8 章做详细的介绍。

4.2.1 企业社会责任金字塔模型

在卡罗尔看来:"企业社会责任意指某一特定时期社会对组织所寄托的经济、法律、伦理和自由决定(慈善)的期望。"[①]卡罗尔认为,企业家们应该承担所有的商业责任,包括经济责任、法律责任、伦理责任和慈善责任,见图 4-2。

---

① CARROLL A B. A three-dimensional conceptual model of corporate social performance[J]. Academy of management review,1979,4(4):497-505.

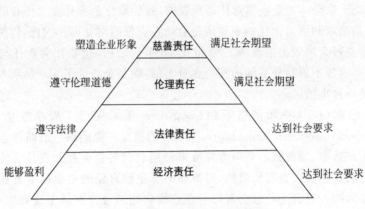

图 4-2　企业社会责任金字塔模型

资料来源：CARROLL A B, et al. Business & society: ethics, sustainability, and stakeholder management[M]. 10th ed. Stamford: Cengage Learning, 2018: 39.

1. 经济责任

在卡罗尔的企业社会责任金字塔模型中，经济责任即获得利润，位于金字塔的最底部。卡罗尔认为，实施企业社会责任的第一步是参与企业运营并从中获利。企业是一个经济实体，旨在通过向社会成员提供商品和服务而获得利润，这些利润能够保证企业存在和发展，同时也是对投资者的回报，所以获得利润、承担经济责任对企业至关重要。企业只有承担经济责任才能够获得足够的收益来回馈投资者，鼓励投资者继续为企业付出；同时承担经济责任获得利润能够确保企业有资金投入企业的再生产，以保持业务增长。考虑到自身的经济责任，企业使用了许多指向中短期财务效益的管理概念，如收入、成本、战略决策，还有诸多着眼于组织的长期财政绩效最大化的经营理念。所有的商业责任都是以经济责任为前提的，企业若不能承担经济责任，就会面临倒闭的风险。

2. 法律责任

在卡罗尔的金字塔模型中，法律责任被置于经济责任之上，企业必须履行法律责任。法律责任反映的是社会道德底线，遵守这些法律法规是企业对社会的责任。如果将经营企业看作游戏的话，那么法律就是游戏规则，一个负责任的企业会接受公平商业游戏规则。企业遵守法律，因为它相信公平的交易会对整个经济和社会产生积极的影响。如果企业偷税漏税、进行洗钱活动、生产违法产品，那么这种企业绝非负责的企业，并会受到法律的制裁。

3. 伦理责任

与作为社会要求的经济责任、法律责任不同，伦理责任体现的是一种社会期望，社会期望企业以何种方式行事或不以此种方式行事，即使这些行事方式没有通过法律来明确要求。这些社会期望反映了企业对消费者、员工、股东等都认为公平、公正或符合利益相关者道德权利的尊重与保护。

4. 慈善责任

慈善责任位于金字塔模型的最高层,它代表的是一种自愿的活动。慈善责任由社会期望引导,不受法律的强制要求,也不被企业普遍接受为道德意义上的活动。所以慈善责任是企业对社会的一种纯粹的贡献。在慈善层面,企业可以满足社会的需求。为了履行慈善责任,企业采取了多种捐赠形式,如赞助年度马拉松等体育活动、捐赠活动等。慈善活动的价值在于展示公司良好的公民形象,提高公司的声誉。

尽管公司参与慈善事业有一定的道德动机,但一般而言,人们会将此视为公司表明自己是一个好的企业的一种切实可行的方式。伦理责任和慈善责任之间的一个主要区别是,后者通常不是道德或非道德意义上的预期责任。社会希望并期望企业将其资金、设施和员工时间贡献给社会,但如果企业不提供所需水平的服务,他们并不会认为企业是不道德的。因此,慈善责任在企业方面更具自由裁量性或自愿性,尽管社会对这些责任的期望已经存在了一段时间。这类责任通常被称为良好的"企业公民",因为这意味着公司仅仅因为是社区的一员就要回馈社区。而伦理责任是企业需要满足社会的期望,如果企业没有满足这些期望,那么公众就可能将企业视为不道德的,企业也可能因此受到伤害。

4.2.2 利益相关者理论

1. 利益相关者理论的内容

1984年,弗里曼(Freeman)在他的著作《战略管理:利益相关者方法》中首次提出了"利益相关者理论"(stakeholder theory),并将其作为一种新的企业责任的概念。弗里曼将利益相关者定义为"任何能够影响组织目标实现或受组织目标实现影响的团体或个人"。根据利益相关者理论,企业将利益相关者的需求、利益、期望和需要引入公司的决策中,将为社会带来利益,创造由利益相关者共同享有的价值。

确定利益相关者对企业作出正确的伦理决策至关重要。弗里曼作为"利益相关者理论"的开创者,制作了一张利益相关者地图(图4-3),介绍了与企业经营、生产活动有联系的群体,来帮企业识别利益相关者。在弗里曼的利益相关者地图中,与企业生产经营互相影响的主要群体包括贸易伙伴、顾客、员工、竞争者、政府和供应商等。这种分类主要是根据"双方存在的利害关系"以及"什么是重要的"来确定的。

在利益相关者理论的基础上,企业社会责任的金字塔和企业社会责任完美结合从而产生了利益相关者矩阵(表4-1)。该矩阵旨在用作分析工具或模板,以组织管理者关于公司应在经济、法律、伦理和慈善意义上,就其确定的利益相关者群体做些什么的想法。通过仔细和有意识地浏览矩阵的各个单元,管理者可以开发一个重要的描述性和分析性数据库用于管理利益相关者。在制定优先事项与作出涉及多个利益相关者利益的长期决策和短期决策时,利益相关者矩阵是比较有效的。

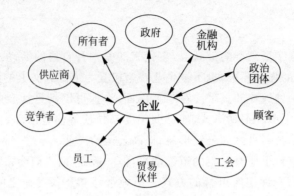

图 4-3 利益相关者地图

资料来源：FREEMAN R E. Strategic management：a stakeholder approach[M]. London：Pitman Publishing Company, 1984：25.

表 4-1 利益相关者矩阵

利益相关者	责任类型			
	经济责任	法律责任	伦理责任	慈善责任
所有者				
顾客				
员工				
政府				
…				

资料来源：CARROLL A B. The pyramid of corporate social responsibility：toward the moral management of organizational stakeholders[J]. Business horizons, 1991, 34(4)：39－48.

2. 利益相关者的特征

在实践过程中，什么样的群体是企业的利益相关者，不同的企业的利益相关者，以及不同利益相关者的重要程度都是不同的，如何辨别利益相关者，对企业来说非常关键。米切尔(Mitchell)等在 20 世纪 90 年代后期提出了"米切尔评分法"，这个评分法帮助企业确定谁是利益相关者。在米切尔评分法中，利益相关者有三个基本特征：权力性(power)、合法性(legitimacy)和紧急性(urgency)。

(1) 权力性。权力性也可以理解为影响力，如儿童作为某种品牌糖果的主要购买者，那他们对该企业就有较强的影响力。权力有强制性权力和非强制性权力两种，而非强制性权力又可以分为功利性权力和规范性权力。功利性权力以物质或财力为基础；规范性权力基于符号资源。只要关系中有一方能获得强制性的、功利的或规范性的手段，并将其意志强加于关系中，那么这一方就是有权力的。如果儿童增加购买这种品牌的糖果，会给该企业带来更可观的收益，那么他们对企业而言就是较关键的利益相关者。

(2) 合法性。合法性是指企业认为某一利益相关者对某种权益的正当性和适切度。在评估社会关系时，合法性是宽泛地指"社会接受和期望的结构或行为，往往隐含地与权力相结合"。合法性是一种可取的社会利益，它是一种更广泛、更普遍的东西，而不仅仅是一种自我感知,它可以在社会组织的各个层次以不同的方式进行定义和协商。

(3)紧急性。紧急性是指利益相关者需要企业对他们的要求给予急切关注或者回应的程度。"紧急"意为"要求立即关注"或"紧迫"。因此,紧急性应该包含"驱动的"和"强制性"两个方面,即利益相关者应该是关键利益者,并且具有时间敏感性。

企业可以根据米切尔评分法对企业的利益相关者所提出的诸多错综复杂的要求,从合理性、影响力和紧急性进行评定,如图4-4所示,企业应当对决定性的利益相关者给予最多的关注。

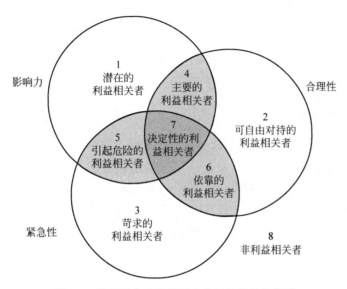

图 4-4　基于三个特性所划分的利益相关者类型

资料来源:CARROLL A B, et al. Business & society: ethics, sustainability, and stakeholder management[M]. 10th ed. Stamford: Cengage Learning, 2018: 77.

4.3　企业社会责任的相关概念

企业社会责任在其发展和应用的过程中涌现出企业社会响应(corporate social responsiveness)、企业社会绩效(corporate social performance, CSP)、企业公民(corporate citizenship, CC)、共享价值(shared value, SV)等诸多姊妹概念,这既表明企业承担社会责任受到了更加广泛的关注,也表明人们对企业的期望越来越高。

4.3.1　企业社会响应

20世纪70年代,在企业社会责任的发展过程中,企业社会响应也受到了广泛的关注。"责任"一词暗示了人们努力明确责任或义务。企业社会责任除了表明企业响应社会需求的义务外,不足以充分描述企业的意愿和活动。正如一些对企业社会责任的批评所描述的那样,责任的内涵是承担义务的过程,它强调的是动机而不是绩效。但是响应社会需求远不止决定要做什么,对已经决定去做的事情要怎么去做对管理而言是至关重要的。

"企业社会响应"比"企业社会责任"更适合用来描述社会领域那些至关重要的事情。从字面上看,责任更多地意味着一种承担义务的状态或条件,而响应则意味着一种动态的、以行动为导向的状态。

然而,企业已经做或者正在做的大部分事情或者承担某些义务都是出于一种特定的动机,无论该义务是由政府指定的、由特殊利益集团强迫的还是自愿承担的。在某些情况下,企业未能接受和内化该义务,此时将它们称之为责任会有些奇怪。因此,也有人将企业社会响应维度作为社会责任的替代进行了讨论,实际上,这是管理层在社会领域作出反应的一个行动阶段。

从对社会作出反应的角度出发,社会响应有不同的策略。伊恩·威尔逊(Ian Wilson,1975)认为企业社会响应的策略有四种(RDAP 模型):反应(reactive)、防御(defensive)、适应(accommodative)和主动寻变(proactive)。

4.3.2 企业社会绩效

卡罗尔认为"责任意味着动机",这是难以衡量的。而采用企业社会绩效这一概念,则有助于更好地对企业社会责任进行量化,从而对企业进行更好的评估。因此,卡罗尔在其利益相关者责任矩阵的基础上制作了著名的 CSP 立方体(图 4-5)。他指定了企业社会责任的经济、法律、伦理、自由决定(慈善)的四个领域,然后将这些领域与企业应该关注的如消费者保护主义、环境、歧视、产品安全、职业安全和股东等问题结合起来,最后,他添加了第三个维度——回应,这一维度包括反应、防御、适应、主动寻变四个方面,以形成 CSP 立方体。

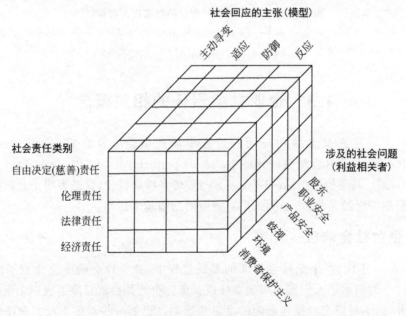

图 4-5 卡罗尔的企业社会绩效模型

资料来源:CARROLL A B et al. Business & society:ethics,sustainability and stakeholder management[M]. 10th ed. Stamford:Cengage Learning,2018:52.

1985年,沃蒂克(Wartick)和科克伦(Cochran)拓展了卡罗尔的 CSP 模型,他们将卡罗尔企业社会责任(经济、法律、伦理、自由决定)改造为原则,认为企业社会响应的四个模式或策略(反应、防御、适应、主动寻变)是一个过程,对应的则是一些政策。

唐纳·伍德(Donal Wood,1991)对卡罗尔与沃蒂克的企业社会绩效模型进一步作出阐述,她认为企业社会响应并非一个单一的过程,而是一组或者一系列的过程。并且,沃蒂克和科克伦提出的政策会使企业采取相应的行动,这就能产生一些可以观察到的成果。

企业社会绩效这一概念从出现至今,并没有一个被所有人接受的、明确的、规范化的定义。但是卡罗尔与伍德的两个模型却很有效地量化了企业社会绩效,从而更好地帮助企业厘清企业社会责任的结构。许多学者将财务绩效与企业社会绩效结合起来,并且证明了社会绩效与财务绩效之间存在着正向联系。

4.3.3 企业公民

传统的企业社会责任随着时代的发展受到了越来越多的质疑和批评,近些年来企业公民的概念得到广泛的认可。如果将公司视为其所在国家的"公民",那么企业公民意味着这些公司必须履行某些义务或责任,才能被视为良好的公民。

企业公民是一个很宽泛的概念,基本上涵盖了社会责任、响应能力和绩效等概念所包含的一切内容。企业公民可以被定义为"为各种利益相关者提供良好服务"。丰布伦(Fombrun)认为广义的企业公民由三部分组成:能反映共同道德和伦理原则,个人融入工作社区的工具和一种能够平衡所有利益相关者的诉求,提高公司的长期价值的自利形式。

而卡罗尔也将他的企业社会责任的四个层次界定为"企业公民的四个方面——经济、法律、伦理和慈善"。企业社会责任的每一个层次都表现企业公民的一个重要方面。他认为,"人们期望公民履行社会责任,公司也同样背负着这些期望。"

而狭义上,企业公民通常被视为"企业社区关系",即企业有与非营利组织、公民团体和社区层面的其他利益相关者互动的功能。狭义观点聚焦于社区中的一个利益相关者群体。企业公民的其他定义都介于广义和狭义的观点之间,因为越来越多的跨国公司被期望按照东道国的方式行事,所以出现了全球企业公民。

企业公民的发展也不是一蹴而就。企业公民的发展反映了一个分阶段的过程,其中包括七个方面:公民概念、战略意图、领导力、结构、问题管理、利益相关者关系和透明度(表4-2)。随着公司经历五个阶段并在企业公民身份方面变得更加成熟,公司也会不断发展。这五个阶段包括基本阶段、参与阶段、创新阶段、整合阶段和转型阶段。

表 4-2 企业公民的发展阶段

	基本阶段	参与阶段	创新阶段	整合阶段	转型阶段
公民概念	职位、利润和纳税	慈善、环境保护	利益相关者管理	可持续和三重底线	改变游戏规则
战略意图	遵纪守法	经营许可	商业案例	价值主张	市场创造或社会变革

续表

	基本阶段	参与阶段	创新阶段	整合阶段	转型阶段
领导力	口头支持、脱离现实	支持者、消息灵通人士	统筹者、首屈一指的	得胜者、遥遥领先	有远见的、保持领先
结构	微不足道的；员工驱动	部门所有	跨部门协调	组织协调	主流：企业驱动
问题管理	防御的	反应的,政策	回应的,程序	主动寻变的,制度	起决定性作用的
利益相关者关系	单方面的	互动的	相互影响	伙伴联盟	多重组织
透明度	侧面保护	公众关系	公开报道	保证	全面披露

资料来源：CARROLL A B, et al. Business & society: ethics, sustainability and stakeholder management[M]. 10th ed. Stamford: Cengage Learning, 2018: 55.

公民身份的概念从基本阶段"职位、利润和税收"开始，在经历其他阶段时会演变为"慈善、环境保护""利益相关者管理""可持续性和三重底线"及最后的"改变游戏规则"。

企业公民各个阶段有效地指出了企业在制定更全面和综合的公民权议程时所面临的信誉、能力、一致性和承诺方面的挑战。从研究人员的工作中可以明显看出，企业公民身份不是静止的，而是随着企业的不断进步，在不同的主题和挑战中不断前进的。

4.3.4 共享价值

波特（Porter）和克莱默（Kramer）(2011)认为传统的企业创造价值的观念过于狭隘，在战略性企业社会责任的基础上，他们提出了创造共享价值（creating shared value, CSV）的概念。他们将共享价值定义为一种在改善公司运营所在社区的经济和社会条件的同时，又可以提高公司竞争力的政策和运营实践。创造共享价值侧重于确定和扩大社会与经济进步之间的联系。它既不涉及个人价值，也不是对企业已有价值的"共享"（重新分配），而是关注增加经济价值与社会价值的总量。他们认为，如果企业将其基本目的重新定义为创造共同价值，那么企业和社会可以重新团结起来，而不是站在相互的对立面。也就是说，通过应对挑战为社会创造价值的方式创造经济价值。他们认为，企业可以通过三种方式做到这一点：重新认识产品和市场，重新定义价值链中的生产力，在企业所在地建立支持性产业集群。他们相信 CSV 有潜力重塑资本主义，改善商业和社会关系。

传统的 CSR 理念割裂了企业利润与满足社会需求之间的联系，已不符合时代潮流。企业的经济价值与社会价值之间互相推动、良性循环，创造共享价值是新时代企业的本质目的。企业在应对社会挑战和满足社会需求的过程中，能够同时为社会和企业自身创造价值。创造共享价值不是社会责任，不是慈善，甚至不是可持续发展，而是一种实现经济成功的新方式，它是公司的核心活动，将引领下一轮经营思维变革。

虽然共享价值自提出以来就在管理学界引起重视，认为共享价值为企业社会责任获取内外部双重合法性提供了一个支点，让企业社会责任变得具有天然正当性，从而使企业界和学术界似乎看到了破解"弗里德曼魔咒"的希望。然而正如卡罗尔所言，"共享价值的优缺点还有待商议"。一些学者认为共享价值的概念与社会企业、卡罗尔的金字塔理论和三重底线理论有很多相同之处,并不是解决企业社会责任问题的灵丹妙药,甚至不是一种新的概念。

肖红军在分析已有的共享价值的相关研究后,提出了共享价值的四个不足:一是缺乏对共享价值范式的历史与现实定位的科学界定,尤其是对共享价值范式在企业社会责任演化中的历史方位与现实阶段缺乏合理认知,而这是反思共享价值范式的基础;二是对共享价值范式隐性的生成逻辑和显性的运作逻辑缺乏系统解构,由此造成对共享价值范式的反思不够全面且欠缺深度;三是对共享价值范式的批判聚焦于概念创新程度、缘起理论缺陷和道德支柱缺失,缺乏关注共享价值范式在实践操作方式上的缺陷;四是对共享价值范式的矫正和完善停留于简单"修补",如将道德维度、义务要求、企业公民准则嵌入共享价值范式,并且将共益企业定义为CSR4.0时代,是对共享价值的一种超越,这部分的内容将在本书的第10章做详细介绍。

疫情下百果园的企业社会责任实践

百果园是一家集水果源头采购、种植技术支持、采后保鲜、物流仓储、品质分级、营销拓展、品牌运营、门店零售、信息科技、金融资本、科研教育于一体的大型连锁企业。2020年,百果园获得"中国抗疫企业最具影响力50强"等荣誉称号。

为员工和加盟商雪中送炭

2020年1月23日上午11点,武汉宣布封城。令许多武汉百果园员工意想不到的是,赶在封城的前夜至次日早上7点,多辆配送车载满的百果园紧急采买给武汉区的粮油、蔬菜等生活物资,以及防疫口罩、消毒酒精等防疫物资,先是到达武汉仓配中心,随后被迅速配备给每一家门店。集团还陆续为各门店配送包括女性专用品在内的补充物资,并对员工每天发放补贴。

因为疫情越来越严峻,百果园武汉门店的防控不断升级。例如:普通的外科口罩越来越多地升级为N90口罩和N95口罩,防护服和护目镜也装备到员工身上。公司根据门店所在区的疫情严重级别,将门店分为A、B、C、D四类,严格按照政府的疫情防控规定开门营业,以保障员工和顾客的安全。

百果园采用的是连锁加盟模式,疫情期间,门店正常营业的加盟商承担着较大成本压力和防疫风险。因此,百果园率先取得政府颁发的绿色通行证,以保障门店开业,2月份,百果园为加盟商免费提供防疫物资,并支出数千万元人民币给加盟商减免特许经营费。

做顾客的社区明灯

在集团高管会议上,百果园董事长余惠勇就郑重表示:"水果是民生物资之一,民生稳,人心才能稳。现在疫情期间,小的水果店基本上关门了,顾客现在最需要我们,这也是我们服务顾客的特殊时刻。"

百果园响应市场监管总局提出的"保质量、保价格、保供应""三保行动",不仅不提高水果价格,还在2月中旬完成价格全线下调。

顾客无法亲自到门店选购水果,但可在网上下单。门店与美团、饿了么等线上平台合作,就可以为顾客进行无接触配送。疫情重灾区门店没有外卖平台做配送支持,店长们便充当起外卖配送员,在做好防护的前提下,将水果送往社区。

与供应商及果农携手共进

疫情最严重的时候,许多当季水果难以采摘和收购。位于南京的金色庄园是百果园的草莓供应商,旗下的5 000多亩(1亩≈666.67平方米)草莓基地、2 800多户莓农种植的招牌草莓,种植成本高又不易保存,一旦滞销,莓农一年的心血将付诸东流。

疫情期间,百果园继续开店营业,派人带着办好的绿色通行证与当地政府进行协调,和金色庄园一起,召集周边的村民顺利采摘了草莓,并随后将草莓运送出去。此间,百果园不但不趁疫情压价,以高于市场的正常价格收购金色庄园莓农的草莓,还以与基地莓农同样的价格、百果园的质量标准,收购了周围散户的草莓。

与此同时,百果园不断派专人实时了解全国供应商和果农的动态,启动"暖春助农"战"疫"行动。例如,百果园分别选择海南金煌芒、湖北秭归脐橙和新疆库尔勒香梨作为"暖春助农"果品,以高于市场平均价进行采购,在减少供应商库存的同时增加农民收入。另外,百果园还通过带货直播、社群营销、视频推广等多渠道助力销售,使不少疫情期间的"滞销果"成为供不应求的"热销果"……

百果连枝 相与为一

大年初一,百果园自筹10万只口罩捐给了抗疫一线的医护人员,紧接着百果园通过爱德基金会向疫区捐赠了价值50万元的医疗物资。

为助力前线人员,百果园专门成立了"春暖花开"项目组,充分发挥其平台优势,联合水果生态圈合作伙伴打造全链条的公益之路。例如,百果园联合美团外卖为武汉多个重点医院及支援医疗队伍送去营养水果;响应深圳妇联"关爱抗疫医护人员家庭"计划,为抗疫一线医护人员家属提供为期1个月的水果蔬菜免费配送服务。其捐赠对象包括143家医院医护人员、1 117户援鄂医疗队家庭等10余个群体,他们是医生、护士、警察、记者、环卫等各个领域为疫情作出贡献的无名英雄……

百果园员工作为全民抗疫的亲历者和见证者,也成为公益活动参与者。例如,有个店长购买了十几盒水果捐赠给了附近的医护人员。

资料来源:根据编者开发的2020年全国百篇优秀管理案例《急难有情,以果之名:疫情下百果园的企业社会责任实践》改编而成。原案例网址:http://www.cmcc-dlut.cn/Cases/Detail/4740。

问题:
1. 百果园在疫情期间履行了哪些社会责任?
2. 百果园有哪些利益相关者?又是如何对这些利益相关者履行社会责任的?

本章小结

企业社会责任是指企业为实现经济、社会和环境效益的最大化,在法律法规与商业伦理道德的规制下,满足消费者、员工、股东和环境多方利益相关者的需求,进行企业管理经营活动,以实现企业可持续发展目标而承担的综合责任。

企业社会责任专家韦恩·维瑟将企业社会责任解释为企业社会责任、企业公民、可持续性。他认为企业责任的演变经历了五个相互重叠的时代和阶段：贪婪时代、慈善时代、营销时代、管理时代和责任时代。

CSR1.0时代企业社会责任发展的缺陷是没有将企业社会责任与财务绩效关联起来，企业社会责任与企业内部业务没有特别大的联系。在CSR2.0时代，人们不再关注企业是否要履行社会责任，而是更加关注企业应该履行什么样的社会责任，在这一时期，人们尝试将企业社会责任嵌入企业战略和发展之中。CSR3.0时代，企业社会责任与企业财务绩效在战略层面紧密耦合起来，企业社会责任成为企业实现商业战略目标的重要手段，二者之间的一致性关系使得企业社会责任更具吸引力。

卡罗尔认为，企业社会责任意指某一特定时期社会对组织所寄托的经济、法律、伦理和自由决定（慈善）的期望，企业家们应该承担所有的商业责任，包括经济责任、法律责任、伦理责任和慈善责任。弗里曼提出了"利益相关者理论"，将利益相关者定义为"任何能够影响或受组织目标实现影响的团体或个人"。根据利益相关者理论，企业将利益相关者的需求、利益、期望和需要引入公司的决策中，将为社会带来利益，创造由利益相关者共同享有的价值。

卡罗尔在其利益相关者责任矩阵的基础上制作了著名的企业社会绩效立方体，指定企业社会责任的经济、法律、伦理、自由决定（慈善）的四个领域，然后将这些领域与企业应该关注的如消费者保护主义、环境、歧视、产品安全、职业安全和股东等问题结合起来，再添加第三个维度——社会回应的四个策略即反应、防御、适应、主动寻变，最终形成企业社会绩效的立方体。

企业公民是一个很宽泛的概念，基本上涵盖了社会责任、响应能力和绩效等概念所包含的一切内容。而狭义上，企业公民通常被视为"企业社区关系"，即企业有意与非营利组织、公民团体和社区层面的其他利益相关者互动的功能。

共享价值是一种在改善公司运营所在社区的经济和社会条件的同时，又可以提高公司竞争力的政策和运营实践。共享价值创造侧重于确定和扩大社会和经济进步之间的联系。它既不涉及个人价值，也不是对企业已有价值的"共享"（重新分配），而是关注于增加经济价值与社会价值的总量。

核心概念

企业社会责任（corporate social responsibility，CSR）
企业社会责任金字塔模型（pyramid model of corporate social responsibility）
利益相关者理论（stakeholder theory）
利益相关者矩阵（stakeholder matrix）
企业社会响应（corporate social responsiveness）
企业社会绩效（corporate social performance，CSP）
企业公民（corporate citizenship，CC）
创造共享价值（creating shared value，CSV）

思考题

1. 为什么会产生企业社会责任?
2. 什么是企业社会责任?
3. 企业社会责任的发展经历了哪几个阶段?为什么会经历这些不同的阶段?
4. 什么是企业的利益相关者?如何判断一个相关方是不是企业的利益相关者?
5. 什么是企业社会响应、企业社会绩效、企业公民和共享价值?这些概念和企业社会责任有什么联系和区别?
6. 企业为什么要承担企业社会责任?
7. 企业要如何承担企业社会责任?

即测即练

第 5 章

企业市场营销伦理

学习目标

1. 理解市场营销伦理的定义及界定;
2. 掌握市场营销组合中可能存在的伦理问题;
3. 了解营销伦理问题可能带来的影响;
4. 了解新环境下营销伦理的发展。

引言

"营销伦理"和"市场营销伦理"的英文都是 marketing ethics,关注市场营销中的伦理问题是市场营销学的一个新发展。菲利普·科特勒(Philip Kotler)在 1997 年版的《营销管理——分析、计划、执行和控制》(第 7 版)前言中,把"重视伦理营销"视为营销管理的发展趋势之一。

实际上,伦理问题广泛地存在于产品、定价、促销、分销等相关营销活动之中。企业开展营销活动涉及如顾客、批发商、零售商、竞争者、广告公司、研究机构、媒体等利益相关者,其每一方都持有各自的期望和需求,因而利益冲突在所难免;同时,现代市场中仍然存在大量的信息不对称现象,而伦理问题较之法律问题范围更广,因此更难界定企业合乎法律条文的行为在伦理上是否也可以被接受。本章节希望通过对营销伦理相关议题的介绍与讨论,引发读者对于营销活动伦理问题的关注和思考。

企业借灾难营销

2021 年 7 月中旬,河南省遭遇"千年一遇"的极端强降雨天气,郑州、焦作、新乡、洛阳、许昌、平顶山等多个城市出现连续暴雨、大暴雨,灾害形势十分严峻。"入住高地,让风雨只是风景。"就在全国人民为郑州暴雨揪心时,一家河南本土房企的楼盘广告引发众怒。随后,这家房企发布《致歉声明》,称已第一时间将广告删除,并对相关责任人予以免职、降薪、降职等问责处理。

让人忧心的是,这类借灾营销的事情并不是第一次发生。例如 2018 年强台风登陆时，某车企就打出过"神同步！史上最强台风，史上最强SUV，今日狂飙上市"的宣传海报。

资料来源：人民网-观点频道。

5.1 营销与道德

5.1.1 营销伦理的定义

我们通常很难区分伦理与道德。一般来说，伦理和道德可以视为同义词，其表示的含义是基本一致的。"伦"是指人的关系，即人伦，"理"是指道德律令和原则，因而伦理是指人与人相处应遵守的道德和行为准则。它赋予了人们在动机或行为上的是非善恶的判断基准，是人类社会长期发展中自发形成的一种约束机制。如果说道德是强调一定的文化界域内占实际支配地位的现存规范，那么伦理则是对这种道德规范严密的方法性思考。简而言之，伦理更倾向于一种理论，是对道德的科学性思考，道德则是伦理在实际中的规范体现。比如我们经常会说"一个有道德的人"而不是"一个有伦理的人"。

营销伦理又可称为市场营销伦理，是指营销主体在从事营销活动中所应具有的基本道德准则，即判断企业营销活动是否符合消费者及社会的利益，能否给广大消费者及社会带来最大幸福的一种价值判断标准。然而实际上，在以往的研究当中，仍然没有关于企业营销伦理公认的确切定义，企业营销伦理的定义总是动态的、变化的。这是由于企业存在多个利益相关者，而我们尚无法解答究竟哪一方的利益是首要的，以及在多方利益冲突时应当如何决断。由此，如何作出一致性的道德判断——既要讲求公正，又要保证不损害各方利益，同样是一个复杂的命题。我们不妨从营销伦理评判的视角进一步了解什么是营销伦理。

5.1.2 营销伦理评判

1. 营销道德的界定

道德是人类现实生活中，由经济关系所决定，用善恶标准去评价，依靠社会舆论、内心信念和传统习惯来维持的一种社会现象。营销道德是用来判定营销决策与活动正确与否的道德标准，不仅约束企业及其成员的营销行为，而且规范利益相关者的行为。

判断某一营销行为是否合乎道德，在很多情况下并不容易。有些违背营销道德的行为，诸如虚假广告、价格欺诈、食物安全问题等普遍为社会所痛恨，其道德性一目了然。然而，对于某些营销行为，如互联网背景下的隐形营销及用户个人数据收集等事件是否合乎道德，如何界定就比较模糊。

那么，是否存在普遍的道德评判标准，用以对营销行为的"善""恶"或道德合理性作出评价呢？我国商业伦理主要源于对中国文化有深远影响的儒、道、佛三家哲学，其中又以儒家义利观的影响最为深远。义利观指如何来认识和妥善处理义和利间的关系或矛盾，应用到商业领域就是"见利思义"的商业经营理念、"取之有义"的商业行为准则、"先义后利"的经商战略和"重义轻利"的价值判断。西方伦理学家则依据结果或过程的标准,提出功利论与道义论两大道德评价理论。功利论主要以行为后果来判断行为的道德合理性,认为如果一种行为能给大多数人带来最大的幸福,则该行为就是道德的,否则其不具备道德合理性。道义论则认为某一行为是否合乎道德取决于该行为本身内在的正当性,并从直觉和经验中归纳出人们应当共同遵循的道德责任或义务,以这些义务的履行与否作为判断行为是否合理的标准。

以上有关营销道德评价的伦理学研究有着悠久的思想渊源,分别从各自角度提出了企业营销道德评判标准及应有的社会责任等道德观念,不仅成为早期商业伦理的主要评判准则,更为现在的营销伦理研究与实践提供了思考基础。然而,由于营销道德不是一成不变的,而是会随着企业性质及与利益相关者关系的改变而发生变化,因此以上理论都只能提供基本的思考线索,不可能成为解决营销道德与利益冲突的万能钥匙。

2. 道德与利益的辩证关系

道德与利益不是对立的,企业的利益总是以道德的实现为前提。营销道德不仅关系到广大消费者与社会的利益,也直接关系到企业的兴衰成败。对于一个企业,信誉是其生存之本,企业只有做到不欺骗、不隐瞒,为社会提供优质的产品和服务,不失信于消费者,不断提高企业的信誉,才能不断扩大产品销售,从而提高企业自身的经济效益。如果企业营销道德败坏,单纯追求高利润,进行只顾眼前利益的掠夺性经营,势必引起消费者的反感,并导致企业营销的失败。因此,加强营销道德建设,提高企业职业道德水平,直接关系到企业的长远发展。

道德的基础是利益,道德冲突在某种意义上反映的是一种利益冲突,其核心内容是调整利益关系。企业在营销活动中存在着以下主要利益关系:企业与消费者的关系,企业与供应商的关系,企业与竞争者的关系,企业与社区的关系,企业与自然环境的关系等。上述关系一般企业都可能面临。而在实际的营销活动中,还可能会产生一些别的关系,如企业利用专利来开发新产品,就产生了企业与专利发明人之间的关系。与企业营销活动有关以及与企业有利害关系的所有个人和组织都是企业的利益相关者,而营销道德就是关于怎样正确处理企业及其成员与利益相关者关系的规范。

5.1.3 营销管理哲学

营销领域利益冲突的解决在很大程度上取决于企业所奉行的经营思想或经营哲学。市场营销管理哲学的导向,决定了企业营销活动的性质。

生产观念是一种最古老的哲学,该观念认为"营销管理的任务是提高产品质量并对其进行有效的分销"。其核心思想是以生产者为中心,以顾客买得到和买得起产品为假设出发点,因此企业将主要精力倾注于扩大生产经营规模,增加供给并努力降低成本和售价上。这种观念在产品供不应求或产品成本过高而导致产品的市场价格居高不下时有一定的合理性。

产品观念认为,"消费者会接受那些具有最好质量、最多功能和多种花色的产品。因此,企业营销管理应致力于生产高价值的产品,并进行不断的产品改进"。产品观念是以产品为中心,通过提高或改进产品质量和功能来吸引顾客购买的经营思想,产生于产品供不应求的卖方市场形势下。

推销观念认为,"除非公司进行大规模的推销与促销活动,否则消费者不会购买公司的产品"。推销观念是以推销现有产品为中心的企业经营思想,企业必须积极推销或大力促销,以刺激消费者大量购买企业产品,在企业出现产品过剩或推销非渴求产品时适用。它们的目标是销售能生产的产品,而不是市场需求的产品。

市场营销观念认为达到组织的目标关键在于确定目标市场上的需求与欲望,并且比竞争对手更有效、更有力地创造目标市场的满意度。市场营销观念以消费者需求为中心,以市场为出发点,首先了解目标市场的需求,然后根据需求情况采取相应对策,从而最大限度地提高消费者满意度,实现企业目标。市场营销观念的产生,是营销哲学一种质的飞跃和革命。

社会市场营销观念在市场营销观念的基础上,加入社会长远利益的考虑,对单纯强调企业自身利益,或一味满足消费者需求而造成的自然资源浪费和环境污染现象展开猛烈抨击,认为:"企业必须确定目标市场的需求、欲望和兴趣,并且在增进和提高消费者及社会福利的前提下,达到较其竞争对手能提供更有效果和有效率的满足的目标。"此观念建立了消费者、企业和社会之间的平衡模型,是更高层次及更广范围的营销哲学。

在现代营销观念的支配下,企业必然表现出更高的道德标准和道德水平。同样,如果企业能将自己的发展与整个社会的福利联系起来,或者说能够在社会责任支配下从事经营活动,它对自身的伦理与道德要求也会提升到一个新的高度。

5.2 营销中的伦理

5.2.1 产品中的伦理

在现代市场中,企业时时刻刻都在开发、生产、销售产品,消费者时时刻刻都在使用、消费和享受产品。早先营销大师菲利普·科特勒认为产品是能够提供给市场以满足需要和欲望的任何东西。但现今,随着科学技术的高速发展和社会的不断进步,消费者需求特征日趋个性化,产品的内涵和外延也相应扩大。现代的产品主要有四个层次,分别是核心利益、产品实体、期望产品和附加产品。①核心利益指向消费者提供产品的基本效用和利益,也是消费者真正要购买的利益和服务。②产品实体,顾名思义,是产品功能实现的载体,主要包括产品的构造外形等。③期望产品是消费者购买产品时期望的属性和条件。④附加产品则是产品包含的附加服务和利益。在市场竞争日益激烈、产品功能趋同的背景下,谁能在产品的各个层次上更好地满足消费者的需求,谁就能够获得竞争优势,最终赢得市场,也正是因此,产品中的伦理道德问题逐渐走进了公众的视野。

1. 产品设计

产品设计过程中常见的伦理问题主要有安全问题、环境保护问题和人性关怀问题。有缺陷的产品设计使产品存在安全隐患,是导致很多灾难性悲剧的主要原因,如福特公司的 Pinto 车案例。Pinto 车是福特公司 20 世纪 70 年代初推出的一款车型,其油箱位置的不合理设计导致其在追尾碰撞中极易起火爆炸。另外,现代产品为了满足消费者日趋多样化的需求,设计新颖多变。然而这种设计多以浪费资源和能源、加剧环境污染和生态破坏为代价,如20世纪后期愈演愈烈的"一次性消费"。不可否认的是,这些产品极大限度地便利且改善了人们的生活,但却也给自然资源和生态环境带来了不可忽视的负面影响。最后,在保证产品安全和环境友好的前提下,产品设计还应充分考虑消费者的审美特征和使用习惯。

2. 产品包装

包装是指设计、制作容器或包扎物,并运用其对商品进行盛装的一系列活动。在市场营销中,包装已经成为强有力的营销手段。设计良好的包装不仅能为消费者创造方便价值,还能为生产者创造促销价值,此外也有识别、美化和增值等功能。但目前我国在产品包装方面仍然存在不少伦理问题,典型的有:①包装形式与商品内容不相符,如不良商家利用包装将添加色素的糖水伪装成营养液进行兜售;②包装信息不准确且具有误导性,如不良企业为了掩盖产品缺陷故意在食品标签中列举不相干的营养成分信息;③精致包装和不实用包装损害消费者利益,如使用不必要的大盒子会诱导消费者认为包装内的产品多于实际分量;④追求商业利润而忽视包装材料对环境的影响,同时过分追求包装视觉也会误导消费者的消费心理。由此可见,这些产品包装中存在的种种伦理问题,既容易对消费者产生误导,也变相提高了产品的成本、造成资源浪费,同时还可能滋生不正当竞争等负面现象,破坏市场和生态环境。

3. 产品安全

产品安全指产品使用过程中,各利益相关者的生命财产利益等都不会受到威胁,没有危险、危害或损失。据公开报道,2011年,刚刚经历了"瘦肉精"事件的某肉联厂又被曝出"质量门"事件,其火腿肠产品出现发霉、生蛆、有异物、淀粉超标、产品过期等质量安全问题,该肉联厂面临严重的消费者信任危机。由此可见,产品安全问题实际上是厂商的产品需要保证一个合理的期望值,这个期望值应当出于消费者的意料之中。企业从伦理角度需要确保具备相应的产品安全技术支持,明确消费者对某产品可以接受的风险程度以及某产品及其相关行为是否符合公众所订立的标准。

4. 强制性产品淘汰

强制性产品淘汰也称为有计划的产品淘汰(planned obsolescence),指生产厂商在生产产品时会预先设定一个寿命,这个寿命会比正常的产品寿命更短的现象。该现象会迫使消费者在较短的时间内再购买产品,因此其本质上是生产厂商惯用的一种产品策略。产品的寿命是一个相对的概念,除了在设计时故意缩短产品寿命,如故意将产品的某核心部件设计成易磨损的状态之外,生产厂商还可能通过故意推迟新产品的发售时间、故意助推时尚和流行产品的淘汰等手段获利。这样的行为,一方面使新产品的价格变得高昂,加重了消费者的经济负担、损害了消费者的利益;另一方面,被淘汰的旧产品形成资源浪费,更不利于环境保护。

5.2.2 定价中的伦理

作为营销组合的关键要素之一,定价策略是营销活动成败的重要影响因素,关系到企业的良性生存和发展。在一项合理的价格决策中,企业不仅需要考虑经营目标、生产成本、竞争者、顾客需求等多方面的因素,而且必须遵循法律及道德的框架约束,考虑应承担的社会责任。

定价策略中的伦理问题可以分为两大类:一类是消费价格的合理性,此类问题关注企业定价行为对于最终消费者的影响,包括价格欺诈或误导性定价、暴利价格;另一类则是妨碍公平竞争的定价策略,即损害正常竞争的定价行为,包括歧视性定价、掠夺性定价及串谋定价。

1. 价格欺诈或误导性定价

价格欺诈或误导性定价是指商家利用虚假或令人误解的价格手段,诱骗消费者或其他经营者与其进行交易。这种行为侵犯了消费者的知情权,妨碍了交易的公平公正性,无疑是违反伦理道德的。

日常市场交易活动中,价格欺诈行为屡见不鲜,表现形式五花八门。仅我国2022年7月1日实施的《明码标价和禁止价格欺诈规定》就认定了经营者不得实施的8种价格欺诈行为:①谎称商品和服务价格为政府定价或者政府指导价;②以低价诱骗消费者或者其他经营者,以高价进行结算;③通过虚假折价、减价或者价格比较等方式销售商品或者提供服务;④销售商品或者提供服务时,使用欺骗性、误导性的语言、文字、数字、图片或者视频等标示价格以及其他价格信息;⑤无正当理由拒绝履行或者不完全履行价格承诺;⑥不标示或者显著弱化标示对消费者或者其他经营者不利的价格条件,诱骗消费者或者其他经营者与其进行交易;⑦通过积分、礼券、兑换券、代金券等折抵价款时,拒不按约定折抵价款;⑧其他价格欺诈行为。

此外,该规定还认定了网络交易经营者不得实施的3种行为:①在首页或者其他显著位置标示的商品或者服务价格低于在详情页面标示的价格;②公布的促销活动范围、规则与实际促销活动范围、规则不一致;③其他虚假的或者使人误解的价格标示和价格促销行为。并且,该规定还强调:网络交易平台经营者不得利用技术手段等强制平台内经营者进行虚假的或者使人误解的价格标示。

2. 暴利价格

暴利是指生产经营者采取不正当价格手段获取的非法利润,具体界限通常由有权机构根据同种商品、同档次服务在同一地区、同一时间的相对价格水平认定。暴利从字面上可理解为高利润,但是高利润本身不存在是否道德的区分,界定暴利价格是否符合营销伦理得看其是否损害了消费者的选择权和知情权。

有些行业的高利润是合理的,如一些投资成本高、研发周期长、成功率低的高风险产品。这些产品一旦上市,售价应该远远高于产品本身的生产成本,这样才能弥补前期的研发投入,从而激励企业和个人进一步推动科技进步。而一些暴利价格的确是不合理的,理应受到指责和处罚。比如,新冠肺炎疫情期间,个别商家将5元的口罩涨价到30元,这种由于商品短缺而随意提高价格的行为伤害了消费者的选择权,不符合营销伦理。

3. 歧视性定价

歧视性定价也称差别性定价,是指对同一产品或服务的不同买方索取不同的价格。歧视性定价主要流行于卖方是垄断者或寡头的市场上,尽管有利于垄断企业获取更多的垄断利润,但是使条件相同的若干买主处于不公平的地位,妨碍了它们之间的正当竞争。因此,歧视性定价是否涉及伦理问题,主要是考虑这种策略是否真正削弱了竞争关系。一般来讲,初级水平竞争中的价格歧视只是造成竞争者利益上的一定损失,并不构成对市场整体的危害;而二级水平竞争中,一方采用的歧视定价使得另一方被迫退出竞争市场,从而导致整个竞争市场发展失衡。

4. 掠夺性定价

掠夺性定价又称驱逐对手的定价,是指企业为了驱逐现有竞争对手和恐吓想要进入该市场的潜在竞争对手而采取不合理降价(甚至低于成本),待竞争对手退出市场后再提价的行为。掠夺性定价是一种不公平的定价行为,通常被在市场中处于优势或支配地位的企业采用,这些企业用暂时的利益损失换取增强的市场控制力,从而获得垄断市场价格带来的高额利润。目前,关于掠夺性定价行为的认定有成本、主观意图和损失补偿三种判断标准。

掠夺性定价的不道德性体现在其妨碍公平竞争的特性上。其不仅在短期内损害了竞争对手利益,从长远来看,也必然会造成广大消费者利益的损害及市场竞争秩序的破坏。在我国,掠夺性定价行为为《中华人民共和国反不正当竞争法》所禁止,该法律条文强调经营者不得以排挤竞争对手为目的,以低于成本的价格销售商品。

5. 串谋定价

串谋定价又称固定定价、价格协定或价格卡特尔,是指生产者、经营者之间互相串通,订立价格协议或形成价格默契,以共同占领销售市场,获取高额利润。串谋定价的表现形式有协议定价、交换价格信息、平行定价、价格领导及转售价格维持、行业自律价等。

串谋定价是一种具有严重危害的价格垄断行为,会对经济发展产生不良影响,主要体现在以下几个方面:①扭曲价格信号,弱化价格对市场的调节作用,由于价格被人为操纵,生产者无法根据市场规律对供求状况进行正确的判断,使得生产过剩,造成资源严重浪费。②不利于提高劳动生产率、商品和服务质量,价格协定情况下生产者和经营者坐收高额利润,形成生产经营惰性,阻碍行业持续健康地发展。③损害消费者利益,绝大部分串谋定价所制定的价格都高于正常的市场合理价格水平,消费者要购买此类必需商品,而市场上无其他选择时,只能以高价购进低价值商品,权益受到损害。我国在串谋定价方面的规定主要体现在《中华人民共和国价格法》《中华人民共和国反不正当竞争法》《制止价格垄断行为暂行规定》中。

5.2.3 广告促销中的伦理

1. 商业广告伦理的概念

"广告"一词源于拉丁语"adverture",其意思是吸引人们注意,后演变为英文中的"advertise",其含义也演变为某人注意某件事。广义的广告包括不以营利为目的的广告,如政府公告、文化教育团体或宗教团体等的启事、声明,以及保护野生动物、促进社会和谐的社会公益性广告等。狭义的广告则指营利性的经济广告,即市场促销中常见的商业广告,本书主要讨论商业广告的伦理问题。

商业广告伦理是指广告参与者在商业广告活动中所发生的人与人之间的行为规范和准则,涉及广告主、广告制作者、广告发布者和受众,也即消费者四个层次。商业广告伦理本质上其实是广告道德问题,广告主作为有一定修养和责任的社会个体,对整个社会道德环境和观念有自己的认知能力,并据此开展广告活动;与此同时,广告受众又对所接收的广告信息运用道德观念和准则进行批判。

2. 虚假广告

作为消费者的广告受众当然希望广告能够真实呈现产品的特性,但现实往往是商家为了促销所推出的"虚假广告"充斥着大众的视野。有研究发现,超过半数的电视广告并没有包含任何关于产品的消费信息,仅有半数的杂志广告包含1条以上的信息线索。

虚假广告是指在广告活动中对商品和服务的内容做不真实的宣传,对商品或服务的性能、产地、用途、质量等表述模糊不清,使用数据、资料不真实准确,从而欺骗或误导消费者采取购买行动,侵害消费者和其他经营者合法权益的违法行为。虚假广告可以分为两类:欺骗性虚假广告和误导性虚假广告。欺骗性虚假广告指商业商品宣传的内容与商品的客观事实严重不符,如某知名商家曾经宣扬"天然""温和"和"无刺激"的卫浴产品因被查出含有微量有毒性的二噁烷而失信于消费者;而误导性虚假广告所提供的信息也许是真实的,但由于艺术表现形式过于夸大或言辞具有强烈的煽动性而对消费者产生误导,常见于医疗器械、丰胸、减肥、增高等产品广告中。

3. 广告伦理缺失带来的危害

除虚假广告外,还有比较广告、媚俗广告及其他类型的广告同样存在伦理争议,而诸如此类的伦理争议实际上是广告伦理缺失所带来的问题。广告伦理的缺失会给社会带来各种各样的危害。

(1) 可能影响消费者的道德观念和行为。以儿童为例,儿童电视广告所宣传的内容是高雅还是低俗,是更注重经济效益还是更注重社会道德,是展现积极正面的形象还是展现反面消极的形象,都会在不知不觉中左右儿童的道德认知判断能力,影响儿童的道德情感,从而潜移默化地控制其道德行为。如某广告反复强调送礼"送爸爸、送妈妈、送老师、送朋友……",这会让儿童误以为要通过物质的交往去获得亲情和友谊。

(2) 可能增加广告行业的交易成本。在广告经营行为中,每个广告主体都是利益主体,为了实现利益最大化目标,这些广告主体的机会主义动机会使广告市场的机会主义行为成为必然。而一些不正当、不负责任的广告活动看似获得了超额的利益,但也破坏了广告运作环境。消费者为了甄别广告信息的真假,就需要花费大量人力、物力和财力去了解产品的信誉,鉴定商品的真伪与质量。同时企业为了防止自己的产品被恶意仿造,就要研制各种防伪技术、加大包装和防伪识别宣传的成本等。这些举措无疑浪费了大量的行业资源,增加了整个广告行业的交易成本。

(3) 可能消解和谐社会的诚信指数。虚假广告、比较广告等形形色色的广告正从不同的主体、形式、内容和结果上失信于消费者、公众。这些违背伦理规范的广告在降低广告传播的信息功能的同时,也逐渐消解了公众的消费信心,削弱了消费者个体对广告业的信任度,同时也会在纵深上消解和谐社会的诚信指数,造成社会诚信度的危机。

5.2.4 分销渠道中的伦理

分销渠道,是指产品或服务从制造商流向消费者(用户)所经过的各个中间商联结起来的整个通道。图 5-1 显示了常见的四种分销渠道。渠道 A 被称为直接渠道,生产商与最终消费者直接交易,余下三种渠道都属于间接渠道,因为在生产商和消费者之间增加了中间商,它们负责履行大量渠道职能。从图 5-1 可以看出,许多不同的企业或组织参与了产品的流动过程,不同成员之间的利益诉求不完全相同,甚至有时会出现冲突,导致潜在伦理问题的产生。

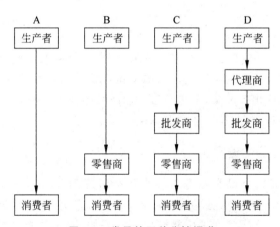

图 5-1 常见的四种分销渠道

1. 分销渠道的伦理问题

在讨论分销渠道中各个环节的伦理问题前,先探讨一些贯穿整个分销渠道的问题。

(1) 权力与控制。权力代表了渠道中的一个成员具有能够让渠道中的另一个成员做他平常不会做的事情的能力。由于渠道中不同成员的目标不尽相同,渠道同一层次之间、不同层次之间和企业不同渠道之间很容易产生冲突。这时,渠道中的成员就会想要获得权力,以影响其他成员的决定,作出符合自身利益的决策。有时,对这种权力的寻求或滥用会衍生一些伦理问题。

比如，与零售商权力平衡关系有关的伦理问题：预先购买和补贴。预先购买是指企业趁产品价格较低时大量购入，为将来出售做准备的一种行为。不少零售商会宣称将购买所节约的开支全部让渡给消费者，但是在实际的销售过程中，是全部让渡，还是仅仅小部分让渡，将大比例费用算作自身利润，就形成了伦理问题。补贴是分销商和零售商购买一种新产品时，从生产商那里得到的额外补偿。分销商和零售商认为，随着新产品的增值扩散，他们在仓储、处理、商家和调整产品中会花费大量费用，这些费用需要生产者支付以给予补偿。尽管补贴有一定的保险和鼓励的作用，但是存在一定的伦理争议。补贴一般是私下或口头谈判，未公开的约定使得零售商有了隐藏事实的可能性，会损害生产商的利益。补贴还会影响竞争，小或新的生产商在对零售商的补贴补偿上不具备竞争力，会遭遇不公平的对待。

(2) 灰色营销手段。灰色营销指的是在道德或法律上有问题，但是由于某些原因而未遭到制裁的营销活动。分销中存在不少这种灰色手段，如收受礼品、请吃和吃请、收受回扣等。无论是贿赂政府部门，还是贿赂渠道中的其他成员，都会使竞争环境恶化，对社会产生不利影响。

(3) 定价。渠道中，无论是制造商、零售商还是批发商，都必须作出价格决策。刻意订立虚高价格赚取差价、制定虚假低价欺骗消费者，以及在其他渠道成员的强压下被迫作出一些价格让步等，无疑会扰乱品牌自身的价格体系，影响消费者的信任。某知名白酒曾经是中国白酒第一品牌，自 20 世纪末市场份额不断下降，重要原因就是不重视产品渠道的价格管控，批发商相互窜货，降价杀价，渠道商无利甚至亏损，大量经销商及零售商不得不放弃该白酒的经销，企业业绩严重受损。

(4) 竞争。分销渠道内成员间的竞争越来越激烈，相同及不同环节的竞争都会引发伦理问题。除了前文中提到的渠道成员利用不正当手段获得竞争优势地位外，有企业利用双重分销和纵向一体化等策略，也与销售公司产品的独立批发商和零售商展开竞争，以期削弱甚至消除竞争对手，破坏了正常市场秩序。

2. 分销渠道内部的伦理问题

(1) 零售。零售是将商品和服务直接出售给最终消费者的一种交易活动。在渠道中，零售商既是直接为消费者服务的终极环节，又是联系生产企业、批发商与消费者的桥梁。许多潜在的问题会在零售业务中暴露出来。例如，零售采购中买手为了个人利益收受贿赂或滥用权力；零售定价业务中刻意标高价格后标榜降价的虚假折扣；销售人员会面临业务压力和职业道德的抉择困境。

(2) 批发。由于处于分销渠道的中间环节，批发商长久以来承受着来自制造商和零售商两方面的压力。在平行渠道中，制造商利用批发商降低市场风险，同时又与他们展开竞争以获得商业贸易中的主导权，这种行为影响了批发商的正常经营，易产生渠道冲突。

(3) 特许经营。特许经营指授权商与被授权者在使用公司品牌名称、产品生产线、供应商、销售地以及广告方面的一种法律上的约定。

特许经营通常存在一些伦理问题。比如授权商对被授权者的不公平对待，政策往往倾向于销售额较大和新加入的经营者；被授权者窜货，影响其他销售区域经营者的利益；

授权商难以维持授权经营系统内统一的质量标准,导致其利益受到侵害等。

3. 直销中的伦理问题

国务院公布的《直销管理条例》第一章第三条规定,直销是指直销企业招募直销员,由直销员在固定营业场所之外直接向最终消费者推销产品的经销方式。世界直销协会则将直销定义为固定零售店铺以外的地方(例如个人住所、工作地点或者其他场所),由独立的营销人员以面对面的方式,通过讲解和示范方式将产品与服务直接介绍给消费者,进行消费品的行销。以上两个对直销的定义中都有两个要点:"直接""固定场所之外",它们决定了直销相对其他行销方法而言,具有不受时间与空间限制、信息反馈速度快、经济性高以及有利于维持长期关系等优势。然而,也正是这些优势使其获得成功的独特之处导致直销引发了广泛的伦理争议。

(1) 侵犯隐私权。直销对消费者隐私权的侵害行为主要体现在两个方面:第一,打扰了私人生活的安宁。直销员以上门直销、电话直销、短信广告和邮件广告等方式进行推销,不合时宜的来电或高密度的垃圾信息轰炸会给广大消费者带来不小的烦恼,打破他们私人生活的安宁。第二,非法收集和使用个人信息。不少企业在未经当事人知情且同意的情况下,非法交易个人资料信息,从中获取利益,严重侵害了消费者的隐私权。

(2) 欺诈。直销模式下,大部分推广方式具有即时性、非正式性及非公开性的特点,构成了难以监管和审查缺失等管理漏洞。例如,一些销售人员为了自身的利益,在讲解和演示产品时,会故意回避产品的缺点、夸大产品的功效,作出无法实现的口头承诺,造成产品或服务的误导性或欺诈行为。

(3) 传销。探讨直销的伦理问题,不可回避的内容就是传销。传销是指组织者或经营发展人员,通过对被发展人员以其直接或间接发展的人员数量、销售业绩为依据计算和给付报酬,或者要求被发展人员以缴纳一定费用为条件取得加入资格等方式牟取非法利益,扰乱市场秩序,影响社会稳定的行为。

传销是一种违法行为,与直销在推销产品、推销员加入方式、管理方式及根本目的上存在本质区别。近年来,国家打击非法传销的力度不断加大,取得了不少积极成果。但是,由于直销和传销的形式十分相似,公众对二者的界限仍存在认知混淆,不少人还是不慎落入传销陷阱,同时一些合法直销企业的正常经营活动也因此受到干扰,饱受诟病。

5.3 新环境下的营销伦理

5.3.1 绿色营销中的伦理

企业作为自然社会经济复合系统中的一个组成部分,其生存和发展与所处的自然生态环境息息相关。保护生态环境,促进经济与生态的协同发展,既是企业自身生存与发展的需要,又是企业不可推卸的社会责任。20世纪80年代,绿色营销作为一个完整的概念在欧洲被提出;20世纪90年代以后,绿色营销逐渐风靡全球,使企业营销步入集企业责任与社会责任为一体的理性化的高级阶段。

绿色营销又称绿色市场营销,指企业以环境保护观念作为其经营哲学思想,以绿色文化为其价值观念,以消费者的绿色消费为中心和出发点,力求满足消费者绿色消费需求的营销策略。其终极目标为促进社会及其自身的可持续发展,内容主要包括绿色产品、绿色消费、绿色价格、绿色包装和绿色促销,其中有两层含义:一是环保层面,企业在生产环节中应担负起对社会和环境的责任,确保资源的有效利用与环境不会受到污染和破坏;二是健康层面,在产品的选材、生产、运输、销售和使用等过程中,不仅确保消费者的需求得到满足,同时能够保证消费者的安全和健康,也即消费的安全性。

1. 绿色营销的特点

绿色营销从环保和对社会负责的角度,关注和操纵营销的全过程,既要充分满足消费者的消费需求、实现企业的利润目标,又要注意自然生态平衡。

(1) 具有鲜明的"绿色"标记。绿色营销与其他营销方式的不同之处在于,企业在整个市场营销活动过程中,都与维护生态平衡、重视环境保护、提高人们的生活质量等绿色观念紧紧相扣,并将其贯穿于整个营销活动,从而使整个企业的营销活动都打上了鲜明的"绿色"标志。

(2) 坚持贯彻可持续发展理念。可持续发展是当今社会发展理论中一种新的观念,它倡导人类必须用长远的观点来关注社会的变化,从竭泽而渔式的经济发展模式中解脱出来,树立社会可持续发展的观念。而绿色营销正是人与自然的和谐、可持续发展的绿色文明价值观念在企业市场营销活动中的具体体现。

(3) 能够实现经济、社会、环境三方面效益的统一。从管理伦理学的角度来看,企业作为一个社会组织,应该履行自己的社会责任。传统营销虽然强调采用各种手段来达到企业的营销目标,但也忽视了营销手段所产生的负面影响。而绿色营销强调企业的目的不仅是满足全社会日益高涨的绿色消费需求,而且要在营销的全过程尽可能地少污染或不污染环境,不给社会留下不良的后果;与此同时,企业也将获得不间断的利润,实现经营的可持续发展,从而将经济效益、社会效益和环境效益有机地结合在一起。

2. 绿色营销中的伦理含义

从以上分析可以看出,绿色营销是一种合乎道德的营销。但是,道德营销不只是绿色营销,两者并不能画等号。道德营销的范围更广,除了环境保护、节约资源外,还要求诚实、公平、人道地对待顾客及其他利益相关者。一个不注重绿色营销的企业,很难说是实行道德营销的企业;而实行了绿色营销的企业,其营销行为未必都是合乎道德的。因此,绿色营销具有深刻的伦理含义。

(1) 生态伦理原则:正确处理人与自然的关系。减少环境污染是人们对绿色产品和绿色营销最直接的认识,也可以说是绿色产品和绿色营销最容易为人们所了解与体会的伦理含义。环保意识的增强使公众对污染深恶痛绝,但为了追求物质享受,又不得不制造和产生污染。绿色产品和绿色营销正好解决了这类道德困境,使人们在追求物质享受的同时又不至于良心受到谴责。企业开发出环保洗衣粉、无氟冰箱等,既满足了消费者的便利需求,又对整个社会的进步和可持续发展作出了贡献。

(2) 资源利用的代际公平问题:确立可持续增长的科学发展观。可持续发展战略的实施,从宏观上要求政府重视确定实施可持续发展战略的总体目标、方针及政策;从微观方面要求企业将营销活动同自然环境与社会环境的发展相联系,使企业营销活动有利于环境的良性循环发展。绿色营销的重点是谋求消费者利益、企业利益、社会利益和生态环境利益的统一,既要充分满足消费者的需求,实现企业利润目标,也要妥善处理资源利用的代际公平问题,充分注意自然生态平衡。

(3) 以人为本的社会功利观:正确处理经济效益和社会效益的关系。现代市场营销的基本理念是一切以消费者需要为企业经营活动的出发点和归宿。也就是说,在整个经营活动中,必须贯彻以人为本的经营思想,把消费者的利益放在重要位置,想消费者之所想,急消费者之所急。绿色营销是满足消费者绿色消费、保证消费者身心健康、提高消费者生活质量的根本途径。为实现人类生活质量的全面提高,企业经营活动必须关注消费者需求的全面性,这包括:对健康、安全、无害的产品的需求,对美好生存环境的需求,对安全、无害的生产和消费方式的需求,对和谐社会关系的需求。

(4) 诚信的伦理准则:企业自身利益目标与消费者和社会利益的融合。企业通过绿色营销,把企业自身利益目标融入消费者和社会利益中,在交易中遵循诚信交易的伦理准则,消除企业有损于消费者即社会眼前利益和长远利益的营销近视症,从而提升企业的整体形象。绿色营销不是一种诱导顾客消费的手段,也不是企业塑造公众形象的美容法,而是一个坚持可持续发展、实现永续经营的过程,其最终目的是在化解环境危机的过程中获得商业机会,在实现企业利润和消费者满意的同时,达成人与自然的和谐相处、共存共荣。

5.3.2 大数据营销中的伦理

大数据被称为 21 世纪的"新石油",发达国家纷纷将大数据的建设和发展上升为国家战略。大数据信息价值开发涉及科技、商业、医疗、教育、人文及社会生活的各个领域,创造了巨大的社会价值。利用算法对大数据进行分析的人工智能(AI)是一场超越传统营销手段的大变革。但同时,受各种技术力量的渗透和利益的驱使,隐性营销、隐私安全、算法歧视以及知识产权等伦理问题频发。如何发现或辨识这些问题,提出或完善相应的伦理约束机制,是亟待解决的任务。

1. 隐性营销

隐性营销是指不经消费者察觉而直接触达受众的秘密营销。消费者每天都面临成千上万的隐性数据收集实例:大数据杀熟现象、广告的精准推送、聊天机器人的口碑造势等。随着互联网、人工智能、线下数据收集、智能数据及更广泛的信息和通信技术的发展,品牌拥有无限的机会通过离散方式获取个人信息以接近目标,基于大数据的分析可以让品牌采取更直接的操控式营销。这些隐蔽策略使消费者甚至意识不到广告的存在,令他们产生自由选择的幻觉。事实上,消费者早已失去选择权。

日本最大的在线零售网站之一雅虎购物就曾接受隐性营销审查,其允许商家获得不真实的高搜索排名的方式受到质疑:第一种方法是当客户搜索的产品恰好与某推广产品匹配时,该产品将排在搜索结果的顶部;第二种方法是零售商可通过支付较高的广告费而显眼地排列在搜索结果的顶部。尽管这两种方法并不违法,但是呈现方式的欺骗性并不符合道德规范。

2. 隐私安全

隐私安全和信息安全是大数据信息价值开发最引人注目的问题。大数据信息价值的开发依赖于大规模的原始数据的收集。现在互联网、移动通信、电子商务、社交平台和政府部门等都在收集海量数据,挖掘潜在的信息价值。然而哪些个人数据是被允许的、哪些个人数据是不被允许的,人们在具体的实践操作中很难把握,容易引起伦理争端。

大数据营销中涉及个人数据的伦理争议可分为两类:对个人数据的不合理收集,对个人数据的超常规使用及出售。

(1) 对个人数据的不合理收集。为了解顾客的需求和期望,不少企业往往会通过各种途径获取消费者信息。某些电商平台监视客户的购物内容和习惯;某些社交软件记录用户间的交际行为以及情感和情绪状态的变化;浏览器监视网民的搜索和网页浏览行为等。消费者在网络上的"行踪"常常在毫无知觉的情况下被记录下来。

(2) 对个人数据的超常规使用及出售。有些企业将收集到的个人数据存放在专门的数据库中,然后出于一定的商业目的,通过数据加工或数据挖掘等手段得到有价值的信息,从而为用户提供更多的、更有针对性或者更加持续的服务。但不可否认,除有些企业会将其用于合理用途外,隐私数据面临被抓取、聚合、贩卖、二次贩卖、关联等风险问题。

3. 算法歧视

大数据本身是伦理中立的,在被应用的过程中并不天然自带对错好坏的自我审视,而计算能力,即人工智能识别和处理信息的能力,却会包含一定的价值偏好:第一,计算能力是人类设计者和使用者为了某个有意的结果而特别设计或选择的,人天生就有偏见,可能会渗透到构建代码分析框架的方式中;第二,即使我们选择的计算能力是出于纯粹的中立价值,人工智能软件也会根据包含各种人类偏见的数据进行训练,这些偏见随后会出现在它自己的推论中。

由此,储存并分析详细的消费者资料可能会导致基于种族或收入的歧视:算法会直接或间接考虑性别、种族、民族以及性取向。例如,某公司的广告服务中,男性比女性看到更多高薪招聘的广告。由于大数据信息价值开发依赖于具有自主能力的算法,所以如何将人类道德价值嵌入操作算法,避免歧视问题尤为重要。

4. 知识产权

知识产权是具有商业价值的人类智慧生活的独特产物,具有相对权利和绝对权利双重属性。一方面,知识产权是一种垄断权,具有不得由其他人擅自使用的绝对性;另一方面,知识产权又是一种相对的权利,为合理使用和自由共享留下空间。知识产权在理论和实践中始终存在着自由共享和限制使用之间的矛盾,这种矛盾在大数据时代更加突出。

网络大数据使得知识产权更容易被侵犯。企业间的域名抢注、商家对搜索引擎中关键词设置的争夺与出卖,以及盗版作品的复制和传播等,知识产权侵权行为更加隐蔽、更加难以控制、更加难以追究责任。同时,网络大数据也可能导致知识产权的过度保护。例如，控制某些网站网页或文件被访问的权限，使得自由共享受到阻碍，不利于大数据的发展。如何平衡知识产权的滥用与过度保护之间的矛盾值得进一步关注与探讨。

5. 积极应对营销管理中的数字伦理问题

（1）消费者方面。首先需要明确的是，在数字化时代中确实出现了很多消费者权益被侵犯的现象，但这并不意味着大数据本身是需要被取缔的。数字化依然能让消费者接收到更精准化的服务，作为消费者，不应一味对大数据和数字化全盘否定。而在重塑数字化伦理过程中，消费者能做的努力有：第一，利用相关法律法规来维护数字权益，防止数据被滥用；第二，注重自身信息保护，树立信息保护意识；第三，参与相关法律法规制定和建设，直接参与数字化伦理重建并建言献策，承担消费者能尽的社会责任与义务。

（2）企业和数字平台方面。企业和数字平台对算法的利用程度，与对消费者信息的挖掘程度和数字化伦理破坏程度直接相关。企业和数字平台在重塑数字化伦理过程中能做的有：第一，保证企业自律和行业自律，坚守社会责任和道德，控制算法运用程度，以减少数字化伦理破坏；第二，着力培养算法师与程序设计师的社会责任感，在效率基础上合理运用消费者数据以精进算法；第三，避免数据垄断和数据鸿沟，减少数字剥削。

（3）政府部门方面。政府部门在新零售模式中扮演观察者和监管者的角色，数字化伦理问题也需要政府部门参与解决，能做的有：第一，组织企业与消费者共同参与法律法规建设和政策制定，为企业和消费者提供建言献策的平台，吸取有效建议用于建立和完善相关法律法规；第二，利用行政监管机制，以政策为导向引导数字化伦理问题解决；第三，提高监管部门数字化能力，适应数字化发展过程，加强硬件设施的投入和人才培养。

5.3.3 "反"营销中的伦理

现代商业社会中，随着移动互联网技术的不断更迭与发展，新型商业模式层出不穷，各种营销手段令人眼花缭乱。尽管营销活动能够产生提高品牌知名度、提升社会消费水平等系列积极效应，但是过度营销却可能导致社会危机和环境危机的加剧。一方面，企业所开展的过度营销加快了物质主义和消费主义的传播，使非理性的消费理念渗透并影响了大众的社会生活；另一方面，消费者对自身实际需求未形成理性认识，模糊甚至无节制的消费需求向企业传递了错误的信号，致使其盲目地开展生产与促销活动。这样的恶性循环使得大量的资源遭到浪费、环境污染问题日益加剧，且从长远来看将不利于经济的可持续发展与社会结构的优化。

1. 非理性的消费主义

人为制造的消费主义陷阱诱导并开发了人们对物质消费和享受的欲望。大众在潜移默化中逐渐产生对消费时尚的普遍需求及许多基本需求以外的欲求，形成非理性的消费主义价值观念，这其中所暴露出的诸多伦理议题，值得我们重视与思考。

消费主义是一种崇尚和追求过度的占有与消费作为满足自我和人生目标的价值取向，表现为现实生活层面上的大众高消费。它常常是由商业集团以及附属于它们的大众传媒通过广告或其他各种文化、艺术形式推销给大众，并将所有人不分等级、地位、阶层、种族、国家、贫富等都卷入其中,如各大电商平台的购物狂欢节。个体一旦掉进消费主义的"过度"陷阱,从观念到行为都将超出理性范围。

(1) 消费观念的异化。人们不再着眼于产品的使用价值进行消费,而会过度追求其所包含的符号价值与象征意义,甚至产生消费能力即可代表社会地位和身份的扭曲的价值观。享乐、攀比、炫耀的消费态度将个人主义极端化,人们摒弃了自我约束的伦理价值观,无休止地追求物质欲望。事实上,消费主义带来的不是实际意义上的需求满足,而是理性需求的匮乏和享乐欲望的膨胀。

(2) 无节制的消费行为。理性消费行为是指在消费能力的允许下,按照追求效用最大化原则进行的消费。在消费主义这种异化观念的驱使下,个体面对市场上琳琅满目的商品时丧失理性,脱离自己收入水平和收入能力进行超前消费、浪费性消费及奢侈消费等。无节制的消费催生出急剧膨胀的个人借贷需求,这种举债行为往往缺乏还款能力支撑,并伴随着高利率和其他不合理的借贷条件,如近年来出现的"校园贷""美容贷""健身贷"等不良网络贷款套路,引发社会广泛关注。

从长远来看,不良的消费观念会阻碍我国经济健康发展,虚假社会需求引发的经济增长是不可持续的,会严重损害产业结构。以房地产市场为例,出于投机目的的虚假需求通过价格信号的作用造成资源失配,带来经济泡沫危机。

2. 资源浪费

近年来,在日益激烈的市场竞争之中出现了少数企业非理智的营销行为,这样的行为导致了很多严重的社会问题。一方面,消费者对自身的实际需求缺乏科学的认知,很容易被营销手段左右,购买很多不必要的产品;另一方面,企业在对消费者的实际需求缺乏理性和客观认知的前提下,为了牟利盲目地采取不恰当的促销手段,造成了企业乃至社会资源的浪费。

消费者在选购商品时往往并没有意识到他们天然持有的偏好或者消费观可能被商家所利用,最终助长了资源浪费的问题。如大部分消费者更偏爱"完美"的产品,认为高质量的产品应该在颜色、大小、形状等方面是没有缺点的;而为了迎合消费者的喜好,商家会致力于生产和广告图一样完美的产品,那些"残次品"将会被遗弃。此外,消费者也更加偏爱"多样化"的产品。2014年,FoodBytes网站的统计数据表明美国餐厅菜单平均有93.3道菜肴可供消费者挑选。时下盛行的繁复的菜单、自助餐形式等物质条件优渥环境下市场竞争的产物,虽然能更好地满足消费者的个性化需求,但也为食品的仓储带来了极大的压力,容易造成大量的资源浪费。"炫耀性购买"也是一种常见的消费行为,大量的名牌箱包、服饰等成为彰显消费者权力和地位的工具,其使用率可能极低;对于物质主义消费者而言,资源浪费恰恰是传递其持有大量财富的信号,这样的观念是不可取的。

对于企业来说,成功的营销可不是"拍脑袋"的事。面对当今市场上高度同质化的问题,不断增加产品的功能已经成为企业获取营销优势的重要手段。不可否认,消费者对于产品功能的数量是有要求的,但是过多的功能所带来的不是需求得到满足,而是负担,其结果往往适得其反。此外,一部分企业为了促销,在产品包装上费尽心思,甚至很多产品包装的价值远远超过了产品本身的价值;在广告宣传上也同样存在这样的非理性现象,多数企业在不清楚自身目标群体或目标市场的前提下便采取"轰炸式"的广告投放,在付出大量成本之后收效甚微;缺乏合理规划的商场促销活动也容易导致大量促销物料囤积仓库。这些企业在急功近利、冒进等非理性心态影响下的营销,不仅会使原材料、劳动力、资金等资源大量浪费,还有可能向消费者传递错误的价值观。

为了减少资源浪费,消费者应树立正确的消费观念,客观认识自身的实际需求;企业应理性看待市场竞争中的利得,脚踏实地了解消费者的真实需求,并以此为基础优化企业活动,创造符合社会营销观念的经济效益与社会效益。在科技高速发展的今天,绿色营销倡导的可持续发展仍是一个值得我们深入探讨的命题。

疯狂购物节的绿色消费新趋势

每年的11月堪称"剁手月",不论是中国的"双11"、欧美的"黑色星期五"(Black Friday),还是紧随其后的"网络星期一"(Cyber Monday),都曾一度见证全球消费者的购物狂欢。但是,近年来狂热的买买买"画风"似乎有所转变,"剁手月"悄然传递出新的消费趋势。

各电商巨头都不约而同地向消费者传递出绿色、可持续消费的购买理念。首创"双11"概念的淘宝商城(天猫),提出"双11"新消费主张"让绿色低碳消费成为主流",其相应的营销方案也全部贯彻了这一理念。天猫不仅发布"有机食物绿、低能耗家电绿和快递回收绿"等视频广告,还开启"双11"减碳计划、首次推出绿色会场、上新50万件绿色商品,并发放1亿元绿色消费补贴等。阿里大数据显示,超过250万人在"双11"期间购买了绿色商品。京东同样践行绿色可持续发展理念,平台上架"绿色消费"商品种类超过1.5亿种。京东物流携手合作伙伴开展"青流计划",与供应链上下游合作,探索在包装、仓储、运输等多个环节实现低碳环保、节能降耗。据京东披露,2021年"双11"期间,京东物流绿色供应链共减碳2.6万吨,使用循环包装1135万次。

消费者的消费观念也在逐渐回归理性。随着"不买立省百分百"这一调侃的全网流行,消费者不再是冲动的"剁手党"。阿里巴巴的研究数据显示,高达8%的消费者计划在"双11"期间减少消费,贯彻可持续性的生活方式。不仅如此,豆瓣上的"消费主义逆行者"小组已有30.6万成员,他们都选择对盲目跟风式的消费说"不"。

"可持续"议题不仅在国内"双11"期间受到重视,也同样出现在海外"黑五"期间。越来越多的社会组织甚至知名品牌传递绿色、可持续消费的理念,以身作则倡导消费者理性购买,以减少过度消费为生态环境带来的压力。

英国社会组织"Which?"发布的"以不同眼光购物"(See sales in a different light)系列公益广告构思新颖,通过对传统营销话术的重新演绎提醒消费者回归理性,重新思考过度消费可能导致的不良后果。美国户外运动品牌REI(Recreational Equipment,Inc.)在"黑五"期间通过社交媒体发起话题#OptOutside,呼吁大家在黑色星期五当天"不要进店抢着消费,去户外玩耍",而与之相应品牌旗下的闲暇门店也选择闭店大吉。这样的举措收获了一众年轻消费者的好感,同时也传递了与众不同的品牌形象。

问题：
1. 你认为"双11""黑色星期五"等购物节的盛行可能导致哪些营销伦理问题？可能出现什么样的危害？我们应当如何预防这些问题的发生？
2. 结合材料谈一谈你对绿色消费的理解。

本章小结

营销伦理是指营销主体在从事营销活动中所应具有的基本道德准则，即判断企业营销活动是否符合消费者及社会的利益，能否给广大消费者及社会带来最大幸福的一种价值判断标准。有时候很难判断某一营销行为是否道德，义利观对我国的商业伦理有很深的影响，西方伦理学家则依据结果或过程的标准，提出功利论与道义论两大道德评价理论。

营销包括产品、定价、广告促销以及分销渠道这四个要素，其中涉及的具体伦理问题包括：产品策略中产品设计、产品包装、产品安全及强制性产品淘汰四个伦理道德问题；定价策略中价格欺诈或误导性定价、暴利价格、歧视性定价、掠夺性定价以及串谋定价五种非伦理定价行为；广告促销策略中伦理缺失的表现形式及其危害；分销渠道策略中贯穿整个渠道的四个主要问题，以及渠道内部零售、批发、特许经营各个环节的伦理争端。对这些问题的讨论，可以增强我们有关伦理问题的意识。

新发展背景下面临许多营销伦理的新议题。首先面临的是绿色营销中的伦理议题。绿色营销具有鲜明的"绿色"标记、坚持贯彻可持续发展理念、能够实现经济、社会、环境三方面效益的统一这些特点。绿色营销中，生态伦理原则、资源利用的代际公平问题、以人为本的社会功利观和诚信的伦理准则值得注意。同时，随着大数据信息价值开发，大数据应用中面临的伦理问题，如隐性营销、隐私安全、算法歧视和知识产权等也值得关注。

核心概念

营销伦理（marketing ethics）
营销道德（marketing moral）
商业广告伦理（commercial advertising ethics）
消费主义（consumerism）
灰色营销手段（grey marketing means）
绿色营销（green marketing）
绿色消费（green consumption）
隐性营销（implicit marketing）
算法歧视（algorithmic discrimination）

思考题

1. 市场营销中存在的非伦理行为主要是哪些？
2. 营销组合产品策略可能出现的伦理问题有哪些？
3. 营销组合定价策略中通常存在哪几大类非伦理行为？

4. 广告伦理的缺失会对社会造成哪些危害？
5. 新环境下的营销伦理与传统营销伦理有什么不同？
6. 营销伦理问题出现的内、外部原因分别是什么？
7. 如何解决市场营销中的伦理问题？
8. 如何积极应对营销管理中的数字伦理问题？

即测即练

第 6 章

企业人力资源管理伦理

学习目标

1. 理解企业制度与权力之间的关系；
2. 了解企业人力资源管理中的常见伦理问题；
3. 学习人力资源管理面临的新挑战；
4. 了解人工智能对人力资源管理伦理的影响。

引言

  伦理在人力资源管理中的价值历来备受管理大师们的重视。德鲁克就曾经说过，从表面看，管理的目的是工作的成效，但是工作是由人从事的，管理者必须面对人性中的善，人性中的恶，人的潜能、长处和人的弱点。管理的本质，其实就是激发和释放每一个人的善意。

  企业的人力资源管理主要涉及管理者和劳动者两方。一方面，双方具有支配和从属关系；另一方面，双方还具有关怀和忠诚的义务。对管理方而言，如何正确行使权力而不逾越制度的边界、侵犯劳动者的权利，同时满足企业和劳动者的需要，进而激发和释放每一个人的善意就显得非常关键了。同时，伦理问题广泛地存在于招聘用工、薪酬设计、考核晋升、惩罚解雇等相关环节。本章希望通过对人力资源管理伦理相关议题的介绍与讨论，引发读者对于这些问题的关注和思考。

招聘风波

  某集团公开发布了一则招聘启事——"某某培养职业经理学校"公开招聘职业经理：应聘者需承诺终身在某集团服务，承诺以房产作抵押，离开某集团需要以房产偿还。此外，"忠诚不谋私，顾事业不顾家"的说辞也令一众网友大呼"奇葩"。集团表示，这些要求是防止员工学到经验后跳槽。迫于各方压力，集团撤销了招聘信息，且总经理做了公开道歉。

  这场风波提示我们，企业无时无刻不受到外部环境中各种制度的约束——正式制度如法律法规；非正式制度如社会秩序和善良风俗。

风波还凸显了两种权利——企业的用工自主权和员工的个人自主权之间的冲突。

首先，某集团提出的"终身服务"的要求，与员工的自由择业权发生冲突。

其次，某集团要求员工承诺做到"两不"——"忠诚不谋私，顾事业不顾家"，与员工的人身自由权发生冲突。员工个人有爱情、婚姻、家庭生活的自由。

最后，某集团要求"抵押房产"，与员工的财产自由权发生冲突。由于用人单位和劳动者之间存在隶属关系，前者有管理后者的权力，很容易形成"权力滥用"，必须有相应的"制度"制衡。这些权力滥用有哪些主要表现？用什么样的制度来制衡？这是我们需要进一步探讨的。

6.1　企业制度与权力

企业人力资源管理伦理和企业制度与权力密不可分。

企业制度包括企业外部制度和企业内部制度。企业外部制度是指企业外部的政策、法律、社会传统、风俗文化等；企业内部制度是指企业内部的各级各类规章制度、企业文化、非正式群体文化等。

无论是企业外部制度还是企业内部制度，都可以分为企业正式制度和企业非正式制度，企业正式制度有正式的制定者，如政策、法律、规章制度；企业非正式制度一般没有正式的制定者，如文化、传统、伦理、道德。

企业正式制度与企业非正式制度共同构成了企业的制度环境。企业正式制度是用人单位成文的一系列政策性文件，其中，"企业规章制度"的级别和效力最高，如果说"公司是微缩的国家"，那么企业规章制度相当于国家的"宪法"；而企业伦理与企业文化、价值观、潜在规则等则是企业不可或缺的非正式制度。

企业正式制度是权力的来源，也制约权力。就像《中华人民共和国宪法》赋予政府权力，同时也制约了政府的权力、保障人民的权利一样，按照《中华人民共和国劳动合同法》（以下简称《劳动合同法》）的规定，企业的规章制度赋予用人单位权力，同时也从另一方面保障了劳动者（劳动者和员工在绝大多数情况下属于同一个概念范畴）的合法权利。

企业正式制度不可能规定企业和员工所有的权利与义务。在正式制度不便调整或缺乏调整的领域，就需要道德和伦理等非正式制度来调整。道德和正式制度的约束作为企业"两条腿"要协同发展，才会对企业的管理起到更好的效果。

6.1.1　权力与冲突

企业权力主要指企业的用工自主权。企业的用工自主权要由担任不同职务的员工具体实施，有了一定职务，就有了相应的某种权力。

冲突主要是指企业的权力和员工个人权利之间的矛盾。企业员工因为某种职务而获得某种权力，但同时也享有作为劳动者所应享有的权利。

1. 冲突的三种表现形式

第一种是员工本人个人权力和个人权利之间的冲突。例如，采购员有采购的权力，他也有最大化自身利益的权利。那么，他能不能向自己的亲朋好友采购呢？

第二种是员工甲的个人权利和员工乙的个人权利之间的冲突。例如，调度员甲能否出于个人恩怨而分配不同的任务给司机乙，让乙处于不利境遇？

第三种是企业的权力和不特定员工权利之间的冲突，除了引导案例之外，这种类型的冲突十分普遍。例如，在招聘选拔环节，员工认为他们享有平等就业的权利，不应该在择业过程中被各种原因歧视，而企业则认为在招聘过程中自己拥有用工自主的权力；再如，在薪酬支付环节，员工认为他们拥有同工同酬的权利，而企业认为自己有支付差别工资的权力。

2. 内部冲突和外部冲突

冲突还可以更为简单地分为内部冲突和外部冲突。

内部冲突是指企业内部员工本应处于相互监督或制约的岗位，实际却存在亲属或其他利益关系，而这种亲属或其他利益关系可能会导致企业内部在进行集体决策时作出错误的决定，从而导致冲突的产生，给企业的利益带来损害。

外部冲突是指员工和与本公司有竞争关系的其他企业存在亲属或其他利益关系，这些关系可能影响公司对外部环境的判断或对重大事项的决策，从而导致企业与员工之间存在实际或潜在的利益冲突。

6.1.2 权力的滥用

英国著名学者阿克顿勋爵曾经说过："权力导致腐败，绝对的权力导致绝对的腐败。"劳动者和用人单位的地位不平等，造成用人单位权力滥用的现象屡见不鲜，如招聘时歧视员工、恶意解聘员工、强迫员工加班等。

1. 招聘时歧视员工

虽然我国法律明确规定，用人单位在招聘时，劳动者不因民族、种族、性别、宗教信仰等不同而受到歧视，但劳动者在应聘某些单位时仍会遭受到用人单位的歧视，且某些就业歧视在很大程度上存在举证困难。如在笔试或面试环节出题时，故意出女性不熟悉的知识点，以达到性别歧视的目的。

2. 恶意解聘员工

虽然我国法律对解聘员工设置了严格的条件，但某些用人单位依然利用权力优势规避这些条件。例如，俗话说的"穿小鞋"——让其他部门、其他员工不配合目标员工，以造成其工作的延误；刻意孤立目标员工，以造成精神压力；以其他方式增加目标员工工作的负担等，迫使员工离职。

3. 强迫员工加班

虽然我国法律对加班有严格的条件限制，但某些用人单位依然可以用绩效、薪酬、福利甚至鼓励奉献的企业文化等方式变相强迫员工加班，劳动者只能选择接受加班，如某大型互联网公司的主要领导说"996是员工的福报"，另一家大型互联网公司则规定，延迟下班至晚上7点的员工可以享受免费晚餐，继续延迟至晚上10点下班的员工可以享受免费打车服务等，变相强迫或诱导员工加班。

上述这些规避国家法律的权力滥用行为，已引发公众争议，亟须制度和伦理道德配合调整。

6.1.3 制度的约束

1. 正式制度约束

正式制度是指企业的规章制度。企业规章制度作为企业内部的"宪法"，能够有效规范企业和员工的行为。

《劳动合同法》规定："用人单位应当依法建立和完善劳动规章制度，保障劳动者享有劳动权利、履行劳动义务。用人单位在制定、修改或者决定有关劳动报酬、工作时间、休息休假、劳动安全卫生、保险福利、职工培训、劳动纪律以及劳动定额管理等直接涉及劳动者切身利益的规章制度或者重大事项时，应当经职工代表大会或者全体职工讨论，提出方案和意见，与工会或者职工代表平等协商确定。"

通过这则规定，我们发现正确的权力关系不是用人单位"单方说了算"的关系，而是用人单位和员工"共同说了算"的关系。规章制度就是"共同说了算"的产物，它有三方面的作用：一是约束员工，帮助企业实现规范化管理；二是约束企业，使其不能随意处罚员工；三是作为证据，审理劳动争议。

企业规章制度若要发挥效力，必须符合三个条件。

一是主体条件：规章制度的制定主体只能是用人单位而不能是下属的部门。

二是内容条件：规章制度的内容除了合法之外还必须合理，所谓合理就是合乎常理或伦理，如规定"办公区禁止吸烟，否则，一经发现立即开除"，在烟花爆竹厂是合理的，在学校则是不合理的，因为处罚过重。

三是程序条件：规章制度必须经过两个程序才有效。第一个是民主程序：需要职工大会或职工代表大会提案，然后和工会或职工代表共同协商确定。第二个是公示程序：规章制度必须向全体员工公示，确保员工知悉。如果用人单位无法证明员工知悉，则不能作为处罚员工的依据。

2. 非正式制度约束

非正式制度约束，主要指伦理道德的约束。

孔子很早就发现"政刑"——政策、法律等正式制度无法全面解决人们"滥用权力"的问题，故提出要重视"德礼"——伦理道德等非正式制度的功能。

孔子说："道之以政，齐之以刑，民免而无耻。"若只通过政治体制来领导国家和社会，只运用法律和刑罚来制约人民，大家就会逃避或钻法律的漏洞使自己暂时免予处罚，却毫无廉耻之心。过于严厉的制度，只能让人"上有政策，下有对策"。也就是说，有时候，法令越多，犯法的人越多，因为他们内心毫无羞耻感。

因此孔子又说："道之以德，齐之以礼，有耻且格。"假如以道德来领导人民，使每个人都有道德的涵养，以礼教化人民，使人们做错事会自发产生惭愧的心情，做到人人有耻，不敢做不道德的事，这样就达到了政治的目的。所以他主张用道德的政治、道德的感化。这种道德的教化在企业中是非正式制度，非正式制度在企业中包含企业伦理、企业文化、价值观等，而孔子的话告诉我们，企业内部需要正式制度和非正式制度协同作用。

企业需要制度来约束员工，但制度不仅仅是约束，也是引导。"人性本善"，员工内心都有向善之心。制度更能引导员工向善，使得更多人不犯错误，更不触犯法律。

6.2 人力资源管理中的伦理

本节人力资源管理中的伦理，主要涉及招聘选拔中的伦理、薪酬设计中的伦理、考核晋升中的伦理和惩罚解雇中的伦理。

6.2.1 招聘选拔中的伦理

1. 信息告知

劳动关系类似于婚姻关系，只有双方充分掌握对方的信息，尤其是"瑕疵"信息，双方的关系才能长久。因此，劳动关系双方有充分告知对方本方真实信息的义务，相应地，双方有向对方了解真实信息的权利。当然，这种权利又不能侵犯对方的隐私权，如用人单位的商业秘密和劳动者的个人隐私。这个度如何把握，是法律的难点，也是伦理的难点。例如，某人有家族精神病史，这种信息要不要如实告知用人单位？用人单位有权利了解这种信息吗？

用人单位的商业秘密和劳动者个人隐私、用人单位的知情权和劳动者的知情权哪一方的权利更重要？《劳动合同法》给出了"倾斜性"的规定："用人单位招用劳动者时，应当如实告知劳动者工作内容、工作条件、工作地点、职业危害、安全生产状况、劳动报酬，以及劳动者要求了解的其他情况；用人单位有权了解劳动者与劳动合同直接相关的基本情况，劳动者应当如实说明。"很明显，劳动者可以要求用人单位几乎知无不言、言无不尽；而用人单位只能了解"与劳动合同直接相关的基本情况"，不直接相关的则不能了解。然而，何谓"直接相关"？前文提到的"家族精神病史"算不算直接相关？

生物技术的进步让信息告知议题更加具有争议。目前，人类已经掌握了通过基因预测疾病和性格的技术。此前，有美国企业试图将这种技术用于员工招聘，引起巨大争议，后来被美国政府禁止。

如果双方不充分告知必要信息会产生哪些不利后果呢？

一是影响人岗匹配。一方面会降低劳动生产率，造成双方的财产损失；另一方面会增加安全生产事故的风险,造成劳动者的人身损失。

二是加剧"现实冲击"。用人单位在招聘时往往会过度美化本单位的优势,而弱化甚至隐藏本单位的劣势。这种做法会加剧员工的"现实冲击"。当期待的情况和实际情况存在落差时,人们会产生一种冲击感。落差越大,冲击越强。我们每个人都不同程度地经历过现实冲击,如从高中来到被老师和家长过于美化的大学。现实冲击会引发离职等极端情况。

总之,招聘阶段处理好信息告知议题,十分重要,也十分必要。

2. 就业歧视

由于企业和员工的地位通常处于"资强劳弱"的不平等状态,企业在雇用员工时可能会设置各种限制条件,从而剥夺了本该符合相关职位就职条件的劳动者的平等就业权。我国法律明确规定,劳动者依法享有平等就业和自主择业的权利,劳动者不因民族、种族、性别、宗教信仰等不同而受到歧视。

(1) 常见的就业歧视。

① 年龄歧视。其主要表现为用人单位对年龄符合法律规定的应聘者进行额外的年龄限制,最为典型的是 35 岁以上的应聘者有时被拒之门外。

② 学历歧视。其主要有两种表现:第一种表现为工作岗位只要求有某一层次的学历,并对取得学历的院校等级提出要求,从而造成对非重点院校毕业生的歧视。第二种表现为工作岗位本不需要那么高的学历,而提出过高的学历要求,从而造成对低层次学历者的歧视。

③ 传染病歧视。《中华人民共和国就业促进法》(以下简称《就业促进法》)第三十条规定:用人单位招用人员,不得以是传染病病原携带者为由拒绝录用。但是,经医学鉴定传染病病原携带者在治愈前或者排除传染嫌疑前,不得从事法律、行政法规和国务院卫生行政部门规定禁止从事的易使传染病扩散的工作。

④ 残疾人和农村劳动者歧视。《就业促进法》规定,用人单位招用人员,不得歧视残疾人。农村劳动者进城就业享有与城镇劳动者平等的劳动权利,不得对农村劳动者进城就业设置歧视性限制。《中华人民共和国残疾人保障法》规定:在职工的招用、转正、晋级、职称评定、劳动报酬、生活福利、休息休假、社会保险等方面,不得歧视残疾人。

⑤ 少数民族歧视。法律法规严格禁止在招用环节歧视少数民族。用人单位不能有任何观念或者行为上歧视少数民族的招聘条件。

⑥ 户籍歧视。法律法规对于户籍歧视还没有统一的规定,各地规定不尽一致,目前在学术界还存在争议。

⑦ 地域歧视。虽然无明文法律规定地域歧视属于就业歧视,但作为专业的 HR(人力资源),应注意避免由此引发的矛盾和风险。

⑧ 性别歧视。其主要表现为工作岗位本不需要有性别差异,而对应聘者的性别提出专门要求。《就业促进法》第二十七条规定:"用人单位招用人员,除国家规定的不适合妇女的工种或者岗位外,不得以性别为由拒绝录用妇女或者提高对妇女的录用标准。"根据上述规定,用人单位招用人员,除非能够举证该工种或者岗位属于国家规定的不适合妇女

的工种或者岗位,否则在招聘要求中注明限招男性等都属于就业中的性别歧视,这里需要特别注明的是,是否适合,属于国家规定的,并非用人单位自身设定的。

性别歧视还包括限制女性结婚或者生育,《就业促进法》提出"用人单位录用女职工,不得在劳动合同中规定限制女职工结婚、生育的内容"。

(2) 为什么就业歧视是不道德的。我们可以依据功利主义原则来分析"为什么就业歧视是不道德的"。

① 对就业人员来说,就业歧视给被歧视者带来了精神损害,这种精神损害是无形的,甚至是间接的,被歧视者长期遭受这种精神损害,不仅影响被歧视者本身,对其家人亦会有影响。从利益角度讲,在公平竞争条件下可以获得该职位或晋升的人由于被歧视失去了机会,那被歧视者的利益就受到了损害。

② 对企业来讲,这种非理性的歧视行为,可能将有真才实学的人拒之门外,而且还会对企业形象造成一定程度的损害,影响企业的声誉,给企业带来不利的影响。

③ 从社会角度来讲,由于企业的歧视行为,被歧视者自身利益受到损害,他们会因为难以找到满意的工作产生怨恨情绪,给社会带来不安定的因素。同时企业的歧视行为会给其他员工带来不安全感,员工会担心自己是下一个被歧视的人。

总之,依据功利主义原则分析,就业歧视行为往往比不进行歧视利益要小或弊端要大,因此可以判断就业歧视的规定或行为是不道德的。

(3) 就业歧视的标准。构成就业歧视的标准是什么呢?一般认为,招聘条件必须与工作直接相关,如果用人单位不能证明这种相关性,则构成就业歧视。美国有一则经典的判例:一家煤矿招聘装卸工,要求必须具有高中以上学历,结果被一个黑人告上法庭。他诉称,黑人很少具有高中学历,招聘条件的真实目的是排除黑人,因此构成种族歧视。最终,煤矿由于无法证明高中学历与装卸工的工作直接相关,被裁定为种族歧视,被罚巨额赔款。然而,在很多场合,要证明不"直接相关"还是十分困难的。

总之,某些就业歧视的认定比较容易,某些就业歧视则不容易认定,需要我们做深入的、多方位的考量。

6.2.2 薪酬设计中的伦理

薪酬设计中的伦理焦点是公平与效率的冲突问题。企业为了提高效率,就要拉开薪酬距离,以促进员工的工作积极性。然而,这就势必形成贫富差距,不利于共同富裕目标的实现。其实,薪酬差距和共同富裕在本质上并不矛盾,因为共同富裕强调机会平等而非结果平等。作为社会主义发展的本质要求,共同富裕概念备受关注。共同富裕是全体人民的富裕,是人民群众物质生活和精神生活都富裕,不是少数人的富裕,也不是整齐划一的平均主义。由此可见,共同富裕是让每个人拥有发展生产、创造财富的平等机会,实现社会共同进步。制度无法保证分配的结果统一,但可以充分保障每个人享有平等的分配机会。

薪酬设计中的伦理主要包括两个方面:一个是横向上的同级劳动者之间的同工同酬问题,另一个是纵向上的非同级劳动者之间的高管薪酬问题。

1. 同工同酬

（1）同工同酬的含义。我国法律法规规定：同工同酬是指用人单位对于技术和劳动熟练程度相同的劳动者在从事同种工作时，不分性别、年龄、民族、残疾、区域等，只要能以不同方式提供相同的劳动量，即获得相同的劳动报酬。也就是说，同工同酬原则是指不管员工的知识、技能、年龄、教育等方面是否存在差异，只要劳动者在同样的岗位上从事同样的工作，就将获得相同的报酬。

由此可见，"同工"主要是指"量"。而随着劳动形式多元化、灵活化的增强，即使岗位完全相同，劳动量也相同，但不可忽略劳动的"质"。同时注意劳动的"质"和"量"，最大限度做到同工同酬的公平性。另外，"同酬"主要指劳动报酬，一般不包括福利等非劳动报酬。

（2）同工同酬不易落实的主要领域。从目前来看，同工同酬主要在以下几个方面不易落实：全日制员工与非全日制员工同工不同酬；合同工与劳务工、实习生同工不同酬；男女劳动者同工不同酬等。其中，全日制员工与其他类型员工的薪酬差异表现得尤为明显。

全日制用工一般是指每天工作 8 小时、每周不超过 40 小时的工作制度。近年来，随着共享经济的不断发展以及诸如服务业等第三产业的发展，其他用工形式因其成本低、灵活度高等优点涉及越来越多的行业。目前，我国法律并没有明确规定全日制劳动者与其他类型劳动者同工同酬，在实际工作中，较容易发生劳动纠纷，是立法者和企业经营者面临的重要挑战。

（3）同工同酬的落实要点。

① 注意薪酬构成对公平与效率的平衡作用。同工同酬体现在企业薪酬构成、薪酬水平和薪酬结构上。对于同一岗位的员工，薪酬构成应当包含基本工资、绩效工资与福利，且应处在同一薪酬水平；但针对能力、经验和工作结果的不同，可给予不同的补贴与激励。这样，既可以保证同工同酬，又可以维护薪酬的激励作用。

② 注意薪酬保密与薪酬公开的平衡。"不患寡而患不均"，透明的薪酬体系最容易增强员工的公平感知，也是对同工同酬的监督。然而，不少企业实行薪酬保密制度，禁止员工与同事讨论工资。这其实暗示了企业对"同工同酬"原则的放弃，默认了企业中过大的薪酬差距。的确，透明的薪酬体系不利于企业用高薪激励人才，还会导致员工的整体薪酬水平集中在平均水平。出于中庸的思想，一些企业采取了部分公开的原则，如公开员工的职称评级、销售业绩与奖金，在一定程度上做到了同工同酬。

2. 高管薪酬

高管薪酬的核心是高管与普通劳动者的薪酬差距问题。从全球来看，日本、欧洲大陆和美国有明显差异。日本和欧洲大陆的差距较小，美国较大。我国与美国较为接近。高管薪酬一直都是社会学界比较关注的一个热点问题，其合理性和激励的有效性遭到了质疑，在强调收入公平和共同富裕的社会背景下，"天价薪酬"越来越受人关注。

基于公平性正义的立场，我国开始对"天价高管薪酬"进行反思。2019 年 3 月，国务院国有资产监督管理委员会发布《中央企业负责人经营业绩考核办法》,监管央企高管薪酬。同时,有研究者指出,高管的"天价薪酬"中一大部分来自奖金与"股权激励",并不属于常规的工资范畴。现有的限薪措施尚未杜绝企业高管自定薪酬现象,存在绩效考核失灵、信息披露不善、薪酬管理制度不健全、分配不合理等诸多弊端,严重阻碍人民群众对公正的感受。

普通民众对于高管薪酬的增长总体呈反对态度,相关规章制度亦以对高管薪酬的规范和约束为主。那么,如何制定企业高管的薪酬?

第一个原则是按绩效给付,这里有一个误区是认为,激励肯定是和"业绩"挂钩的。但有些行业的绩效指标(所谓的业绩),并不能反映高管的经营能力,而是含有大部分运气的成分。所以如何合理地区别高管的"绩效"和"运气"是非常重要的。如果企业高管的薪酬不能和企业的绩效挂钩,则不利于提高企业竞争力。另外,如果不管企业绩效如何,高管薪酬都维持不变,这对普通员工不公平。

第二个原则是管理层和股东利益一致化。管理层的利益和股东的利益怎么平衡?特别是在企业初创时期,准备上市之前,如果尝试合伙人制,这绝对会影响到股东的进入、退出机制。我们不可能在高的获利分红之下同时享有极高的退出估值。因为不可能只有单方面得到好处,必须平衡双方的利益。

第三个原则是吸引和保留人才。在企业,能够离开的、先走的往往都是那些较有能力、机会较多的员工。我们常常看到的结果是不该走的先走、该走的却赶不走。在设计薪酬时,要考虑内部公平性和外部竞争性,保留企业想要的人才。

第四个原则是做好风控。激励机制会影响风控,高激励加诸管理层的风险必定是放大的。在信息不对称之下,过高的激励有可能诱导产生过高的道德风险。

第五个原则是考虑与普通员工的薪酬差距。高管与普通员工的薪酬差距过大,会导致普通员工的抵触情绪,削弱企业内部的凝聚力,降低员工对企业的归属感,从而给企业的绩效带来不利影响。

6.2.3　考核晋升中的伦理

绩效考核是指评定者运用科学的方法、标准和程序,对行为主体与评定任务有关的绩效信息进行观察、收集、组织、储存、提取、整合,并尽可能作出准确评价的过程,这一直被视为企业人力资源管理"选才""育才""留才"的有效方法。公平合理的考核制度可以使企业及时、客观地了解员工的工作状态,激励员工保持高效的工作水平,同时考核结果可以作为企业选拔人才的有效依据。但考核制度的实施需要谨慎、公平,否则会引起企业内部的恶性竞争与员工的不满意心理,降低员工的组织认同感与归属感。

1. 绩效考核中的伦理

(1) 考核方式需要与时俱进。随着知识经济的不断发展,员工主体地位不断上升,人力资源管理需要更加重视员工自尊、自信、平等的心理需求。传统的绩效考核方法过于看重直线上级、人力资源部门对员工的绩效判断,绩效指标单调且有失公正,没有关注到员工为企业作出的贡献和组织公民行为,容易使员工产生挫败感并降低其工作积极性。绩效考核应允许员工接受上级、下级、同事的全方位考评以及进行自我评定,并做到公正、公开,增强员工的参与感。

(2)奖惩方式不得极端。企业的奖惩体系与绩效考核紧密相关,常用的做法是按照绩效考核结果进行奖励或惩罚。①分析绩效考核结果时,要注意绝对指标与相对指标相结合。不可仅仅依照绩效考核排名,奖励第一名,惩罚最后一名,因为即便是最后一名的员工,他的业绩也许已经是很不错的水平;相反,排名第一的员工的业绩也有可能达不到合格标准。而单纯使用绝对指标作为衡量标准,易使员工只向标准看齐,失去进步的动力。②选择合理的惩罚手段。进行"惩罚"和负强化激励时需要谨慎,不可采用侮辱、谩骂、体力惩罚等方式。人力资源是企业运行的基础,不可侵犯员工的自尊与人权。

(3)警惕"末位淘汰制"。绩效考核的结果往往会成为企业进行末位淘汰的理由,但"末位淘汰制"一直饱受非议。即便企业将"末位淘汰制"写进劳动合同与企业规章制度,但仅凭借绩效排名辞退劳动者的做法也违反了《劳动合同法》的规定。《劳动合同法》第四十条规定:劳动者不能胜任工作,经过培训或者调整工作岗位,仍不能胜任工作的,用人单位在提前三十日以书面形式通知劳动者本人或者额外支付劳动者一个月工资后,可以解除劳动合同。从法律上来说,绩效排名只能证明员工在团队中工作的相对水平,排名末位不代表员工无法胜任工作,即便所有员工都具备充足的职业胜任力,但有排名就会有末位,这不是辞退员工的有效证据。而且对于无法胜任工作的劳动者,企业也不可以直接辞退,需要对其进行培训或调岗;培训或调岗后仍不能胜任工作的员工才可以被合法辞退。此外,对于企业管理者来说,"末位淘汰制"虽然有效激励了员工努力工作,但也会带来许多负面影响。中国传统文化强调"君子周而不比,小人比而不周",绩效排名容易导致员工只以排名为标准,产生"只要不是最后一名就好"的想法,降低对自己的工作要求,忽视能力提升,还会造成恶意竞争,破坏组织的工作氛围。

2. 职位晋升中的伦理

企业的职业发展路径是影响员工择业的重要因素。拥有广阔的发展前景、公平合理的晋升机制、重视人才和能力的企业更加利于保留人才。中国传统的人才选拔中一直将"选贤举能"作为原则,"贤""能"并重。在人才选拔的过程中,企业要根据绩效考核结果评估候选人当前的能力,通过公开竞聘、面试等科学合理的方法加以考察。此外,着重了解候选人在工作过程中的表现,评估候选人的性格、品德,避免出现"德不配位"的现象。从企业伦理的角度考虑,员工的价值观与企业价值观的契合度至关重要。若该员工的行为规范、价值理念与企业高度一致,那么该员工在晋升后会对其他员工起到模范和表率的作用,有利于企业文化的整体建设。相反,当不认同企业价值观的员工晋升到更高的职位后,有可能带领团队偏离组织期望的运行方向,妨碍组织发展。

企业在进行人才选拔和晋升时,还会出现以下问题。

(1)任人唯"亲",在组织内部发展裙带关系。一些管理者将晋升机会向自己亲近的人倾斜,打破了岗位晋升考核的公平性。这种现象易打击员工的工作积极性,员工会产生嫉妒、不满的心理,导致人才流失。

(2)岗位晋升中的"天花板"。"天花板"现象是指在员工成长过程中,大多数人达到一定级别后,晋升空间便会越来越小,从而在不同阶段遇到自身职业生涯的"天花板"的状况。有些企业默认将年龄作为一个"天花板"条件,当员工达到45岁后,便很难得到晋升。此外,性别也是职场晋升中的默认阻碍条件。许多数据都表明,女性比男性更难得到晋升,且职业"天花板"也会比男性更早到来。这不利于员工个人的职业生涯发展,会使员工产生"跳槽"的念头。

(3) 为晋升不择手段,产生非伦理亲组织行为。非伦理亲组织行为是指员工出于对他所在的组织有利的目的而做出的不道德的行为。个别员工为了实现职位晋升,会采用非正当手段做出一些看似对组织有利的成果,如虚假宣传、做假账等,让自己的成果看似与职位匹配。但这种行为在根本上损害了企业社会形象,不利于企业长期发展。

6.2.4 惩罚解雇中的伦理

企业作为用人单位主体,具有用工自主权,可以进行员工的岗位调动与辞退,但需要受到法律和企业伦理的约束。《劳动合同法》中对企业可以直接开除员工的情形作出了明确的规定,主要分为六种情形:①员工被证明在试用期内不符合录用条件的;②严重违反用人单位的规章制度的;③严重失职,营私舞弊,给用人单位造成重大损害的;④劳动者同时与其他用人单位建立劳动关系,对完成本单位的工作任务造成严重影响,或者经用人单位提出,拒不改正的;⑤以欺诈、胁迫的手段或者乘人之危,使用人单位在违背真实意思的情况下订立或者变更劳动合同致使劳动合同无效的;⑥被依法追究刑事责任的。由于以上情形属于劳动者的单方面错误,劳动者需要为自己的错误行为买单。因此,企业无须提前通知劳动者并且不用支付一个月工资的代通知金,也不用支付经济补偿金。只要企业能够提供合法、真实的证据,就可合法解雇员工。在惩罚性解雇中,证明"过错"十分重要。中国传统文化中朴素的正义观认为,人应该"正直、坦荡、忠诚",我们痛恨"小人",同情受害者,这在企业伦理中同样适用。企业需要规范行为,杜绝"小人行为",用正当规范的形式行使用人自主权。

劳动合同是一种特殊的合同,与一般双方合意达成的民事合同有很大不同之处,劳动关系是人身属性与经济属性的统一,解雇需要慎重。在合法辞退劳动者之前,需要遵守一定的程序。首先,企业要收集劳动者可以被辞退的证据,证据要具备合法性、关联性、客观性。然后,企业需要将对劳动者的辞退理由以书面形式告知工会,工会应当对辞退劳动者的决定进行审核,如若觉得劳动者不应该被辞退,则需要对企业进行纠正,重新讨论该事项。最后,企业需要将辞退理由与相关事项告知员工本人,可以书面通知,也可以口头通知,但一定要保留劳动者接收辞退通知的证据。

1. 不合规的惩罚性解雇

为了维护企业利益,法律规定了企业的用工自主权。但一些企业为了惩罚员工或降低用人成本,以合法的名义对员工进行违规解聘。企业达到了自己的目的,但也失去了在员工心中的威信与德行,得不偿失。

(1) 私自变更工作地点。一些企业为了节约成本,将公司搬迁到低价便宜的城市郊区。这增加了许多员工的通勤距离,但公司表示"薪酬不变",不会给予交通补贴。由于通勤时间增加,许多员工出现迟到的现象,公司趁机以"多次迟到"为由解雇部分老员工,实现了降低成本的目的。

(2) 夸大员工"违反规章制度"的程度。《中华人民共和国劳动法》中规定"严重违反规章制度"可以被解雇,但对"严重违反"的程度无明确界定。一些企业将"迟到一次""工作时间上网两次""业绩两次不达标"等作为严重违反规章制度的标准,一旦出现上述情况就会辞退员工,过于严苛的规章制度给予了员工太多压力。

2. 解雇中的竞业禁止问题

常凯(2011)认为,竞业禁止是对员工离职后的择业自由权进行一定程度的限制以达到保护用人单位商业秘密的一项措施。

签订竞业协议的员工离职以后不得自营或为他人经营与原单位同类的业务,或者生产与原单位同类的产品。竞业限制是权利与义务的统一,在员工履行竞业限制义务的同时,公司也需要向员工支付竞业限制补偿金。许多员工受制于竞业限制协议,离职后无法找到合适的工作,因此也难以从现公司离开。

竞业禁止是对企业商业秘密的保护,但不可滥用。一般来说,只有触及公司核心秘密的员工才有必要签署竞业协议。但一些企业为防止员工"跳槽",强制要求所有员工签订竞业协议,导致员工"跳槽"后需要支付巨额违约金。这种做法变相损害了劳动者的自主择业权,也是对竞业限制条款的误用,既违背了法律的初衷,也污化了企业自身形象。

惩罚性解雇是维持企业正常运营必不可少的手段,无可厚非。但没有原则和底线地解雇劳动者,会在企业中形成一种"人人自危"的氛围。建立良好的企业文化和组织学习氛围才是治本之道。

6.3 人力资源管理伦理面临的新挑战

互联网时代的平台化管理方式与人工智能的应用改变了传统的人力资源管理模式。新形态下的工作内容更加弹性化,工作逐渐入侵员工的家庭生活,干扰了员工的休息权与隐私权。企业管理方式更加依赖尚不完善的人工智能与数字化系统,使员工被困在算法中,降低了工作中的灵活性、自尊感与积极性,不利于员工个人发展。在技术进步的同时,企业的管理方式需要跟上时代的脚步,建立新的伦理秩序来维护劳资关系稳定发展。

6.3.1 企业对员工个人生活的干扰

经济的快速发展和高强度的工作模糊了人们工作与生活的边界,也使人们逐渐忽视了人际边界。人非工具,员工有安全、社交、尊重和自我实现的需求,而逐利动机下的企业鲜少关注这些问题。

1. 对员工家庭生活的干扰

(1) 损害工作—家庭平衡感知。工作—家庭平衡指工作和家庭关系良好,工作和家庭之间角色冲突最小,并能在两个角色间获得积极体验(Marks & MacDermid,1996)。

然而,如今有些企业不能让员工实现工作—家庭平衡。加班文化、996工作制等成为企业的新标签,使人们疲惫不堪。在高强度的工作任务下,人们加班时间延长,用于增进家庭和睦、与家人沟通的时间减少;在工作中遭受的不满与压力使员工难以保持良好的心理状态,容易将家庭作为休息的场所和发泄的途径,人们没有精力经营自己的家庭生活。许多公司不倡导加班,却为员工设置了过高的绩效指标,员工回家后不得不加班。更有甚者,提倡"以厂为家"的企业文化,要求员工签订"卖身契"式合同,要求终身为企业服务并用房产作为抵押;把996工作制美化为员工的"福报",认为"员工应该感恩自己有机会为企业工作"。无论是从法律还是企业伦理角度看,这都是不被允许的。不少企业推出了"家庭日""家庭友好项目"等政策来支持员工的工作—家庭平衡,收到了不错的效果。

(2)新型劳动关系中的"剥削"。共享经济的发展也为劳资关系带来了新挑战,如外卖员实质上是平台的员工,但却没有享受到作为"劳动者"的全部权益。许多外卖员面对不错的薪资报酬,已对平台的"剥削"形成了默许同意。他们全年无休,没有法定节假日、周末、加班费、社会保险,还需要面对计单工资制与严苛的绩效考核。平台工作没有规定的工作时间与上下班时间,且工作时间与职场上班族不一致,下班高峰是外卖员工作最紧张的时刻,使他们难以兼顾家庭与工作。

2. 对员工隐私的侵扰

虽然员工在企业中需要接受领导和上级的监督,但员工的隐私权需要被重视。一些企业通过手机钉钉定位、电子监控等方式随时随地监控员工动向,主要有以下形式。

(1)电子邮件。企业公用的电子邮件系统一般都可以被管理层控制和查看。发往公司内部或其他公司、由外部接收的邮件都在企业的监控范围。语音邮件系统也是同样,在大多数情况下,它并不确保信件的隐秘性。

(2)计算机监控。①企业应用网络管理程序监视并储存雇员计算机终端屏幕或硬盘上的信息;②通过程序和软件调阅用户子目录中的文档,对电脑显示屏进行截屏;③通过隐秘程序过滤电子邮件,阻止与工作无关的即时信息进入员工的办公电脑,雇员试图访问的所有网站,都可以被拦截并记录在案。

(3)电话监控。企业会对员工工作电话的通话内容进行查阅,可以检查通话的时间、目的地、通话时间等,甚至对通话内容进行录音。

(4)滥用员工个人信息。个别企业会把员工的信息作为一种商品去交换、出售或者在市场上公开,没有经过员工本人同意和授权便把个人信息公开给第三方。对于被记录在员工档案和劳动合同中的个人信息,员工无法知道这些信息是否被妥善保存,也无法查证是否被企业出售。

3. 骚扰问题

工作中的骚扰问题主要涉及性骚扰和精神骚扰两种类型。

(1)性骚扰。这种行为指"被迫的和不受欢迎的与性有关的行为"。工作场所中的性骚扰主要包括交易性骚扰和制造敌意工作环境的性骚扰。交易性骚扰较常见,一些企业的高层管理者以给予或保持某种工作中的好处为要挟,向员工提出性要求。制造敌意工作环境的性骚扰指不受欢迎的性攻击、性要求,或其他带有性色彩的语言或身体行为。这种行为会形成不利于工作甚至是有害的工作环境。

(2) 精神骚扰。这种行为主要表现为横加干涉私人生活,如指责他人说话习惯、口音和穿衣打扮风格,或者过度关心别人业余生活等。个别员工会将自己的观点、信仰等强行施加给别人,这些都会影响员工的工作情绪、交往态度与精神状态。精神骚扰难以界定且很难被发现,需要企业多加重视,保护员工身心健康和安全。

6.3.2 人工智能在人力资源管理中的应用

1. 人工智能在人力资源管理中的应用现状

人工智能是指依托计算机运用数学算法模仿人类的分析、推理和思维能力。经过仔细推演,人工智能可以代替人类进行一些简单机械的、具备基本逻辑的工作,如档案整理、商品推荐、通信连接等。这无疑是科技的巨大进步,将人们从简单重复的工作中解放出来。

同样,人工智能也越来越广泛地使用在人力资源管理中。以出租车行业为例,以往出租车司机直接与出租车公司签约建立合同关系,人身依附性较强;而如今出租车司机依托互联网与人工智能,徘徊于各大打车平台,依靠智能手机和 App 在线接单,人身依附性较弱。此外,20 年前的出租车司机没有导航,路线图全存在脑海中;现如今的地图导航功能完善,司机无须记住复杂的路线便可在城市的各个角落中穿梭,降低了用人单位对司机线路了解程度的依赖。

这种模式下,许多企业运用机器算法进行绩效考核、薪酬发放、员工入离职事务办理。①员工招聘不再需要 HR 进行严格的面试、筛选,大量的人员自主涌入平台注册为快车司机,平台只需要编写程序、进行人员资格审核;②绩效管理由企业主导转变为客户主导,租车司机的绩效考核主要来源于客户评价,难以对司机的工作过程进行绩效监控,无法对兼职员工进行绩效目标的设定;③开放的平台使人员流动性加大,培训、职业生涯管理更是难上加难;④出租车司机的薪酬结构简单,报酬以跑单量计算,人工智能算法会进行自动结算;⑤过于灵活的雇佣关系与电子合同的普及免除了解除劳动关系的繁杂步骤……算法已经代替人执行人力资源管理程序。在这种现象的背后,其实是我们对"知识主权"与"管理主权"的部分放弃。

《道德经》强调"有无相生,难易相成"的哲学思想,在看到人工智能优点的同时,也要注意机器学习只能理解计算机设置的机械命令,无法拥有价值判断、感情判断与复杂的人类社会逻辑。在一个主要依靠人工智能维持社会运作的情境下,道德规范运行机制是失灵的。首先,传统的年龄、相貌、性别、长幼等属性在算法系统中模糊不清,带来许多麻烦;其次,道德规范的实施力量出现分化甚至消亡。人机交流的情形下,人们在现实生活中互不熟识,很容易冲破道德底线,发生逾矩行为。

2. 人工智能在人力资源管理中应用时存在的伦理问题

在人力资源管理中运用人工智能具体会面临以下几个伦理问题。

(1) 歧视。嵌入招聘系统中的算法引起的就业歧视更隐蔽。有形的年龄、地域、学历歧视容易精准打击,而无形的歧视却难以防范。算法中隐藏的"歧视特洛伊木马"在人工智能"客观、公正、科学"的高科技包装下更容易大行其道,在算法"黑箱"的遮掩下更隐蔽。平台经济正在覆盖越来越多的行业,挤占本行业中的传统工作岗位。

算法造成的性别歧视实质上是现实世界长期存在的性别歧视观念在虚拟世界中的延伸。大数据是社会的产物,人类不自觉的性别歧视会影响 AI 算法,无意中强化了就业招聘中的性别歧视。

算法使种族歧视更加猖狂。人脸识别技术的发展与广泛应用,再次将种族歧视问题摆上了台面。

(2) 隐私。将人工智能算法运用于绩效监控与考核,忽视了员工作为人的本质属性与内心需求。一些企业在办公区域设置智能监控机器人,记录员工每天使用手机、离开工位、去洗手间的次数和时长。机器人收集到的数据直接被汇总到管理者处,作为绩效考核的依据。从法律的角度考虑,这种做法侵犯了员工的基本人权;从伦理的角度考虑,员工不是机器,有权自主安排自己的行动、满足基本生理需求。"AI 机器监控人类"是一个引起许多争议的话题,在本质上侵犯了人的主体地位。

(3) 算法导致的工作过载。企业利用数据分配工作任务,最大限度地"用人",给组织带来经济效益增长的同时带给员工的却可能是"工作量过载"。

(4) 员工自主权的丧失。诚然,数字化技术为员工管理带来诸多便利,实实在在地提升了管理效率。但在技术运用的过程中,管理者是否过度依赖数字?算法说招多少人、数字说给多少工资,甚至在培训学习过程中,人工智能也能检测出员工的不足方面进而为其提供相应的课程。长此以往,人们习惯依靠数字技术,会不会忘记数字背后的原因与本质?当数字出错的时候,人是否还能察觉出来?管理过程中我们究竟丧失了多少自主权与本该由人进行的思考过程?这些问题都值得我们深思。

人工智能的发展使企业更加无边界化、岗位更加细分化,"组织""团队"的概念变得模糊。人们在工作中成为孤立的个体,许多工作不再需要人们合作完成,因而无法在工作中寻求到归属感与安全感,难以贯彻企业文化与战略。缩小的岗位职责范围无法提升人们的技能深度与技能广度,对人们的职业生涯发展也是新的挑战……

3. 积极应对人工智能可能带来的人力资源管理伦理问题

信息技术与社交媒体高度发达的当今,如何在享受数字化便捷的同时预防可能随之而来的伦理问题,成为企业生存的关键。

数字化技术所带来的伦理问题并非不可避免,企业应积极承担社会责任,在运用数字技术之前建立相应的伦理原则,并将其贯彻落实于技术运用过程中,持续进行监督与控制,预防数字技术的潜在危害。针对员工管理,企业需坚持以下原则。

(1) 人本。在运用数字化技术的过程中,企业应坚持以人为本,注重激发员工的积极主动性,让员工在工作中充分发挥自己的潜能。切记不能完全依靠数字技术,可以利用技术进行分析,但最终的决策还是要由人来做。

(2) 数据主体自由。员工是数据的所有者,有权决定个人数据的使用范围及用途。企业在使用、处理员工数据信息前,应征得员工本人同意。对于员工不同意提供的信息,企业不能强制其提供。

(3) 公开透明与保密。企业在对员工进行信息收集、电子监控的过程中，应通过员工手册、公告等方式告知员工，严格控制监控范围，明确数据的所有者和用途，并建立相应的保密规章制度。

"谨慎使用，牢记威胁。"数字本身是中立、不带情感的，关键在于企业用来干什么和怎么用。一方面，企业应该明确使用数字化技术的目的，利用技术赋能员工、弥补人的不足，而不能用技术完全替代人；另一方面，企业也应把握好使用数字化技术的度，利用技术的同时警惕员工自主权的丧失。

困在算法系统里的外卖骑手

作为外卖行业的巨头，某外卖平台公司的餐饮消费规模不断扩大，通过利用大规模的数据统计和精准的算法匹配，赋能了千千万万商家、用户和骑手。平台将以往的抢单模式升级为系统派单的高效率系统，实现了行业的巨大变革。

但再强大的外卖平台也需要依靠人力资源的支持，骑手是外卖业务中至关重要的一环，公司有义务为骑手提供相应的薪酬、福利与社会保障。然而，现实并不尽如人意，算法在提高工作效率的同时，也为骑手带去了不少麻烦。

(1) 缩短的送餐时间：受制于平台的时间限制，一位骑手送餐常常被要求在20分钟内完成一公里的配送，在20分钟内完成等餐、取餐到送餐全过程相当紧迫，骑手需要极速前进。超速、穿红灯、逆行等违反交通法规的举动是一种"逆算法"，直接后果便是外卖员交通事故的重复上演。

(2) 不合理的路线规划：智能算法提供的路线缺少灵活性，经常会使骑手绕路、迷路，且忽视了修路、过天桥等实地情况。

(3) 天气影响带来的难题：下雨天的外卖订单暴增，会增加骑手雨中送餐的危险。台风天气中，曾有骑手触电身亡。事发后，有网友称在台风暴雨等极端天气下，外卖平台应该对顾客的点单需求和骑手的安全风险进行评估和权衡。

(4) 缺乏安全耐用的交通工具：外卖平台常常只为少数配送员提供电动车，大部分骑手都是自购或租赁自动车使用；智能安全头盔等设备也没有覆盖每一个骑手。一位骑手表示，其咬牙花了几千块钱经由站点购入的电动车的电池没跑几天就坏了。

(5) 待完善的骑手保险：外卖骑手的意外伤害险并未得到外卖平台的全覆盖，社会保险的购买比例并不高。有许多骑手遭遇交通事故后难以得到合理赔偿。

"系统的问题，仍需要系统背后的人解决"。人工智能与大数据缺少对实践的理解与对人类基本伦理的感知，需要平台依据现实情况调整。在平台经济的时代洪流下，受困于人工智能、算法系统的人会越来越多，的士司机、外卖骑手、家政员工的合规管理与权益保障应该被更加重视。需要强调的是，骑手并不是平台实现利润的工具。平台在创造"有伦理的算法"方面还有很长的路要走……

资料来源：根据中国管理案例共享中心案例库同名案例改编而成。

问题：
1. 算法伦理是何种伦理？
2. 算法的伦理困境本质与破解原则是什么？

本章小结

　　权力主要指用人单位的用工自主权。冲突主要是指用人单位的权力和员工个人权利之间的矛盾。劳动者和用人单位的地位不平等，造成用人单位权力滥用的现象屡见不鲜，如招聘时歧视员工、恶意解聘员工、强迫员工加班等。

　　正式制度是指企业的规章制度。除了正式制度，企业还需要非正式制度来约束员工，即伦理道德。企业需要制度来约束员工，但制度不仅仅是约束，也需要引导，"人性本善"，员工内心都有向善之心，因此，制度更能引导员工向善，使得更多人不犯错误，更不触犯法律。

　　人力资源管理中的伦理主要涉及招聘选拔、薪酬设计、考核晋升和惩罚解雇中的伦理。①招聘选拔中的伦理主要包括两个方面的议题：一是信息告知。处理好信息告知议题，十分重要，也十分必要。二是就业歧视。依据功利主义原则分析，就业歧视行为往往比不进行歧视利益要小或弊端要大。②薪酬设计中的伦理焦点是公平与效率的冲突问题。薪酬设计的伦理主要包括两个方面，一个是同级劳动者之间的同工同酬问题，另一个是非同级劳动者之间的高管薪酬问题。③公平合理的考核制度非常重要，考核制度的实施需要谨慎、公平，否则会引起企业内部的恶性竞争与员工的不满意心理，降低员工的组织认同感与归属感。企业在进行人才选拔和晋升时，会出现岗位晋升中的"天花板"等问题。④企业作为用人单位主体，具有用工自主权，可以进行员工的岗位调动与辞退，但需要受到法律和企业伦理的约束。

　　互联网时代下的平台化管理方式与人工智能的应用改变了传统的人力资源管理模式。新形态下的工作内容更加弹性化，工作逐渐入侵员工的家庭生活，干扰了员工的休息权与隐私权；企业管理方式更加依赖尚不完善的人工智能与数字化系统，使员工被困在算法中，降低了工作中的灵活性、自尊感与积极性，不利于员工个人发展。在技术进步的同时，企业的管理方式需要跟上时代的脚步，建立新的伦理秩序来维护劳资关系稳定发展。

核心概念

　　企业制度（corporate system）
　　企业正式制度（corporate formal system）
　　企业非正式制度（corporate informal system）
　　企业权力（corporate power）
　　就业歧视（employment discrimination）
　　同工同酬（equal pay for equal work）
　　非伦理亲组织行为（unethical pro-organizational behavior）
　　人工智能（artificial intelligence）

思考题

1. 企业权力要受到哪些制度的约束？
2. 常见的企业人力资源管理伦理问题是什么？
3. 常见的就业歧视包括哪些类型？为什么说就业歧视是不道德的？
4. 高管薪酬中的伦理通常表现为什么形式？在倡导共同富裕的背景下讨论高管薪酬伦理问题有什么意义？
5. 如何制定合理的高管薪酬？
6. 数字化时代的人力资源管理伦理面临哪些新的挑战？
7. 人工智能给企业管理伦理带来了哪些困境？应该如何破解？

即测即练

第 7 章

企业财务金融伦理

学习目标

1. 了解企业财务金融目标分析模式；
2. 理解企业财务金融伦理内涵；
3. 了解企业资本运作中的伦理问题；
4. 了解企业会计活动中的伦理问题；
5. 理解会计师职业道德准则要求。

引言

"财务"和"会计"是企业的重要职能，统称为企业的财务金融活动。一方面，在公司生产经营活动中，由于经营者、管理者、内部员工、债权人、股东等企业利益相关者的参与，企业不可避免地产生广泛的伦理问题。另一方面，出于财务金融活动与"金钱"紧密关联的特殊性，企业极易滋生粉饰财务报表、非法占有股东资金、损害债权人利益等伦理问题。基于财务金融伦理的广泛性和风险性，企业建立财务金融伦理势在必行。本章分别讨论了企业在筹资、投资、分配以及财务会计、管理会计、内部审计六方面存在的伦理议题，并结合社会热点，为企业可持续发展给出建议。

瑞幸咖啡的"自爆"

2020年1月31日，著名做空机构浑水声称瑞幸咖啡门店销售情况存在重大财务造假。4月2日，瑞幸咖啡承认公司自2019年第二季度到第四季度期间，虚增22亿元营业收入，以及相应的成本和费用。瑞幸咖啡"自爆"的消息一经发布，股价暴跌85%，并遭到了由投资者提起的集体诉讼。

2020年7月31日，中国证监会的调查结果显示，瑞幸咖啡大规模虚构交易成本与费用，虚假宣传等经营活动，已经违反了我国会计法、反不正当竞争法相关规定。国家市场监督管理总局对瑞幸咖啡、相关公司及其相关责任人予以行政处罚。

资料来源：新浪财经，新浪网。

7.1 财务金融与财务金融伦理

7.1.1 财务金融活动与模式

企业金融,也称为企业金融财务管理。它是根据财经法规制度和财务管理的原则,组织企业财务活动、处理财务关系的一项经济管理工作。它包含多项职能,"财务"(finance)和"会计"(accounting)就是其中的两项主要职能。当企业开展经营活动的时候,需要进行资金的筹集和项目的投资,并将获取的收益分配给股东、员工等群体。与此同时,企业还要对资金的运动进行确认、计量、记录和报告,并采用一定的方式进行合理、合法的考核和评价,从而能完整和系统地反映上述经济活动的真实状况,以提高资金的营运效益。在这个过程中,资本的融通(筹资)、资产的购置(投资)和利润的分配属于"财务"的职能,对经济活动进行核算和监督属于"会计"的职能。

对企业的财务金融目标进行分析时,一般采取股东利益至上模式、利益相关者分析模式和ESG模式。

(1) 股东利益至上模式。这种最传统的分析模式认为,企业之所以存在,是为了服务于股东,保证股东向企业投入的资金能实现增值,从而实现股东财富最大化的最终目标。根据股东利益至上定量分析的逻辑,股东的利益在企业各方利益中是至高无上的,优先于其他所有的利益。随着资本市场的不断完善,投资方式也趋于多样化,投资者持有某家公司股权的方式不再限于购买一级市场和二级市场的股票,证券投资基金、投资计划等投资方式为投资者带来多元投资选择。这样,股东就可委托具有专业知识经验的管理人管理资金,不再直接管理手中持有的股票。此时,股东可能并不了解自己持有的股票的产权,只要求能在特定时间内获得一定的投资收益,不再关心企业的可持续发展。当公司经营不佳、股价低迷时,他们便出售股票,避免自有资金受损。

(2) 利益相关者分析模式。这种模式采用定性分析,不仅包括对企业财务状况的分析,也包括对道德、法律等影响相关行为人的因素分析。在此模式的分析框架下,作为社会的成员,企业不仅仅是经济主体,更要承担社会责任。企业经营活动的目标不应局限于追求经济效益,更要关注企业的股东、债权人、员工、客户、供应商、政府部门等组织和个人等利益相关群体的利益,理顺企业与这些群体之间的关系,从而实现共赢。

(3) ESG模式。随着人类文明的进步,社会经济发展不再单纯追求速度,而是更多地关注发展质量,处理好人类与自然之间的关系,ESG模式越来越受到企业的重视,因为它综合体现了企业与社会以及环境之间应和谐发展的思想。ESG是指环境(environmental)、社会(social)和治理(governance),要求从这三个方面评估企业经营的可持续性和对社会价值观的影响,从而也必然影响到与企业经营相关的金融财务活动。

7.1.2 建立财务金融伦理的原因

人类社会由各种社会关系组成,因而不可避免地会产生伦理问题,企业的财务金融活动亦是如此。在企业的生产经营活动中,财务金融活动的特殊性及所处环境背景的不断变化,促使企业建立财务金融伦理。

（1）由于企业（尤其是金融机构）的资金中大部分是非自有资金，即在用"他人的钱"进行经营活动，企业更容易滋生欺骗、违反信用和不公平交易等问题。乐视网从一家大型在线视频流媒体网站逐渐地陷入债务危机就是用"他人的钱"冒险的例子。据公开报道，2012年，乐视网开始进行多元化扩张，以视频网站为起点，将业务延伸至影视制作、手机、汽车甚至农业等行业。乐视网将"他人的钱"用于盲目扩张，扩张的失败导致企业财务状况逐渐恶化，并出现财务舞弊现象，最终欠下122亿元的债。保险机构同样是在用"他人的钱"进行经营活动。保险机构向有需求的人员（投保人）售卖保险，将获得的资金投入其他领域并获得利益，但有些保险公司为了不承担给付保险金的责任，采取一些手段故意不理赔，如设置不平等的保险条款、推销不真实的保险单等。这些保险公司缺乏道德意识，为满足私欲而违背了与公众之间的契约，用"他人的钱"冒险，最后对利益相关方造成严重危害。

（2）金融市场风险的渗透和金融科技工具的运用使财务金融伦理的重要性更加突出。一方面，金融市场处于变动之中，因而金融资产的市场价值及投资者所期望的预期回报均具有很大的不确定性。金融市场的风险具有扩散性，各项金融活动之间并不是相互独立的，而是有着直接或间接的关联，同时金融市场风险的突发性使得投资者无法预料是否会面临损失及会遭受多大的损失。另一方面，金融科技带来了金融领域产品和服务等方面的创新，但同时也给金融市场带来了巨大的挑战。金融科技工具的运用在客户适用性、反洗钱等方面引发一系列问题，使金融监管更加困难。在这样的背景下，金融活动若脱离道德伦理的支撑，则会破坏金融市场的稳定运行和发展。

（3）财务金融领域的信息不对称程度比较严重，因此造成了逆向选择和道德风险等问题。一方面，经营业绩不良的企业为获得经营所需的资金，通过财务造假欺骗或贿赂证券市场的监管机构获得上市，证券市场上便出现了许多资质差的上市公司，这就是逆向选择。2020年4月，在美国上市的某咖啡公司财务虚增22亿元营业收入一事在资本市场引起轩然大波。这种造假行为不仅受到中国证监会的强烈谴责，也给中概股的声誉带来负面影响。另一方面，投资者将资金投向企业，公众将储蓄存入银行，他们都期望企业和银行能谨慎投资，以保证他们的资金不遭受损失。但是，企业和银行为了获得更多收益，偏好风险而选择高风险的投资项目，便出现道德风险。

（4）企业的可持续发展与社会和自然等方面的联系日益紧密。传统的"瞻前不顾后"的商业模式已经给社会和生态环境造成了严重的影响，环境和资源问题受到人们的重视，进而企业经营活动产生的社会效益和环境效益开始影响投资者决策，因此ESG投资理念逐渐成为人们关注的投资策略。ESG在西方起步较早，把企业环境、社会、治理绩效作为重要的投资理念和企业评价标准，并已成为西方投资市场的主流投资策略之一。目前，ESG在我国也开始流行。随着"人类命运共同体"的概念被提出，企业也需要从解决社会问题的角度去思考自身定位，在复杂多变的社会趋势下制定更长远的企业战略。

由于上述多方面的原因，各行各业建立财务金融伦理是有必要的。各方群体，包括企业、投资者和监管机构等，都应该重视财务金融伦理，推动经济的健康发展。

7.1.3 财务金融伦理的定义、作用和应遵循的原则

1. 财务金融伦理的定义

财务金融伦理是指企业在财务金融活动中与所涉及的相关方之间的道德准则和行为规范,按层次可分为组织财务金融伦理和个人财务金融伦理。组织财务金融伦理是指组织之间、组织与社会之间以及组织与成员之间在处理关系时应遵循的准则和规范。个人财务伦理则是组织内部人员,尤其是管理层和员工、客户、股东等利益相关者之间厘清关系时应遵守的准则与规范。

2. 财务金融伦理的作用

(1) 补充财务金融法律法规。道德是法律制定的基础,对法律的实施具有促进作用。在调整社会关系上,道德可弥补法律的不足。财务金融法律法规是对有关人员最低的要求,而财务金融伦理则从更高层次规范财务主体的行为;法律法规的力度会影响实施效果,过于严厉和过于宽松的法律法规都难以有效约束人们的行为规范,而道德伦理以舆论、信念等方式来实现目的,使人们从内心去认同并接受它,能弥补法律法规从外部施加压力规范行为的局限性。

(2) 统一企业目标和个人目标。财务金融伦理从道德上协调财务主体之间的关系,能激发企业成员的使命感和责任感;道德伦理对人们行为的约束不是消极和强制性的,而是能调动个体的积极性,在企业内部建立和谐关系以及形成良好的企业文化。

(3) 提高企业效率。财务金融伦理指导企业财务人员及其他人员的行为,使企业内的成员对财务金融活动有相同的认识;财务人员与其他部门的人员在财务金融伦理的指导下,彼此信任,增强合作意识,使企业的运行更有效率。

3. 财务金融伦理应遵循的原则

(1) 信用。古时的经商者在儒家"义利观"的指导下,贯彻诚、信、义的原则,以儒家道德伦理约束自我。诚实信用在现代社会的重要性不仅不应该被削弱,反而更应引起重视。信用原则要求财务金融活动中的相关当事者都遵守信用,并给予失信者一定的惩罚措施。

(2) 契约。企业开展经营活动的过程中会与多方建立直接或间接的关系,这些关系的建立依靠契约维持。例如,投资者将资金投入企业,企业就承担着合理运用资金并分享收益的责任。契约与信用是两种形态的相同概念,需要法律和伦理的约束。订立契约关系的双方在享受权利的同时,必须履行自己的义务。只有这样,企业才能持续健康地发展。

(3) 公平正义。在资本市场上,相关方利益是相互影响的,一方的活动会影响到另一方,甚至涉及整个市场。各方在从事财务金融活动时,不应仅从自身利益出发,而是应该奉行公平正义的原则,顾及其他方的利益。不平等或欺诈行为都不可能使某方永久受益,只有各方共生共存,才能分享果实。

7.2 资本运作中的伦理

企业依靠企业家和投资者投入的资金运转,并实现资本的增殖。企业的资本运作对社会起着至关重要的作用:参与并推动市场经济活动,维持社会的生产和流通,促进社会经济技术的进步。因此,企业在追求经济效益的同时,不可避免地与外界产生联系,包括自然环境和人类社会;企业在推动社会进步的过程中,也与自身和外界产生了道德与伦理方面的问题。

7.2.1 筹资中的伦理

企业的筹资渠道主要有两条:向投资者筹集资金与向债权人筹集资金。投资者向企业投入资金成为企业的所有者,其所投入的资金形成了企业的资本金,即企业的权益资金;债权人对企业的净资产不享有所有权,其借给企业的资金形成了企业的负债资金。由于企业在筹资过程中主要涉及投资者和债权人的关系问题,因此与筹资有关的伦理主要可以从这两个角度进行分析。

1. 涉及投资者的伦理

企业在筹资过程中与投资者的伦理问题体现在:企业为了自身的发展,可能会非法或欺诈筹集资金,损害了投资者的利益。

企业出于扩大生产经营规模、提升企业财务实力和信誉等目的,通过合法程序在证券交易场所公开发行普通股筹集资金。发行普通股筹集到的资金是企业的资本金,在使用上具有永久性,企业可长期占有而不需要到期偿还。投资者对于投出的资金不能抽逃,只能依法进行股票转让或出售。

此外,对投资者支付的股利数额由股利政策所决定,企业一般可根据盈利情况与发展阶段等自主决定采取何种股利政策。

由于普通股筹资具有以上优点,企业在符合条件的情况下会选择此种方式筹集资金。

企业在证券交易所通过首次公开发行股票(IPO)上市可以募集到企业发展所需要的资金,使企业的财务状况得到改善。上市不仅可以获得境内投资者的资金,还能获得境外投资者的资金。企业可以根据自身条件选择在主板、创业板或科创板上市,不同板块对企业上市的要求不同。

由于企业上市会广泛吸收社会资金,涉及了多方利益,因此为维护投资者的利益,确保金融市场的秩序,《首次公开发行股票并上市管理办法》(2022年)等相关法律法规对企业上市提出了严格的规定。如"最近3个会计年度净利润均为正数且累计超过人民币3 000万元,净利润以扣除非经常性损益前后较低者为计算依据","最近3年财务会计报表被出具无保留意见审计报告"等。在严格程序以及各方监管之下,企业想要达到上市的要求是有一定难度的。

然而在利益的驱动下,一些企业违反法律法规,在不符合上市条件的情况下采取制作假账、报出虚假报表、虚增利润等手段使企业达到上市条件。由于存在信息不对称,再加上会计师事务所和律师事务所等专业性服务机构的舞弊行为,如虚假陈述,监管机构有时无法发现企业财务造假,企业便得以成功上市,投资者被"割韭菜"。企业一旦上市,就通过各种手段操纵股价,欺瞒投资者,扭曲了投资者对上市公司价值的判断,误导投资者对企业发展的信心。当上市公司股价出现问题,企业无法持续经营并被动退市时,投资者尤其是中小投资者的利益受到损害,投资者的信心不断被贪婪的企业击碎,资本市场秩序也被财务造假所破坏。

2. 涉及债权人的伦理

企业在筹资过程中与债权人的伦理问题体现在:企业在不具备股权融资能力且经营状况与信用能力较差时,通过粉饰财务报表进行长期债务融资,使债权人承担企业的违约风险和变现风险等。长期借款筹资的利息费用可抵扣所得税,因此资本成本较低。固定的利息费用也会使企业普通股每股收益的变动率大于息税前利润(EBIT)的变动率,企业就获得了财务杠杆的好处。此外,债权人对企业不享有权益,不会影响原有股东对企业的控制权。

长期债务筹资包括向贷款机构长期借款和发行债券等。长期借款筹资无须印发证券,审批程序不烦琐,企业不需要承担额外发行费用。长期借款也较灵活,企业可以根据自身的资金情况与银行协商借款的数额、利率和期限。若企业的财务状况发生变化,还可以和银行商议修改债务条款。但企业想要向贷款机构取得长期借款也需要一定的门槛,如银行会对企业的经营情况、盈利能力、财务状况和信用等进行调查与审核,有时还需要企业提供担保,以保证企业能偿还本息。有些企业在经营状况不佳、资金无法周转的情况下,为获得银行借款,制作假账和虚构交易以增加收入,粉饰财务报表,营造经营发展良好的假象,欺骗银行获得借款。当企业财务状况进一步恶化,财务风险增加并出现财务危机,亏损无法扭转而资不抵债,银行等债权人就将承受巨大损失。

另外,企业过多发放现金股利将导致企业的留存收益减少,企业用于偿还债权人本息的能力就会降低,债权人的财富通过现金股利转移至股东。债权人虽然可以通过与企业签订有关条款的方式限制现金股利的发放数量,但对企业财务决策制定的影响力很小,通常无法使企业在制定股利政策时充分保障债权人的权益。

发行债券筹资也面临与长期借款筹资相同的问题。由于债券是面向社会公众发行的,所以筹资范围更广,涉及的利益群体更多,当企业无法偿还债务时给资本市场带来的危害也就更大。

因此,无论是长期借款筹资还是发行债券筹资,一旦负债经营超过企业所能承受的风险,企业就会陷入困境,借款筹资不仅严重影响企业的经营发展,更使债权人承担了巨大风险,沉重打击了债权人。

筹资作为企业资本运作的起始环节,对企业运营起着至关重要的作用。在结合自身发展阶段和特点的前提下,选择最优资本结构、降低资本成本、减少筹资风险是企业选择筹资渠道与方式应遵循的标准,但这并不意味着企业可以为了寻求最优筹资方案而损害其他利益相关者的权益。在筹资领域,相关伦理的缺失会激发企业与股东和债券持有人等债权人之间的利益冲突,不仅使企业无法有效运用筹集到的资金运营企业,也会使企业面临退市或破产的风险,不利于企业的持续发展。

7.2.2 投资中的伦理

企业筹集到的资金主要用于投资活动和生产经营活动,扩大企业生产规模,从而使企业的资金实现增值,企业要实现利润最大化,就必须进行合理且有效的投资。因此,如何合理运用资金以实现资金的最大效用并保障各方的利益,是企业在制订投资方案时需要考虑的问题。ESG 投资理念要求企业在投资活动中融入环境、社会和治理,可以有效指导企业的投资活动。

1. 与环境有关的伦理

全球变暖、空气污染、资源短缺等已成为社会关注的热点话题,突如其来并肆虐全球的新冠肺炎疫情再次让我们重新审视人和自然的关系。

随着投资者将更多的目光从传统的财务分析延伸到企业宗旨、影响力和可持续性等各个方面,仅以利润等财务指标判断企业的成功与否已经不适应社会的发展,而对企业环境效益指标的评判的重要性日益突出。例如,能源、矿业、重化工业等传统行业的企业的生产经营活动需要消耗能源,并且排放二氧化碳和固态、液态及气态废料等污染物。在对这类企业进行投资时,必须更慎重地考虑企业的环境效益。在制造业高质量发展中,企业的绿色转型至关重要,企业要以绿色理念驱动经济增长。

虽然一些新兴产业,如互联网产业,在经营过程中对环境的影响较小,但并不意味着这些产业中的企业不需要加强对 ESG 的投入。例如网购已成为人们日常生活的一部分,网购在给人们带来便捷的同时,产生的大量快递包装却造成了严重资源浪费和环境污染。天猫不再强调"双 11"的交易额也是出于这个原因。因此,不论是传统产业还是新兴产业,企业都应关注自身的环境效益,向绿色转型,必须高度关注"双碳"目标。

2020 年 9 月 22 日,我国在第七十五届联合国大会上提出"双碳"目标,企业作为经济社会发展中的重要主体,在"双碳"目标实现中应发挥积极作用。"双碳"目标是 ESG 的重要落脚点,因此企业在投资时,要将"双碳"作为企业管理的重要指标,从减排转向降碳,企业管理者不仅要在作出投资决策过程中考虑投资项目对环境的影响,更要将绿色金融纳入战略管理,健全碳排放的会计核算机制和信息披露制度。

此外,中央银行将创设碳中和专项金融债以及碳中和债务融资工具品种,引导更多资金用于支持低碳项目建设运营,企业可以将资金投资于这些可持续发展挂钩债,助推"碳目标"的实现,为社会作出贡献,实现企业的可持续发展。

社会之所以发展,文明之所以薪火相传,并不完全是因为追求利润最大化,还有道德和伦理的作用。现代企业的血液流淌的不再是工业文明资本原始积累带来的剥削,而是一种人人为我、我为人人的精神,这也是人与自然共生的基础和根本。

2. 与社会有关的伦理

由于企业的投资活动关系到股东、员工等的利益,企业在投资活动中不应只追求经济利益而忽视社会效益。然而在实践中,企业管理者可能会滥用所有者授予他们的决策权,作出损害企业利益的决策。

企业高级管理者的薪酬与其为企业带来的绩效挂钩,高管们为企业带来的效益越高,获得的报酬也越多,并能得到晋升,提高社会地位。对于企业所有者,股价是他们判断高管们管理效益的指标之一。因此,在利益的驱使下,高管们可能会将资金投向多个领域,扩张企业规模,拓展业务范围。当管理者熟悉所涉足领域的经营特点时,多元化投资能分散项目的风险、增强企业的竞争力、扩大企业的市场份额。但如果投资过于分散,所投资的行业之间无关联性,企业对新投资的非主营业务缺乏管理经验,那么多元化投资不仅不能发挥积极作用,还造成企业资金和资源的浪费,甚至会给企业的可持续发展带来严重危害。

3. 与治理有关的伦理

管理者作出投资决策的权力与公司治理有着密切的关系。在现代企业所有权和管理权两权分离的情况下,企业所有者授予管理者一定的权力,管理者在受权后采取一定的经营手段实现经营目标。为监督管理者的经营行为,所有者又会委托他人监督管理者的行为。与此相对应,公司治理便是建立在"所有权层次"上。管理者的聘用由企业所有者决定,管理者为了稳固自己的职位,必须让股东看到自己做出的努力,管理者可能会急于展现自己的能力与贡献,从而做出短视行为,不会全面分析各种投资方案,而直接投资于能迅速产生收益的项目,忽视项目对企业未来发展的影响。此类项目能在短时间内回报投资者,见效很快并且收益也较高,能使企业在短期内获得较多利润和现金流,企业在当期面临财务风险的可能性也就减小。但短视投资行为所投资的项目,是以牺牲企业未来盈利能力和业绩为代价的,在未来可能不产生现金流而形成负的净现值。

此外,一个企业的资金和资源是有限的,当企业将资金和资源投向一个项目时,必定放弃将该部分资金和资源投向于另一个项目的机会,也就丧失了因此可能给企业带来的收益,管理者的短视行为与企业股东价值最大化的目标背道而驰。

7.2.3 分配中的伦理

企业经营和投资所获收益在企业内外部进行分配时涉及多方利益相关者:首先应向国家缴纳所得税,此时影响到与有关政府部门的资金关系,税后利润在弥补亏损、提取法定公积金和任意公积金后,应向股东支付股利。其次,企业的利润不仅与收入有关,也与成本费用有关,在企业各类成本费用中,职工工资所占比重较大,企业在发放工资时便会影响到职工的利益。最后,管理者在经营过程中对成本的预算也会影响到收益分配。

1. 税收缴纳中的伦理

税收取之于民、用之于民,纳税是企业应尽的义务。随着我国经济进入新常态,经济发展向高质量转变,一些企业的经营压力加大,发展越发困难。在这种情况下,近年来国家陆续采取措施以便减轻企业的税负以及降低企业的费用,激发市场的活力。于是,有些企业便开始钻法律和政策的空子,企图偷税、漏税和逃税,通过多列支出、少报收入等手段逃避税收,不仅损害了政府的利益,也没有直接承担企业社会责任,在道德和法律上都是不被允许的。例如,某网红主播在 2019 年至 2020 年,通过隐匿个人收入、虚构业务转换收入性质虚假申报等方式偷逃税款 6.43 亿元,税务机关对其进行追缴、加收滞纳金并处罚款 13.41 亿元。上述例子提示企业,即使采取税务筹划手段也要注意风险和道德属性,因为有些避税手段可能不被税务机关所认可,并会受到一定的经济处罚。

2. 利润分配中的伦理

投资者向企业投入资金或其他资产,以期得到回报,但我国许多上市公司股利分配存在不分配或象征性分配的现象。对于中小企业,为了使企业有充足的资金用于未来发展,企业不分红或少分红是正常现象。但对于发展较成熟的大型企业而言,为了眼前的利益,不重视投资者的利益,如果不合理或者不公平地分配股利,投资者的投资意愿就会减弱,甚至放弃投资,这会导致企业在吸收新投资时面临困境,丧失良好的投资机会,不利于企业的长远发展。

管理者的自私自利也会使企业在收益分配中产生相关伦理问题。管理者是企业的经营者,其职责是制定各项经营和财务决策,代表所有者的利益。在委托代理关系冲突下,管理者可能为追求更高的薪酬和在职消费,滥用企业资源,违背了股东利益最大化的原则。管理者的自私自利主要表现为增加预算,滥用企业资源增加经营费用为自己谋取私利,减少了企业的现金留存,发放给股东的现金股利便会减少,股东的利益由此受到损害。

3. 薪资分配中的伦理

人力资源对企业的发展起着至关重要的作用,良好的人才储备能为企业创造巨大的价值。

企业使用人力资本并获得其创造的价值,就必须付出必要的成本,给予员工应有的报酬。企业的这项支出理应被视为对人力资源的投入,在会计核算中,企业向员工支付的报酬作为企业日常经营活动的一项成本支出来计量,且该项支出在企业成本总支出中所占比重较大。因此,为增加利润、降低用工成本,企业可能会制定不合理的职工薪酬计划和绩效考核制度,甚至故意压低职工,特别是基层员工的工资。职工工资水平降低,职工利益受损,职工与企业之间的矛盾便会激化。

在互联网的发展大潮中,平台型灵活就业逐渐成为重要的就业形式。与传统的劳动关系相比,平台型灵活就业下的劳动关系具有独特之处,如平台、承包组织和劳动者之间的劳动关系模糊以及权责不清等,骑手就属于平台型灵活就业的一种方式。由于这种就业方式的新特点,骑手在劳动关系中处于弱势一方,实际工资低、社保的缴纳没有保障,他们的权益无法得到合理保障,企业与员工发生矛盾在所难免。

企业资本运行中的收益分配环节虽不能直接为企业创造价值,但在资本运行中发挥的作用不容小觑。科学合理的分配体系能激励各方的能动性,推动企业的长远发展,不公平的分配体系则会使企业各成员的利益得不到保障,致使企业内部产生纠纷、企业治理结构混乱,最终影响的是企业的整体利益。

既然企业在筹资、投资和分配领域中的伦理争议无法消除,企业就应该采取措施减少这些问题的发生。企业要重视发挥道德的教化作用。"法律是最低限度的道德,道德是最高的法律。"法律依靠国家强制力虽然可以起到强制性的规范作用,但立法是滞后的,法律无法面面俱到,而道德是法律的补充,可以从信念、品行等更深层面来引导与规范企业的行为。对于违反道德伦理的行为,社会舆论会对此进行谴责;对于重视道德的企业,社会舆论会传播其良好形象。

7.3 会计职能管理中的伦理

7.3.1 会计与伦理

会计是以货币为主要计量单位,反映和监督一个单位经济活动的一种经济管理工作。企业的会计管理活动主要分为财务会计、管理会计、审计、财务咨询等。

财务会计是从资金的运作上,对企业的经营活动进行确认、计量和报告,从而较为全面地反映企业的财务状况、经营成果和现金流量状况的经济管理工作。首先,公司财务会计工作能为决策提供有用的信息:通过核算和监管公司交易活动,增强了信息透明度,为利益相关者的决策奠定基石;其次,反映员工的绩效:通过分析企业的经济效益,可以评价员工是否履行了经济责任;最后,有效推动企业持续经营:财务会计加强了企业的日常经营管理,帮助企业提高经济收益。

管理会计是从传统的企业会计系统中分离出来,与财务会计并列的一个会计领域。管理会计和财务会计最大的不同之处在于其主要信息服务对象有所不同,管理会计主要是利用成本控制、计划管理、预算管理、预测分析等工具,为管理人员在企业经营活动中的投资决策提供参考。

审计包括国家审计、内部审计、民间审计。根据中国内部审计协会的界定,内部审计通过运用系统、规范的方法,审查和评价组织的业务活动、内部控制与风险管理的适当性和有效性,以促进组织完善治理、增加价值和实现目标。我国内部审计产生的根本原因是受托责任,本质上是一种监督工作。内部审计与外部审计相互补充,构成有特色的审计体系,为经济活动的合法、合规提供保障。

财务咨询是指企业以外的机构和人员,接受企业邀请,对相关企业所要求解决的财务问题提供管理咨询服务的业务工作。由于管理层对专业咨询需求的扩大,以及会计师事务所市场份额竞争的加剧,咨询服务被寄予高度期望。

随着资本市场体制趋于完善化,投资者、债权人、政府等各类市场交易主体对于财务信息的决策可靠、有用、及时提出了更高的要求。会计的信息质量会直接影响治理层、管理者、债权人等相关利益实体,进而影响到市场经济的运行,会计中的伦理问题也引起了各利益相关者的强烈重视。

会计伦理是指建立在会计关系上的伦理要求,处理与会计相关的利益主体的原则和准则,该原则和准则要反映会计活动各相关利益主体的要求与利益。

一方面,会计伦理有助于会计从业人员强化职业意识,规范职业行为,确保其更好地服务各个相关利益群体。从会计职业特点来看,从业人员必须承担很强的社会责任,因为他们所提供的各种会计信息必须是准确和真实的,这样才能为使用者的经济决策提供良好的基础,从而形成能够保护和协调关系人利益的经济运行秩序。

同时,由于会计处理对象的复杂性和环境的易变性,现有的会计制度和准则无法穷尽人们行为应该遵守的每个细节,只能提供可供选择的会计政策或判断标准,因此在实际操作中,具体方法的实施将取决于会计人员结合企业实际情况所做的主观职业判断,如果这种职业判断是合乎伦理的,无疑是非常有积极意义的。

另一方面,会计伦理的实施有助于企业提高管理水平。在这个过程中,通过伦理的影响来端正员工的工作态度,企业就有可能发现自身存在的财务造假等"家丑"或者财务工作流程的缺陷之处,从而采取措施加强企业的整改,完善企业的内部治理机制,避免潜在的企业经营风险,对外也有助于企业建立良好的信誉形象。

7.3.2 财务会计中的伦理

1. 财务会计信息失真的定义

基于企业受托责任观的特点,可靠性是财务会计信息质量要求的基础与核心。会计信息失真违反了可靠性这一要求,是财务会计中的重大伦理问题。会计信息失真根据会计人员的主观意图分为无意失真和故意失真,无意失真是非故意的错误,故意失真也叫作会计舞弊,是有目的、有预谋的财务造假。

无意失真的主要表现形式包括:①对现行会计制度学习不足。这种错误主要是由于财会人员专业素质不高,因而可以通过对人员培训而避免。②原始数据记录错误。一方面,企业在招聘新员工时,由于业务不熟悉,易造成数据记录与实际不符,但随着员工对公司财务不断熟悉,该类错误能够得到很大程度的降低;另一方面,在处理大量业务时,由于财会人员精力有限,无法保证业务的绝对正确性。③忽视需要记录的经济事实。财会人员没有对需要记录的经济事项加以注意,如存货的移动、固定资产的陈旧过时、现金的收发等容易忽略的经济事项。

故意失真的主要表现形式包括:①伪造,编造会计记录或凭证;②隐瞒或删除交易事项;③记录虚假交易;④蓄意使用不当的会计政策;⑤侵占资产。前四种表现形式主要是财会人员在管理者的授意下,违反职业道德,伪造会计记录,出具虚假财务报告。侵占资产多是财会人员为了自身利益,通过偷盗非法占有公司财物,包括非法占有设备、现金、存货等资产。故意失真活动源于企业薄弱的内部控制环境,通常很难被发觉,而且危害极大。

2. 会计信息失真危害

会计信息失真对行业、经济、国家税收都造成了严重后果:①影响公司生产经营决策,从而误导投资方和债务人,损害公司融资环境。②相关人员通过做假账,使企业的违法犯罪活动蒙混通过,从而助长了行贿、受贿等丑恶社会现状的形成,给社会经济的发展带来了负面影响。③伪造财务数据、隐瞒收入、虚增成本等手法,致使账面亏损或盈利,人为地调节税负。政府收入减少,社会发展水平将会降低,福利待遇等政策也会受到限制,间接影响国民生活水平。

3. 会计信息失真治理

会计的本质是经济管理活动，不仅需要将《中华人民共和国会计法》的实施落到实处，增强会计人员违法受罚的预期，加强法律法规的治理；还需要利用会计知识来进行会计工作管理，建立自律及他律机制，从而全面提高我国企业的经营管理水平。一方面，会计人员须把国家利益放在个人利益之前，自觉承担对社会、对他人的责任，将会计职业道德化为对内心的道德要求；另一方面，企业形成自觉抵制舞弊、腐败的良好环境氛围，加强内部控制事前检查和事后纠错的能力，达到自我制约。

7.3.3 管理会计中的伦理

随着资本市场金融体制完善，企业的财务转型呈现不可逆转的趋势，管理会计在发展过程中可能会面临以下伦理问题。

1. 忽视对社会责任的履行

"企业社会责任"于19世纪在美国出现，其核心思想是企业在追求经济利益的同时，需要肩负对社会的责任，包括员工、消费者、社会公众、环境、所在社区等维度，实现企业的可持续发展。但在现实生活中，管理会计往往将经济利益放在第一位，没有考虑碳排放、可持续发展、社会治理等社会效益，忽视履行社会责任所带来的长期企业价值的提升。长此以往，环境污染、资源短缺、气候变化、就业困难、贫富差距扩大等负面影响将会影响企业的生产经营成本，降低企业经济效益。

2. 轻视对"德才兼备"人才的培养

由于我国会计人才结构正处于由中低型财务人员向高级财务人员转型的关键时期，企业正在寻求一种更高效的财务模式，提升企业的综合竞争力。管理会计在这次变革中，并没有做好充分的准备：一方面，由于财务会计长期法律地位的确立，忽略了对财务会计进行相应的转型职业培训，同时管理会计引进了信息经济学、行为科学等理论，加上管理会计内涵的丰富和大数据分析技术的运用使得管理会计学习困难，这样就使企业更注重会计人员"才"的管理思维和管理能力的培养；另一方面，市场经济的高速发展所带来的拜金主义、享乐主义和个人主义等不良的价值观，以及培养体系和管理机制上的漏洞使得对人才"德"的培养关注不够，再加上管理会计师在组织中所承担职责的特殊性，"德"的缺失极有可能毁掉管理会计师的职业生涯。因此，对公众、职业、所服务的组织，甚至对他们自身，管理会计师均有义务维持最高的道德标准。

3. 导致企业信息的泄露

在大数据的时代背景下，管理会计通过对财务相关数据的收集、分类、进一步加工处理，帮助企业管理者作出具有前瞻性的决策，从而高效地执行企业规划和掌握企业的高质量信息。然而，正处在发展阶段中的管理会计行业的从业规范不够完善，伴随企业之间竞争压力的加大，管理会计可能出于自身利益泄露企业信息。对于以上问题，企业如果没有建立相应信息保护的内部控制机制，就会存在信息泄露的重大风险，导致核心战略资源流失、经济利益受损，甚至会因此倒闭。

对于上述难题的解决，可以从增强管理会计"德"的素质的培养入手：一方面，注重他律和自律相结合，法规于外在，德制于内心。除了在"他律"方面立法强调管理会计的违法后果或者增加职业道德要求条款，进一步推动现代管理会计的规范发展，以提升社会各界对管理会计的关注，助推企业健康发展，更重要的是强调"自律"机制的形成，将职业道德内化于心，形成良好的会计职业道德氛围和职业道德舆论。另一方面，创新管理会计框架体系。企业在预算管理、绩效评价时，将社会责任纳入管理会计的重要考虑因素：管理会计要充分考虑ESG，建立绿色发展理念，识别可持续发展中的商业机会，主动承担社会责任，助力"双碳"目标的实现，形成低碳、绿色、环保、可持续发展的市场经济，最终增强企业的核心竞争力。

7.3.4 内部审计中的伦理

内部审计隶属于公司内部，其所属性质的特殊性，往往导致其独立性不足，可能会对内部审计的间接服务对象、内部审计人员和企业本身产生不利影响。

对于间接服务对象，内部审计的独立具有相对性，只能做到独立于被审计项目或部门。内部审计出于公司管理目的，目标是改善组织的运营绩效，从而提高公司价值。因此，内部审计作为企业管理的职能部门，其主要的、直接的服务对象是公司内部各级管理人员和董事会。但是，与企业利益相关的间接服务对象包括股东、债权人、注册会计师等群体需要考虑审计报告的真实性、准确性、完整性，因此不能直接使用，从而使得内部审计的社会职能受到制约。

对于内部审计人员，可能会屈从来自公司管理层的外界压力，无法抵抗"金钱""资本"等利益诱惑，难以保持独立客观的精神状态；或者在实施工作时，无法认识到自己在专业胜任能力上的不足，不能保持认真、谨慎的态度，缺少应有的专业知识、实践经验和职业技能，从而无法评估企业是否存在差错、舞弊、内控失灵等行为，损害了客观、诚信、正直、廉洁的职业道德基本要求。

对于企业本身来说，内部审计的设置模式无法兼顾独立性和监督职能的有效实现。内部审计的基础职能是监督和咨询，监督职能意味着内部审计需要对企业所有财务舞弊的现象给予充分关注，咨询职能是在监督职能基础上的进一步发展。财务部门领导、总经理领导模式下的内部审计部门，对较低层次的受托责任进行日常监督评价，但独立性较差、权威性不足，内部审计的有效性容易受到影响。监事会、董事会、审计委员会领导模式下的内部审计部门虽然能够对公司财务工作、内部控制独立评价，但难以进行日常管理，只能起到事后监督的作用，无法做到事前、事中控制，无法直接服务于经营决策、改善企业经济效益、实现企业增值目标。

为了应对审计伦理风险，需要内部审计人员、企业、协会的共同努力。

提高内部审计人员独立性，恪守职业道德，提供高品质的服务，满足组织者要求，实现企业增值目标。内部审计人员必须保持独立、客观和应有的职业谨慎，严格遵循审计准则完成审计程序，并进一步提高内审工作的质量。

为提高审计质量及审计人员的专业素质，公司需要进行内部审计人员的后续教育，以增强其专业胜任力。企业在完善现代企业制度时，要建立与之相适应的内审体系，健全公司的内控制度，做好内部管理工作，加强内部审计人员的职业荣誉感和职业认同感。

发挥内部审计行业协会带头作用。通过审计准则的制定，引导内部审计由监督向管理、由面向过去到着眼未来、由行政管理向职业化、由手工向信息化发展转变，确保行业健康发展，借鉴国际内部审计发展趋势，使我国内部审计在公司治理中发挥重要作用，降低企业经营风险。

7.3.5 会计职业道德准则

1. 会计职业道德

会计职业道德是指在会计职业活动中应当遵循的、体现会计职业特征的、调整会计职业关系的职业行为准则和规范。潘序伦先生曾对会计职业道德作出过论述，"一曰正直，二曰诚实，三曰清廉，四曰勤勉"。会计职业道德能够纠正会计人员的从业行为，科学正确地处理人际关系的矛盾冲突，提高会计职业声誉，保证市场经济的正常运行秩序。通过长期对会计职业道德的学习，会计人员可以形成高尚的职业道德观念，自觉履行道德义务，主动承担社会责任，形成道德新风尚，树立行业良好的指向标。

2. 会计人员职业道德准则

2019年，我国修订了《会计基础工作规范》，对会计人员提出了敬业爱岗、熟悉法规、依法办事、客观公正、搞好服务、保守秘密的职业道德要求，并且规定职业道德是会计人员人事变迁的重要考核依据：

第十八条 会计人员应当热爱本职工作，努力钻研业务，使自己的知识和技能适应所从事工作的要求。

第十九条 会计人员应当熟悉财经法律、法规、规章和国家统一会计制度，并结合会计工作进行广泛宣传。

第二十一条 会计人员办理会计事务应当实事求是、客观公正。

第二十二条 会计人员应当熟悉本单位的生产经营和业务管理情况，运用掌握的会计信息和会计方法，为改善单位内部管理、提高经济效益服务。

第二十三条 会计人员应当保守本单位的商业秘密。除法律规定和单位领导人同意外，不能私自向外界提供或者泄露单位的会计信息。

3. 国际会计道德准则

国际会计师联合会（IFAC）为了保护公众利益，2020年发布了新版的国际会计道德准则，其中对职业会计师的道德规范有以下五个基本原则。

（1）正直：在所有的执业活动中要坦率和诚实。

（2）客观性：不因为偏见、利益冲突或他人的不当影响而损害专业判断。

（3）专业的能力和应有的谨慎：①根据当前的技术和专业标准以及相关立法，保持专业知识、技能水平,以确保客户或相关组织获得合格的专业服务;②按照适用的技术和专业标准勤勉行事。

(4) 保密性:对执业活动中获得的信息保密。

(5) 职业行为:遵守相关法律法规,避免职业会计人员做出任何可能败坏职业声誉的行为。

4. 注册会计师职业道德要求

2020 年修订后的《中国注册会计师职业道德守则第 1 号——职业道德基本原则》中对职业道德基本原则进行了明确的规定:

第九条 注册会计师应当遵循诚信原则,在所有的职业活动中保持正直、诚实守信。

第十二条 注册会计师应当遵循客观公正原则,公正处事,实事求是,不得由于偏见、利益冲突或他人的不当影响而损害自己的职业判断。

第十四条 在执行审计和审阅业务、其他鉴证业务时,注册会计师应当遵循独立性原则,从实质上和形式上保持独立性,不得因任何利害关系影响其客观公正。

第十六条 注册会计师应当遵循专业胜任能力和勤勉尽责原则。

第二十三条 注册会计师应当遵循保密原则,对职业活动中获知的涉密信息保密。

第二十八条 注册会计师应当遵循良好职业行为原则,爱岗敬业,遵守相关法律法规,避免发生任何可能损害职业声誉的行为。

比亚迪投资绿色项目

比亚迪公司创建于 1995 年 2 月,是一家营业额和总市值均超千亿,致力于"用技术创新,满足人们对美好生活的向往"的高新技术企业。比亚迪业务涵盖 IT(互联网技术)、汽车、新能源等领域,从能源的获取、存储,再到应用,全方位构建零排放的新能源整体解决方案。

2019 年 1 月 24 日,比亚迪公示了 2018 年第一期公司绿色债券上市公告书,企业绿色债券是指将所募集资金用以扶持符合条件的绿色建设项目的企业债券,目的是为产生积极环境效益以及气候变化社会效益的产业建设项目提供融资。

当期债券拟募资金用于项目建设部分,主要拟投向新建的若干新能源汽车及零部件、电池及电池材料、城市云轨等绿色产业项目建设,均属于《绿色债券发行指引》范畴,且均具有良好的社会影响和经济效益。其中,磷酸铁锂项目不仅为企业拓展发展空间、创造效益提供硬件条件,而且将有力地推动海东市锂电池业的发展;锂离子电池极片生产线项目是解决工厂目前产能瓶颈及环保相关问题的一条必经之路;新能源客车零部件制造项目不仅避免了燃油的消耗,而且对改善城市空气质量非常有利。

从中国发展绿色金融开始,绿色债券数量位居世界前列。在碳中和承诺与全球气候行动的时代背景下,绿色金融改革将继续深入,绿色债券发行门槛和风险也会降低。随着绿色债券市场深度和广度的拓展,我国将建成绿色低碳循环发展产业体系。

问题：
1. 什么是绿色债券？比亚迪为何推行？主要体现了哪方面的伦理问题？
2. 我国绿色债券在推行过程中出现了哪些问题？应怎样避免？

本章小结

　　企业金融或企业金融财务管理，是根据财经法规制度和财务管理的原则，组织企业财务活动，处理财务关系的一项经济管理工作。现代社会要求从 ESG 即环境、社会责任和公司治理三个方面，评估企业经营的可持续性和对社会价值观的影响，从而也必然影响到与企业经营相关的金融财务活动。

　　建立财务金融伦理的原因主要包括：①由于企业（尤其是金融机构）的资金中大部分是非自有资金，企业更容易滋生欺骗、违反信用和不公平交易等问题。②金融市场风险的渗透和金融科技工具的运用使财务金融伦理的重要性更加突出。③财务金融领域的信息不对称程度比较严重，因此造成了逆向选择和道德风险等问题。④企业的可持续发展与社会和自然等方面的联系日益紧密。由于上述多方面的原因，各行各业建立财务金融伦理是有必要的。各方群体，包括企业、投资者和监管机构等，都应该重视财务金融伦理，推动经济的健康发展。

　　财务金融伦理是指企业在财务金融活动中与所涉及的相关方之间的道德准则和行为规范，按层次可分为组织财务金融伦理和个人财务金融伦理。财务金融伦理对财务金融法律法规起着补充作用，对统一企业和个人目标也能起到促进作用，同时能提高企业效率。财务金融伦理应遵循信用原则、契约原则和公平正义原则。

　　企业在筹资环节中与投资者的伦理问题体现在：企业为了自身的发展，可能会非法集资或欺诈筹集资金，损害了投资者的利益。企业在筹资环节中与债权人的伦理问题体现在：企业在不具备股权融资能力且经营状况与信用能力较差时，通过粉饰财务报表进行长期债务融资，使债权人承担企业的违约风险和变现风险等。

　　ESG 投资理念要求企业在投资活动中融入环境、社会责任和公司治理，可以有效指导企业的投资活动。企业经营和投资所获收益在企业内外部进行分配时涉及多方利益相关者，包括税收缴纳、利润分配和薪酬分配的过程。

　　会计伦理是指建立在会计关系上的伦理要求，处理与会计相关的利益主体的原则和准则，该原则和准则要反映会计活动各相关利益主体的要求与利益。会计信息失真根据会计人员的主观意图分为无意失真和故意失真，无意失真是非故意的错误，故意失真也叫作会计舞弊，是有目的、有预谋的财务造假。管理会计活动可能会忽视对社会责任的履行以及"德才兼备"人才培养，还可能导致企业信息泄露。内部审计隶属于公司内部，其所属性质的特殊性，往往会导致其独立性不足，可能会对内部审计的间接服务对象、内部审计人员和企业本身产生不利影响。

　　会计职业道德是指在会计职业活动中应当遵循的、体现会计职业特征的、调整会计职业关系的职业行为准则和规范。2019 年我国政府修订了《会计基础工作规范》，对会计人员提出了敬业爱岗、熟悉法规、依法办事、客观公正、搞好服务、保守秘密的职业道德要求，并且规定职业道德是会计人员人事变迁的重要考核依据。国际会计师联合会在 2020 年发布的新版国际会计道德准则以及2020年修订后的《中国注册会计师职业道德守则第1号——职业道德基本原则》中,都对会计职业道德基本原则进行了明确的规定。

核心概念

财务金融伦理(financial ethics)

筹资(financing)

投资(investment)

管理会计(management accounting)

财务会计(financial accounting)

内部审计(internal auditing)

会计伦理(accounting ethics)

会计职业道德(accounting professional ethics)

思考题

1. 企业财务金融伦理的作用是什么?
2. 企业为什么要建立财务金融伦理?
3. 资本运作中的伦理议题有哪些?
4. 什么是ESG投资理念?
5. 管理会计中有哪些伦理问题?
6. 内部审计中有哪些伦理问题?
7. 国际会计师联合会和我国注册会计师分别提出了哪些职业道德原则?

即测即练

第 8 章

可持续发展概述

学习目标

1. 了解可持续发展的历程;
2. 理解可持续发展的概念;
3. 掌握可持续发展三支柱;
4. 了解联合国可持续发展目标;
5. 掌握什么是企业可持续发展;
6. 了解企业可持续发展面临哪些挑战。

引言

在"可持续发展"(sustainable development)一词中,"发展"的出现和传播与近现代工业及技术的飞速成长紧密相连,但是在世界范围内,"可持续"的理念却属于一种古老的思想。在西方,柏拉图曾在《理想国》一书中深刻地思考"人口与土地平衡的问题"。在中国,《吕氏春秋》中有言,"竭泽而渔,岂不获得,而明年无鱼;焚薮而田,岂不获得,而明年无兽"。《孟子·梁惠王上》中也提到"数罟不入洿池,鱼鳖不可胜食也。斧斤以时入山林,材木不可胜用也"。这些古代智慧都表明了违背可持续发展规律不利于长远发展,遵循可持续发展规律方能繁荣昌盛。

近代以来,遍布全球大大小小的企业对于"永续发展""基业长青"的追求也从未停歇。企业作为经济社会发展和环境保护的重要力量,其自身的可持续发展早已牢牢地与全球的可持续发展、人类的命运绑在了一起。

从"工业锈带"到"生态秀带"

张家港湾位于张家港保税区金港镇,这里是长江入海前的最后一道湾,因此也被誉为"江海交汇第一湾"。过去几十年,在张家港临港产业大力发展、快速崛起的同时,砂石遍地、生态环境失衡、岸线过度开发等问题也日益凸显。2019 年,张家港正式编制张家港湾规划,启动生态提升工程建设,规划面积约 10 平方千米,总投资 37.6 亿元,构筑 140 万平方米滨江亲水景观带,真正做到"还江于民",打造"最美江滩、最美江堤、最美江村、最美江湾"。目前,绵延 12 千米岸线的"张家港湾"已崭露新姿,其生态修复的绿色实践成功获评为第二轮"践行联合国 2030 可持续发展最佳实践"典范案例(SDG Good Practices)。

资料来源:绿色低碳行动共同体.https://mp.weixin.qq.com/s/7LF2HLfLnlWiz7yCuZkX9Q.

8.1 可持续发展的概念

8.1.1 可持续发展理念的脉络

美国生物学家蕾切尔·卡逊(Rachel Carson)1962 年出版的《寂静的春天》是环境保护书籍的开山之作。这本著作讲述了一个美国中部小镇是如何从桃源仙境变成人间炼狱的,暗喻了化学物质的滥用对自然环境、生物种群及人类自身的危害,揭示了环境恶化对世界造成的毁灭性影响。她认为人类的贪婪是造成悲剧的主要原因,人类不能将自己视为地球的主人。这本著作引发了世界范围内关于"如何发展"的争论。

1972 年,罗马俱乐部发表了一份名为《增长的极限》的研究报告,认为地球的关键资源是可以被耗尽的,并且正在被耗尽。如果没有节制地使用资源并且环境污染的速度超过恢复更新的速度,这将对生态系统造成不可逆转的破坏。这些振聋发聩的观点给人类传统的发展模式敲响了警钟,也使得《增长的极限》一书成为环境领域最畅销书籍之一。"可持续发展"这一理念在环境领域持续发酵。

1972 年 6 月,包括中国在内的 116 个国家参加了在瑞典首都斯德哥尔摩举行的联合国人类环境会议,并通过了《联合国人类环境宣言》[①]。《联合国人类环境宣言》是向现代可持续发展理念迈进的强有力一步,它将可持续发展中关键的环境目标与经济发展紧密地联系在一起,并将其描述为解决发展困境的路径。

1987 年,世界与环境发展委员会发表了一份题为《我们共同的未来》的学术报告,它包含"共同的问题""共同的挑战"和"共同的努力"三大部分,探讨了人类面临的环境、经济和社会发展的压力,并在此基础上将可持续发展定义为"既满足当代人的需求,又不危害后代人满足其需求的发展"。至此,可持续发展的概念已基本形成,它从最开始的环保概念演化成一个囊括环境、经济和社会多重含义的概念。

1992 年,联合国环境与发展大会召开,并通过了《21 世纪议程》,"可持续发展"成为与会者的普遍共识。至此,可持续发展理念成为全世界共同的行动纲领。2012 年,联合国可持续发展会议在巴西里约热内卢召开,会议围绕"可持续发展和消除贫困背景下的绿色经济"和"促进可持续发展机制框架"两大主题,就 20 年来国际可持续发展各领域取得的进展和存在的差距进行了深入的讨论,呼吁全人类共同努力消除贫困,推进可持续发展,并发布了《我们憧憬的未来》成果文件。

2015 年 9 月,联合国可持续发展峰会在纽约联合国总部召开。会议通过了一份由 193 个会员国达成的共识文件,即《变革我们的世界:2030 年可持续发展议程》。该纲领

---

① 《联合国人类环境宣言》:也称《斯德哥尔摩宣言》,提出将每年的 6 月 5 日定为世界环境日。

性文件包括 17 项可持续发展目标和 169 项具体目标，将推动全世界在其后 15 年内实现 3 个宏伟目标：消除极端贫穷、战胜不平等和不公正以及遏制气候变化。同年 12 月，《联合国气候变化框架公约》的 197 个缔约方在巴黎气候变化大会上达成《巴黎协定》(the Paris Agreement)，为 2020 年后全球应对气候变化行动作出安排。2021 年 10 月 25 日，中国科学院科技战略咨询研究院发布了《2020 中国可持续发展报告：探索迈向碳中和之路》，表现了中国为实现"双碳"目标的决心和毅力，以及为遏制全球气候变化采取行动的强烈意愿。

时至今日，可持续发展已经成为各国企业界、媒体、政府乃至全人类的共同目标和行动方向。

8.1.2 可持续发展的定义

可持续发展包含"可持续"与"发展"两个方面。"可持续性"一词的现代用法非常广泛，但它的出现与如何维持环境质量息息相关。"可持续性"起初包含两大概念："承载能力的生态"和"最大可持续产量"。"最大可持续产量"这一概念源于对地球维持不断增长的人口的能力的质疑，是一种对资源和环境的理解。

"可持续性"时常与"发展"相伴出现。发展并不是盲目地增长，它更有"改善、提高"的内涵。联合国经济与社会理事会将"发展"定义为"两个时间点之间社会成员福祉的增加"。

1980 年，"可持续发展"一词首次出现在公开发表的文献。世界自然保护联盟（IUCN）与联合国环境规划署（UNEP）和世界野生动物基金会（WWF，现更名为"世界自然基金会"）合作，发表了主题为"保护生物资源促进可持续发展"的《世界自然资源保护大纲》。这种早期的可持续发展概念的动机是出于对资源限制和生态系统承载能力的担忧，并考虑经济和社会的需要。可持续发展被简单地定义为"必须考虑社会和生态因素，以及经济因素"，主要强调的仍是"保护和加强环境系统的更新能力"。

1986 年在渥太华召开的世界自然保护联盟保护与发展会议，将可持续发展总结为可持续发展"回应五个广泛的要求：保护和发展的一体化；满足人的基本需要；实现公平和社会正义；提供社会自觉和文化多样性；维持生态完整"。这个定义既考虑了社会层面的需求，又考虑了环境层面的需求，但是却忽略了经济方面的需求。

联合国可持续发展委员会在 1987 年发表的《布伦特兰报告》中，将可持续发展定义为"寻求满足现在的需要和愿望，而不损害满足未来需要和愿望的能力"。这是可持续发展迄今为止流传最广、接受度最高的一个定义。委员会强调要通过可持续经济增长来减少贫困并改善自然环境和社会公平。这是从政治的角度对可持续发展做的定义。

结合政治和经济两个方面，联合国将可持续发展定义成通过尊重生态系统的承载能力（可持续性）来改善人类的生活质量。可持续的经济是可持续发展的产物，包括保护自然资源的生产基地，而可持续的社会是可以通过调整和增加知识、组织、技术效率与智慧而继续发展的社会。

可以看到，可持续发展这一理念是一个不断完善的过程。可持续发展源于环境保护，然而随着对可持续发展的不断探索与诠释，逐渐加入新的内涵，包括对环境、经济和社会的全面思考,旨在为每一个人创造一个永续发展、和谐美丽的世界。

8.2 可持续发展的三个维度

8.2.1 可持续发展的三维度模型

可持续发展作为一种高瞻远瞩的发展模式,强调经济、社会和环境因素的积极转型轨迹。可持续发展的三个主要问题是经济增长、环境保护和社会平等。基于此,我们可以认为可持续发展的概念是建立在三大支柱上的,这三大支柱包括"经济可持续""社会可持续"和"环境可持续"。在一些文献中,"支柱"一词可能被替换成"维度""组件""方面"和"视角"等,并以不同的形式出现(图 8-1),但它们的本质含义是一致的,即实现可持续发展离不开经济、社会和环境的可持续。

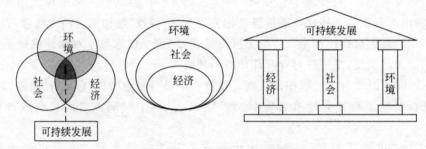

图 8-1 可持续发展三维度模型

资料来源:BARBIER E B. The concept of sustainable economic development[J]. Environmental conservation, 1987,14(2):101-110; United States. 2005 World Summit outcome[C]. New York: United Nations,2005:12.

图 8-1 最左侧的维恩图说明了只有当经济、社会和环境协调时,发展才会是可持续的。如果一个国家只关注经济和社会的协调发展,对私人部门和社会而言,其结果可能是公平的,但忽略环境对整体发展而言就是不可持续且不可取的。如果经济发展和社会发展是以牺牲环境为代价,国家和地区的发展则很难走得长远。

图 8-1 中间的模型展示了经济活动会受社会消费制约,而社会消费又受地球环境制约,所有的消费都是在地球资源的基础上进行的。

图 8-1 最右侧的模型用一个简单的三支柱的图形展示经济、社会和环境三者相互依赖的关系。三个支柱都必不可少,这样才能支撑起可持续发展。这个三支柱模型是联合国峰会在 2005 年提出的,有助于国家、地区、组织和个人精确理解三大支柱和可持续发展之间的关系。

自新中国成立以来,70 多年的可持续发展是经济、社会和环境这三个支柱共同作用的结果。在经济发展方面,国民经济连上新台阶,国家粮食安全得到有力保障,居民收入持续增加,消费水平不断提高。在社会进步方面,贫困人口大幅减少,2019 年国家统计局的数据显示,农村贫困率从 1978 年末的 97.5% 降到 2018 年的 1.7%,同时国民健康水平持续提高,教育普及程度大幅提高。在环境保护方面,绿色发展理念从无到有,生态文明建设日益加强。我国对环境保护的重视始于 20 世纪 70 年代,特别是"三废"(废水、废气、废渣)等污染物的治理。为应对全球变暖带来的种种危机，2020年，中国向世界庄严承诺：2030年实现碳达峰，2060年实现碳中和。

8.2.2 经济、社会和环境的可持续

1. 经济可持续

经济可持续性意味着一种既能满足当前消费水平又不影响未来需求的生产系统。传统的经济学家认为自然资源的供给是无限的，过分强调市场有效配置资源的能力。他们还认为，经济增长将伴随着技术进步，这将弥补生产过程中被破坏的自然资源。20世纪30年代以来，凯恩斯主义盛行，各国纷纷将GNP(gross national product，国民生产总值)作为经济发展的唯一指标。企业的唯一目标就是产值、产量和利润的增长。近十几年来，随着可持续发展理念深入人心，人们已逐渐认识到自然资源不是无限的；此外，并不是所有的都可以被补充或再生。像石油、煤炭、天然气和一些矿产资源，它们很难再生并且在短期内也无法找到规模合适的替代品。但是，全球经济体系的规模却在不断地扩大，这也使原有的自然资源基础不堪重负，促使人们重新思考传统的经济假设，经济可持续发展势在必行。

经济可持续发展需要超越传统的经济发展观中仅追求经济发展数量的理念，不再将GNP或者GDP(国内生产总值)奉为圭臬，转而重视经济发展效益，这一效益包括空间效益和时间效益。在空间效益上，经济可持续发展不再囿于某一企业、地区或者国家，将人类纳入统一的命运共同体来综合考量，并在考虑经济效益的同时，兼顾社会、环境可持续性，尽可能以最公平和最合理的财政方式作出决策。在时间效益上，不能以后代的经济效益作为现阶段经济效益发展的垫脚石，不能牺牲长远利益来换取短期利益。

2. 社会可持续

联合国全球契约组织认为，从商业的角度来看，社会可持续发展是指识别和管理商业对人们产生的正面影响和负面影响。公司与其利益相关方的关系和互动的质量至关重要。公司直接或间接地对员工、价值链中的工人、客户和当地社区产生影响，而以主动的方式管理这些影响十分重要。

实现社会可持续发展的行动可以打开新的市场，帮助吸引和留住商业伙伴，或者成为新产品或新服务的创新源泉。内部士气和员工参与度可能会上升，而生产力、风险管理和公司-社区冲突则会得到改善。[①]

3. 环境可持续

环境可持续性是关于自然环境以及它如何保持生产力和复原力以支持人类生活的。环境可持续性涉及自然环境的生态系统完整性和承载能力。然而，对无限制增长的追求提升了对地球系统的要求，要求越来越高，施加的压力也越来越大，因为仅凭借技术进步

---

① 联合国全球契约网站 http://cn.unglobalcompact.org/SDGsBusiness.html。

可能无法支持指数增长。诸如大气和海洋变暖、冰层减少、海平面上升、海洋酸化加剧以及温室气体浓度增加等气候变化带来的影响，为环境可持续性的必要性提供了令人信服的证据。

可持续发展的重要内容是如何改善经济发展、社会发展与环境保护相互矛盾的关系，并使其由相互制约走向相互促进的关系。环境问题是伴随着经济和社会的发展产生的，环境的恶化会遏制经济和社会的发展。同时，只有社会和经济可持续发展，才能为环境保护提供充足的资金、技术以及人力资源支撑。

8.3 可持续发展目标

8.3.1 联合国可持续发展的17个目标

1. 可持续发展目标的内容

为了实现可持续的三个实质，即经济可持续、社会可持续和环境可持续，在2015年9月召开的联合国大会上，包括中国和美国等193个国家共同签署了《变革我们的世界：2030年可持续发展议程》，作为解决可持续发展问题的共同纲要。该议程提出了17项可持续发展目标(sustainable development goals，SDGs)(表8-1)和169项具体目标[①]以及232个指标[②]，并呼吁所有政府和私营企业投身于实现具体可持续发展目标的实践中来。

表8-1 联合国可持续发展17个目标

目标	名称	内容
1	无贫困	在全世界消除一切形式的贫困
2	零饥饿	消除饥饿，实现粮食安全，改进营养状况和促进可持续农业
3	良好健康与福祉	确保健康的生活方式，促进各年龄段人群的福祉
4	优质教育	确保包容和公平的优质教育，让全民终身享有学习机会
5	性别平等	实现性别平等，增强所有妇女和女童的权能
6	清洁饮水和卫生设施	为所有人提供水和环境卫生并对其进行可持续经营
7	经济适用的清洁能源	确保人人获得负担得起的、可靠和可持续的现代能源
8	体面工作和经济增长	促进持久、包容和可持续经济增长，促进充分的生产性就业和人人获得体面工作
9	产业、创新和基础设施	建造具备抵御灾害能力的基础设施，促进具有包容性的可持续工业化，推动创新
10	减少不平等	减少国家内部和国家之间的不平等
11	可持续城市和社区	建设包容、安全、有抵御灾害能力和可持续的城市和人类社区
12	负责任消费和生产	采用可持续的消费和生产模式
13	气候行动	采取紧急行动应对气候变化及其影响
14	水下生物	保护与可持续利用海洋和海洋资源以促进可持续发展

---

① https://www.un.org/sustainabledevelopment/zh/sustainable-development-goals/.
② 232个指标：2020年，联合国对SDG指标框架进行修订，共发生36处变动，指标数量确定为231个。

续表

目标	名称	内容
15	陆地生物	保护、恢复和促进可持续利用陆地生态系统,可持续管理森林,防治荒漠化,制止和扭转土地退化,遏制生物多样性的丧失
16	和平、正义和强大机构	创建和平、包容的社会以促进可持续发展,让所有人都能诉诸司法,在各级建立有效、负责和包容的机构
17	促进目标实现的伙伴关系	加强执行手段,重振可持续发展全球伙伴关系

资料来源:https://www.un.org/sustainabledevelopment/zh/sustainable-development-goals/.

即使单从这17个目标来看,也能发现逐一实现单个目标是不切实际的。因为这些目标之间既彼此互动又相互成全。这些互动可能是消极的、积极的,又或是对称的、不对称的。比如目标4(确保包容和公平的优质教育,让全民终身享有学习机会)让公民获得更加良好的教育,这有助于他们获得更加体面的工作、促进经济的可持续增长(目标8)。

2. 可持续发展目标之间的关系

瓦格和雅普(Waage,Yap)2015年将17个可持续发展目标分类,分成三个层次(图8-2),分别为福利、基础设施和自然环境。

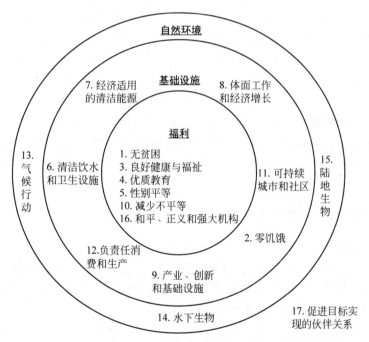

图 8-2 可持续发展目标的层次

资料来源:WAAGE J, YAP C. Thinking beyond sectors for sustainable development[M]. London:Ubiquity Press,2015:81.

(1)福利是内层,这一层次的目标可以概括为"以人为本",旨在实现个人层面和集体层面的需求,如健康、教育和营养等。这些目标的实现直接关系到社会福祉在个人与个人、地区与地区和国家与国家之间的公平分配。

（2）基础设施是中层，这一层次的目标与产品和服务的生产、分配、交付的各种网络和机制有关，涵盖食品、能源、清洁水、废物和卫生服务等多个领域。这些目标超越了个人、家庭和社区，是为了实现整个现代社会的基本功能。它们有助于幸福感的增长，同时降低资源使用强度、污染和对环境的负面影响。

（3）自然环境是外层，这一层将全球资源管理、基础支持系统和全球公共产品（如土地、海洋、空气、自然资源、生物多样性和气候变化管理）相关的目标组合在一起。这些是支撑可持续发展的生物物理系统。这一系统虽然不依赖于人类活动，但却受到人类活动的强力影响。这些目标的实现需要各个国家和地区的通力合作。

（4）最后目标（加强执行手段，重振可持续发展全球伙伴关系）在三个层次之外，因为这是一个与所有层次的目标相关的跨领域目标。

（5）内层目标之间的互动带来了积极协同和双赢的机会，因为它们与人类发展的概念有着相似的关系，并注重个人和社区的福祉。比如在进行教育时，注重健康知识与性别知识的传播，可以促进性别平等与健康生活的实现，实现协同增长。内层目标和中层目标是相互支持的关系。改善个人、群体和国家获得水、粮食、能源等的机会，都是实现内层目标的必要条件。同时，受过优质教育的健康劳动力会对产业发展产生深远影响。外层目标和中层目标的相互作用代表了人类社会获取环境资源和服务的方式。

（6）相较之下，外层目标和内层目标之间的关系更难理解一些。因为外层目标和内层目标的联系受制于中层目标的实现方式，所以这些目标之间有时会存在冲突的情况。比如为了实现零饥饿这一目标，需要发展农业，以保证粮食安全，而这就可能会对气候变化、生物多样性等目标产生消极影响。

自全球可持续发展目标提出以来，各国政府、企业和人民都在为实现这些目标不懈努力。而自2019年新冠肺炎疫情开始在全球蔓延，给各国经济造成了严重损失，并且加剧了全球的贫困和饥饿的状况。这场全球性的疫情极大地减缓了可持续目标实现的进展。只不过，从长远看，疫情虽然暂时阻挡了可持续目标的进程，但是阻挡不了全球可持续发展的趋势。

8.3.2 中国的可持续发展

作为世界上最大的发展中国家之一，可持续发展是21世纪中国绕不开的重要议题。十九大报告提出，中国经济已由高速度发展转向高质量发展阶段。高质量发展是实现可持续发展的重要途径。实现从高速发展到高质量发展的转变，最终实现经济发展更可持续、生态环境更加绿色、社会分配更加公平。

1. 环境可持续发展与"双碳"

中国的可持续发展离不开环境的可持续发展，绿色发展是新时代可持续发展的重要特征。2020年，我国提出了碳达峰、碳中和"30·60"双碳目标，为实现环境的可持续发展赋能。碳中和是我国高质量转型的新愿景。

碳中和对全球任一国家而言都迫在眉睫。2020年，联合国秘书长在《巴黎协定》达成五周年的纪念峰会上呼吁每一个国家宣布进入气候紧急状态，这事关全球的可持续发展。

在中国，环境可持续发展对于新时期的生态文明建设十分重要，而"双碳"又是实现环境可持续发展不可或缺的一环。新冠肺炎疫情在全球蔓延，这对全球的可持续发展造成了巨大的冲击，深刻地影响了全球可持续发展的进程，但也使人们意识到未来不可能尽是坦途，类似的非传统安全领域的问题需要被格外重视。关于"双碳"的具体内容，将在本书的9.3详细介绍。

2. 经济、社会可持续发展与共同富裕

在当代中国，社会和经济的可持续发展与共同富裕息息相关。经济与社会的高质量、可持续发展助力共同富裕这一目标的实现。共同富裕需要体现发展性、可持续性和共享性的统一，通过矫正和补偿等多种手段减少制度性因素导致的不平等，让全体人民有机会、有能力均等地参与高质量经济社会发展，并共享经济社会发展的成果。

共同富裕的前提是"富裕"，经济发展是实现共同富裕的必要前提。只有做到经济总量、财富总量达到一定的水平，才有资格谈"共同"。富裕不仅仅是人民物质资源上的极大丰富，它还包括人民精神需求的极大满足。

共同富裕的核心要素是"共享"。在我国，经济发展成果必须由社会全体人民共享，共享体现的是"共同""公平"和"平等"。社会上的每一个人都应该平等地享有经济发展和社会进步的成果。

共同富裕还有一个要素是"可持续"，包括发展的可持续和共享的可持续。发展的可持续意味着发展要与人口、资源和环境的承载能力相协调，要与社会进步相适应。共享的可持续不能只依靠不断加重个人税赋负担、出台过多社会政策、过多过高承诺社会保障水平来实现。发展性、共享性和可持续性既是共同富裕的核心要素，也是推动和实现共同富裕的必要条件，三者缺一不可。

只有实现社会和经济的可持续发展，才能不断地靠近共同富裕这一宏伟的目标。实现共同富裕除了国家的不断努力与推进，企业作为现代社会的推动器，也可以在共同富裕上大有作为。

首先，作为经济实体，企业的成长与发展对实现"富裕"非常关键。有人形象地将居民收入、企业利润和财政收入比喻成"三个口袋"，这"三个口袋"都鼓起来才可以有效地增加社会财富总量。其次，企业可以作为社会企业，通过承担更多的社会责任的方式参与到实现共同富裕的实践中来，推动成果共享。同时，企业可以朝着共益企业的目标前进，将企业经济目标与社会目标有机地结合起来，助力共同富裕。

企业内部在进行初次分配时差距不宜过大，要注意高管薪酬与其他员工薪酬之间的差距。其实，薪酬差距和共同富裕在本质上并不矛盾，因为共同富裕强调机会平等而非结果平等。

8.4 企业可持续发展

企业是社会的重要组成部分，是经济发展的引擎，并与环境系统息息相关。企业可持续发展对实现可持续发展目标具有重要意义。20世纪后期，就有许多公司将企业可持续

发展视为提供商业利益的重要途径。企业可持续发展的概念不仅被环境组织和商业咨询公司等使用，也被越来越多的营利性企业引用，以期通过企业的可持续发展提升企业发展的质量并承担相应的社会责任。

8.4.1 企业可持续发展的概念

1. 企业可持续发展的定义

企业可持续发展是一个多层次和多样化的主题。可持续发展是各种活动的结果。例如：确保地球维持和更新其生物圈，保护每一个生物物种；提高社会解决其最紧迫问题的能力；为今世后代维持可接受的生活水平；延长组织的生产寿命；支持高水平的组织绩效。

企业可持续发展是指企业在追求自我生存和永续发展的过程中，既要考虑企业经营目标的实现和企业市场地位的提高，又要考虑企业在已领先的竞争领域和未来扩张的经营环境中始终保持持续的盈利增长和能力的提高，保证企业长盛不衰。企业作为经济发展的微观主体，其可持续发展在节约社会资源、降低企业成本、塑造企业形象、维护社会稳定和降低污染、能耗等方面具有十分重要的现实意义。

企业可持续发展的目的是通过相应的战略与决策，实现经济、社会和低碳的可持续发展。通过可持续创新实践，企业可以减少其经营活动带来的不良社会和环境后果，从而提高企业绩效。

对于企业可持续发展，不同学派有着不同的定义。从经济学的角度，企业可持续发展被定义为一个可持续的组织采取一种经济、环境和社会平衡的方法，创造长期的效率和多维的绩效，并得到市场和社会的验证。从金融的角度，企业可持续发展是一种通过抓住机遇和管理经济、社会和环境发展带来的风险来创造长期股东价值的商业方法。而从环境经济学的角度，企业可持续发展通常被理解为实现经济、环境和社会之间持久平衡的总体目标。可持续发展涉及一个实现这一目标的持续进程。在这方面，承担社会和环境的责任是适用可持续发展原则时的先决条件与措施。社会责任投资则是这方面的一个关键工具。

2. 三重底线理论

在过去的几十年里，人们对企业活动可能产生的对社会和环境的兴趣快速增长。有关企业可持续的相关理论也纷纷涌现。其中最著名的是由英国学者约翰·埃尔金顿（John Elkington）在1997年提出的三重底线理论。它旨在通过考虑企业的经济绩效，同时改善环境和社会表现，将企业盈利、社会责任、环境责任这三者统一起来，实现企业的可持续发展。

在经济责任层面，企业应该首先做到健康经营、良性发展。一个企业最大的社会责任，就是让公司健康发展，为社会创造更多价值。一家成功的企业能为社会解决就业、员工福利等问题，同时为政府纳税。不盈利的企业只会增加国家的负担，给社会带来损失。所以企业需要永续的经营模式。这需要企业高管谨记经营的基本伦理和道德规范，制定符合企业自身的管理制度和发展战略。

企业的社会责任需要企业关注自身内外的人文环境建立。对内,企业需考虑对员工的福利待遇以及 CSR 文化的传播教育,采用人性化管理,做到以人为本;对外,企业应关注面向经销商、消费者、政府等社会大众 CSR 形象的建立,与利益相关方的和谐共处。

环境问题是企业可持续发展必须直面的问题。面对资源紧缺、环境恶化的现状,企业需要承担作为企业公民的责任,加强自然保护力度并大力宣传环保观念;同时尽可能地使产品做到健康、安全,考虑生产绿色产品,以迎合购买者日渐强化的环保意识。

可持续性是在环境保护和生态目标的范围内为人类社会创造一个可行的宜居空间,我们所有的环境挑战和必要的生存生产目标都与经济生产与消费联系在一起。三重底线理论将与环境目标有关的社会、文化和企业联系起来,使得人们更加深刻地意识到,如果想要实现全球可持续性,企业的可持续发展至关重要。

3. 企业可持续发展与 ESG

通过之前的学习,可以采用指标的方式来衡量企业的可持续发展。近年来,企业通过践行 ESG 来持续推动企业的可持续发展。ESG 代表可持续发展的"环境、社会和治理"维度,也是衡量企业可持续发展的三个标准。ESG 是由全球报告倡议组织(Global Reporting Initiative,GRI)发展和推广的,这个国际组织一直致力于促进全球报告,特别是企业报告的标准化。

与之前提到的三重底线理论相反,ESG 标准并不简单地将生态层面和社会层面添加到经济层面,而是认为,如果企业想要在竞争市场中生存,就必须在财务上具有可行性。从长远来看,经济上的成功对任何公司来说都是必不可少的条件。因此,ESG 标准将经济维度替换为治理维度意味着,在检验企业是否符合 ESG 标准时,需要审查企业行为对环境的影响,如排放、资源消耗;企业行为的社会后果,如对员工和其他利益相关者的影响;企业为保证组织的完整性以及内部管理过程的完整性而建立的治理安排。因此,ESG 方法将生态和社会指标的视角与"治理"的过程标准相结合,并认为三个维度都与公司的经济成功相关,甚至至关重要。

8.4.2 企业可持续发展的衡量

通过对 8.4.1 中内容的学习,我们了解到企业可持续发展是什么,在这一部分我们将学习用什么方法来衡量企业可持续发展的程度。只有知道企业在经济、环境与社会这三个维度上的可持续发展情况,才能更好地实现企业可持续发展的战略目标,并作出更进一步的决策。

1. 资本的方式

在 8.2 中,我们知道在实际应用中"支柱"存在许多同义词,而经济学家通常用"资本"来替换"支柱"。在这一部分中,我们借助经济学的概念,利用"资本"来衡量企业"经济可持续""社会可持续"和"环境可持续"的进程。

(1) 经济可持续性标准是生产资本和金融资本。生产资本"包括在生产过程中重复或连续使用一年以上的固定资产"。固定资产可以是有形的（如机器、建筑物、道路、港口和机场），也可以是无形的（如计算机软件、具有艺术价值的原创作品、知识产权）。金融资本包括具有一定"流动性"和可交易性的资产、负债，作为一种离散的价值储存方式。它们有很多种形式，包括货币、存款、债务、公司股票、政府债券和其他金融工具。金融资本可以进一步定义为存在相应负债的资产。

（2）环境可持续性标准是自然资本。自然资本指的是为社会和所有生物提供生命支持和其他服务的地球自然资源、土地和生态系统。这一大类既包括不可再生的自然资源（如土地、煤炭、石油和天然气、矿产和砾石），也包括有条件的可再生资源（如森林、鱼类和用于水力发电的水流）。此外，自然资本还包括生态系统和其他为人类提供基本服务的自然系统。

（3）社会可持续性标准包括社会资本、人力资本、制度资本和文化资本。被普遍应用的社会资本定义是经济合作与发展组织（OECD）在2001年提出的："社会资本是网络，连同共享的规范、价值观和理解，促进群体内部或群体之间的合作。"与其他形式的资本一样，社会资本也能产生改善福祉的效益。社会资本的改善会产生积极的结果，如身份认同和归属感、知识和理解的增加、社区弹性以及交易成本的降低等。社会资本的缺乏会导致消极的结果，如社会排斥或对差异的不容忍、家庭功能的降低和腐败等。

2. 指数的方式

用指数衡量企业可持续发展在企业的实践过程中是非常广泛的，如 KLD 指数、道琼斯可持续发展指数（the Dow Jones Sustainability Indexes，DJSI）和 GRI 可持续发展报告指南等。

KLD 指数是由独立调查和评级机构 KLD 公司（Kinder, Lydenberg and Domini & Co. Inc.）在1991年提出的。KLD 指数从环境、社会和治理三个方面提出了包括社区、公司治理、多元化、员工关系、环境、人权、产品7个维度的一级指标，以及多个二级指标。

道琼斯可持续发展指数是由美国道琼斯公司和可持续发展领域的权威机构 RobecoSAM 在1999年共同发起的。该指数从投资角度评价企业可持续发展能力，它也是全球第一个把可持续发展融入公司财务表现的指数。

2000年，GRI 发表了《可持续发展报告指南1.0》。企业可根据该指南公开披露企业经济、环境、社会方面的实践成果。GRI 可持续发展报告指南已在2013年更新至第4版（G4）。

2018年，中国可持续发展工商理事会与中国企业联合会发布了《2018中国企业可持续发展指数报告》。该份报告综合恒大指数、KLD 指数、道琼斯可持续发展指数和 GRI 可持续发展报告指南等指标体系，立足于中国基本国情，构建了中国企业可持续发展指标体系。该体系由3项一级指标（维度）、8项二级指标（方面）、68项三级指标构成（见表8-2）。

表 8-2 中国企业可持续发展指数

一级指标	竞争力（J）		
二级指标	竞争力-产品	竞争力-治理	竞争力-员工
三级指标	J-C1 质量控制 J-C2 质量提升 J-C3 市场占有率 J-C4 研发投入 J-C5 知识产权保护 J-C6 新产品创效 J-C7 创新成果 J-C8 品牌建设 J-C9 供应商管理体系 J-C10 绿色采购 J-C11 智能化 J-C12 不正当竞争 J-C13 质量问题 J-C14 供应商违规	J-Z1 利税贡献 J-Z2 可持续发展战略 J-Z3 可持续发展报告发布 J-Z4 风险控制体系建设 J-Z5 国际化发展 J-Z6 诚信管理体系建设 J-Z7 违反政策法规 J-Z8 生产安全事故 J-Z9 高管负面事件	J-Y1 员工参与 J-Y2 职业健康和安全 J-Y3 多元化 J-Y4 员工发展 J-Y5 福利及退休保障 J-Y6 职业健康管理问题 J-Y7 残疾人雇佣违规 J-Y8 劳动关系事件
一级指标	环境（H）		
二级指标	环境-环境	环境-环境（续）	环境-资源
三级指标	H-H1 环境信息公开 H-H2 环境治理投入 H-H3 环境管理体系 H-H4 环境风险和危机管理 H-H5 环境友好型产品 H-H6 污染防治成效 H-H7 碳减排成效	H-H8 生态修复 H-H9 生物多样性保护 H-H10 生态环境损害 H-H11 环境污染事件 H-H12 生产破坏臭氧层的化学物质 H-H13 有害物质违规排放	H-Z1 资源管理体系 H-Z2 资源利用信息公开 H-Z3 能源产出率 H-Z4 水资源产出率 H-Z5 循环利用、协同处理 H-Z6 清洁能源利用 H-Z7 终端回收体系
一级指标	社会（S）		
二级指标	社会-客户	社会-社区	社会-政府
三级指标	S-K1 客户关系管理 S-K2 客户信息保护 S-K3 投资者关系 S-K4 绿色消费倡导 S-K5 客户满意度缺失	S-S1 慈善捐赠 S-S2 教育培训支持 S-S3 尊重社区文化 S-S4 社区发展支持 S-S5 志愿者服务 S-S6 运营活动损害 S-S7 舆论负面反应	S-Z1 政府沟通 S-Z2 就业政策落实 S-Z3 扶贫支出 S-Z4 商业贿赂 S-Z5 纳税问题

资料来源：中国可持续发展工商理事会，中国企业联合会．中国企业可持续发展指数报告：2018[M]．北京：中国经济出版社，2019．

（1）竞争力维度。企业首先要具备一定的竞争实力，才能够在激烈的竞争中生存并壮大，实现可持续发展。竞争力是企业生存的基础，是企业实现可持续发展的重要基石，是可持续发展指数的首个维度。竞争力包括产品、治理和员工三个方面。

(2) 环境维度。企业的经营与发展离不开最基础的生产要素投入，包括水、能源、生产资料等。企业为人类的生存与生活质量提高提供了必要的物质保证，但只有采用更新的技术，更高效地利用自然资源，减少对环境的破坏，努力与大自然和谐共生，人类与企业才能够长期存在，才能谈可持续发展。环境维度包括环境和资源两个方面。

(3) 社会维度。企业不是孤立地进行生产经营，也不是孤立存在的组织，必然要与各利益相关方形成各类利益链条。企业必须全面、立体地看待利益群体，客观地对待企业各利益相关方，不能片面选择，也不能偏颇地认为只有与金钱有关的才是利益相关方。社会维度包括社区、政府和客户三个方面。

8.4.3 实现企业可持续发展面临的挑战

即使将可持续发展融入组织已然是大势所趋，但是企业可持续发展仍然面临着许多挑战。

1. 企业内部挑战

(1) 成本问题。企业的可持续发展面临的首要问题就是成本问题。2012年一项针对瑞典的 Konsum Värmland 食品公司的可持续性评估发现，公司可持续发展举措面临的主要挑战是更环保的产品相对而言成本更高、物流和排放成本高、当地产品的季节性强以及投资成本高，这将增加企业的财务负担。

(2) 领导者支持。在企业的可持续发展的管理中，高层管理者的一致性和承诺性较弱。如果企业的可持续发展不能得到高层管理者的支持，那么具体措施的执行必定举步维艰。而出现高层管理者一致性和承诺性较弱这一现象的原因，很可能是相关人员对可持续发展的认识不够，难以舍弃眼前利益来博取长期利益。解决这一问题的措施是重视与可持续有关的教育和研究，使得可持续发展的理念更加深入人心。同时，生产系统中可持续性措施的高成本需要领导和员工承诺，组织的价值观和消费者意识的一致，而教育也有助于解决这一问题。此外，对于中小企业，可持续发展更多的是由顾客决定的。比如顾客的偏好不利于环境可持续，那么小企业舍弃顾客偏好将面临巨大的生存风险和转型阵痛，这对于小企业而言可能就是灭顶之灾。

2. 企业外部政策

近些年来，政府陆续出台了许多引导性政策，公众逐渐以可持续的眼光审视企业的发展，企业也逐渐认识到绿色转型的迫切性和重要性。随着我国经济的发展和企业国际化步伐的加快，我国企业的质量也有提升，然而企业的可持续发展仍然受一些因素的限制。

(1) 政策法规标准不一致影响实际效果。我国钢铁、石化等高耗能、高污染行业的能耗指标体系相对完善，但其约束性指标调整频率较低，制定标准相对滞后，不能有效支撑我国支柱性产业结构调整与转型升级的需要。

(2) 各地区之间政策执行标准差异较大，仍然存在部分地区采用不可持续甚至损害长远发展的方式来谋求短期利益的现象，这种问题在各地招商引资时尤为突出，通过人为地放松政策要求，变相地纵容了企业的趋利性。

（3）生产要素价格机制改革滞后。首先,环境成本并不能在企业生产过程中被很好地体现出来,这样不能很好地激励企业向绿色可持续的方向转型,特别是部分环境破坏型企业谋得暴利时,会做出不良示范。其次,配套产业与技术发展相对落后,这也在无形之中增加了企业发展的成本。最后,经济下行压力制约企业可持续发展,经济发展速度放缓,将降低企业转型的意愿。

当前而言,疫情给全球的企业可持续发展带来了巨大的挑战,诸如时尚行业、餐饮行业、旅游行业等都受到一定程度的冲击,实现企业的可持续发展更是任重而道远。

可持续发展的斯德哥尔摩皇家海港城

皇家海港城位于斯德哥尔摩市区的东北区,横跨北部 Hjorthagen 地区和南部的 Loudden 地区,距离城市中心区仅 3.5 千米,是整个城市发展的黄金地段。皇家海港城为建设一个世界级可持续发展城市,主要通过城市功能、交通脉络、资源能源与蓝绿体系四个方面的设计策略,协同推进生态、经济、社会三个维度的可持续发展。

（1）多样混合的城市功能。作为斯德哥尔摩内城的延伸,皇家海港城在城市结构上展现出强大的内聚力和灵活性来适应地区及周边的需求。公共空间特别是街道、公园、广场与城市其他公共空间相串联,使得不同地区的特色相得益彰,也让城市在不同时间面临变化的需求时更趋稳定。开放的街道环境,特色鲜明的建筑设计,多层级的空间过渡,灵活的功能组织,这些要素共同建构了一个有活力的城市街区。

（2）便捷绿色的城市交通。在交通方面,皇家海港城主要通过建立便捷与绿色的交通脉络和宣传绿色出行的观念来诠释可持续的发展观。不同于其他地区以增加交通和拓宽道路来改善拥堵问题的做法,城区在规划之初就提出从根本上减少人们对于交通的需求才是重中之重。皇家海港城密集、功能齐全且便利的城市结构本身就实现了这一点,为可持续交通奠定了基础。通过提供充足的充电站、拼车车辆、免费轮渡和无化石燃料来鼓励使用电动汽车和其他绿色出行方式。这些便捷且绿色的交通脉络有效地连接了城市的各个功能,提高了各区域的可达性。

（3）循环高效的资源利用。皇家海港城一系列闭合的环路系统不仅减少了资源的浪费,还有效控制了废物在本地区的产生,资源问题与气候问题的协同效应也使该策略一举多得。对于水的处理,集中体现在污水处理和雨水处理两方面:污水处理系统旨在减少对湖泊和海洋的环境影响,并优化污水回收的利用,通过尽可能多的闭环系统,使营养物质返回耕地,从而减少海洋的富营养化;而一般的雨水,则就地处理而不经排水管网和污水处理厂,通过雨水花园、地漏、过滤装置等对其进行过滤,以有效缓解系统运作压力与负荷。对于垃圾的处理,地区延续了哈默比湖城的技术,通过一套真空抽吸系统来实现垃圾的回收利用,丢入管道的垃圾会被风洞式管道吸入垃圾回收中心以完成分类和收集工作。皇家海港城的能源规划中提出,充分利用太阳能等可再生能源的潜力,并鼓励采用新的解决方案。通过建筑的体积、布置和设计,合理利用来自太阳的热量,以实现更有效的加热和冷却。地区还制订了细致的能源目标,每年跟踪记录目标实现情况并对此作出有效的

（4）生态环保的蓝绿体系。对于蓝绿体系的处理，皇家海港城将发挥生态系统的主动性来建立一个健康和有弹性的城市环境。建构多功能的绿地系统，并融入园艺设计，不仅满足了景观休闲的需求，还有助于营造健康和幸福的生态系统，对环境噪声与空气污染有较大的改善。皇家海港城还在气候适应性方面采取了相应措施。每个地区的植被和土壤兼具景观功能与生态功能，它们将被用于渗透与滞留雨水。屋面的绿化、生态的建筑材料也对气候有着改善作用。这些举措互相协同，形成交织的生态结构，除了能为城市创造健康舒适的环境，也能为生物多样性作出贡献，并更好地应对未来的气候变化。

资料来源：斯德哥尔摩皇家海港城：一个世界级的可持续发展城市更新典范案例. https://mp.weixin.qq.com/s/Vr4NlSb0knvNExFvvQDM7w.

问题：

1. 斯德哥尔摩皇家海港城作为一个可持续发展的城市体现在哪些方面？
2. 如何评价斯德哥尔摩皇家海港城的可持续发展？这座城市为实现可持续发展做的努力哪些值得我们借鉴？

本章小结

可持续发展理念源于人们对环境承载能力的思考，后将经济与环保结合起来，最终才演变成一个综合社会、环境、经济、文化等多方面考量的概念。可持续发展包含"可持续"与"发展"两个方面。《布伦特兰报告》将可持续发展定义为"寻求满足现在的需要和愿望，而不损害满足未来需要和愿望的能力"。寻求可持续发展，旨在为每一个人创造一个永续发展、和谐美丽的世界。

可持续发展包括经济、社会、环境三个方面的持续发展。经济可持续发展需要超越传统的经济发展观中仅追求经济发展数量的理念，兼顾时间效益。社会可持续发展是以人的全面可持续发展为基础，主要强调人的重要性，它包括公平、赋权、无障碍、参与、文化认同和制度稳定等。环境可持续性是关注自然环境以及它如何保持生产力和复原力。

为了实现可持续发展，联合国制定了可持续发展的17个目标，根据这17个目标的属性可以将其分为福利、基础设施和自然环境三大类，有助于理解17个目标之间的关系。福利是内层，这一层次的目标旨在实现个人层面和集体层面需求，如健康、教育和营养等。基础设施是中层，这一层次的目标与产品和服务的生产、分配、交付的各种网络和机制有关。自然环境是外层，这一层次目标的实现需要全球的通力合作。

企业可持续发展是指追求自我生存和永续发展，并通过相应的战略与决策，实现经济、社会和低碳的可持续发展。三重底线理论认为，企业要想实现可持续发展，需要承担经济责任、社会责任和环境责任这三重责任。ESG标准并不简单地将生态层面和社会层面添加到经济层面，而是认为，如果企业想要在竞争市场中生存，就必须在财务上具有可行性，并将"经济指标"替换成"治理指标"。衡量企业可持续发展的方法有很多，可以采用资本指标，此外国内外一些机构还制定了各类指标来衡量企业发展的可持续性，如KLD指数、道琼斯可持续发展指数和GRI可持续发展报告指南。

核心概念

可持续发展(sustainable development)
可持续发展三支柱(three pillars of sustainable development)
经济可持续(economic sustainability)
社会可持续(social sustainability)
环境可持续(environmental sustainability)
可持续发展目标(sustainable development goals,SDGs)
企业可持续发展(corporate sustainable development)
三重底线理论(triple bottom line theory)

思考题

1. 可持续发展的内涵是什么？
2. 可持续发展的三个维度和三大支柱是什么关系？
3. 什么是联合国可持续发展的17个目标？这些目标之间是什么关系？
4. 什么是企业可持续发展，它与实现可持续发展目标有什么关系？
5. 什么是企业可持续的三重底线理论？
6. 如何衡量企业的可持续发展？
7. 实现企业可持续发展通常面临哪些挑战？

即测即练

第 9 章

环境保护伦理

学习目标

1. 了解环境公平的概念；
2. 了解人类面临的环境问题；
3. 理解什么是企业环境责任和企业如何承担环境责任；
4. 掌握碳达峰与碳中和的概念和"双碳"目标下的战略及路径；
5. 了解"双碳"背景下企业的机遇和挑战及企业行动。

引言

一直以来，环境问题都备受瞩目。1972年，《联合国人类环境会议宣言》的发表意味着环境保护成为世界各国共识。近些年来极端天气频发，大自然向我们敲响了环境保护的警钟。

1992年，科学家们提出了威胁人类未来的包括大气问题、全球变暖和人类人口增长等在内的八大环境问题。其中全球变暖问题最迫切，因此碳达峰和碳中和的概念被提出，"零碳社会"是众望所归。此外，企业的生产经营活动需要从环境中获取资源支持，而生产过程和产品最终报废都会破坏环境。因此企业作为环境污染最主要的生产者，必须承担相应的环境责任。本章主要介绍了当前人类面临的主要环境问题，尤其是企业与环境的关系和热议的"双碳"话题，希望通过对这些议题的探讨使读者重新审视环境问题。

加州突发重大环境灾难

加州南部海岸发生大规模石油泄漏，至少泄漏了 12.6 万加仑的原油，导致大量鱼类死亡，湿地受到污染，当地官员称这是一场"environmental catastrophe"。

由于石油和天然气公司 Amplify Energy 在海上作业时，原油管道发生泄漏，从南加州直到北加州旧金山湾区海域和周围环境均受到破坏。一夜间，美丽的海岸线就被蒙上了阴影。海洋表面的石油对许多形式的水生生物是有害的，因为它阻止了足够多的阳光穿透海洋表面，它也降低了溶解氧的水平。漏油事件对野生动物产生重大且不可逆的影响。除此之外，石油进入海洋后，还可以通过食物链最终在人体内富集，从而对人体健康造成严重危害。而受石油泄漏影响最大的行业之一就是渔业,在被污染的水域,其恶劣水质使养殖对象大量死亡;存活下来的也因含有石油污染物而有异味,导致无法食用。

资料来源:旧金山湾区华人资讯. mp. weixin. qq. com/s/Ja0Q2ydszOzCfLbRKZ1mgg。

9.1 人类与环境

9.1.1 环境公平

环境是指"以人类为主体的外部世界,主要是地球表面与人类发生相互作用的自然要素及其总体"。每一个人、国家和地区都客观地面临着一种环境,但是由于人与人的关系不同,反映出来的人在分配环境资源时的利益分配关系也不同,于是便导致有的人带来更少的负面环境后果但却承担更多的责任,也就是环境公平问题。

不同的人对环境公平有不同的定义。Stretesky(1998)等提出:首先,环境公平意味着环境危害应该在整个社会中平均分配,任何个人、群体或社区都不应因此类健康威胁而承受不成比例的负担。其次,从更理想的角度来看,环境公平意味着不应强迫任何人接受环境危害的不利影响。针对这个观点,美国国家环境保护局(EPA)对环境公平给出了以下定义:"在环境法律、法规和政策的制定、实施和执行方面,不分种族、肤色、国籍或收入的所有人的公平待遇和有意义的参与。公平待遇意味着不应该有任何群体,包括种族、民族或社会经济群体,应承担因工业、市政和商业运营或联邦、州、地方、部落计划和政策的执行而造成的负面环境后果的不成比例的份额。"美国环境司法委员会 1999 年提出:环境正义是一个概念,它以交叉和综合的方式解决与人口之间环境利益和负担分配有关的身体和社会健康问题,特别是少数民族或老年人口居住的未分级和危险的物理环境。Scandrett(2000)则将环境公平定义为代内、代际在资源消耗和生态健康方面的平等,并需要优先采取行动解决当前这种不平等状况中的受害者问题,即人人都要有良好的环境,所有人应公平地分享地球的资源。

本书认为,环境公平(environmental equity)指的是不分种族、肤色、国籍或收入的所有人公平地享有环境资源并公平地承担环境责任。环境公平是实现社会和谐和可持续发展的重要方面。

从最一般的意义上讲,环境公平可以区分为代际公平(intergenerational equity)与代内公平(intragenerational equity)两大类型。

1. 代际公平

代际公平是实现可持续发展的核心内容之一,指当代人和后代人在利用自然资源、享受清洁环境、谋求生存与发展上权利均等,其实质是自然资源利益上的代际分配问题。

Weiss(1992)提出了代际公平理论,其核心命题为:我们与同时代以及过去和未来其他世代的人类共同拥有自然环境和文化环境。每一代人既是环境的保管人也是环境的受益人,所以我们有保护地球的义务,并提出了代际公平三原则:第一,应该要求每一代人保护自然和文化资源基础的多样性;第二,应该要求每一代人保持地球的质量,以使它在传递时的状况不亚于这一代人所接受的状况;第三,每一代人都应该为其成员提供公平的权利,让他们有机会继承上一代留下的遗产,并为后代保留这一权利。

2. 代内公平

代内公平是代际公平的基础,没有代内公平,是不能实现代际公平的。

代内公平是指代内的所有人,不论其国籍、种族、性别,以及经济发展水平和文化等方面的差异,对于利用自然资源和享受清洁、良好的环境享有平等的权利。代内公平要求资源和环境在代内进行公平分配,强调不同发展空间即任何地区和国家的发展不能以损害别的地区和国家的发展为代价,特别应当顾及发展中国家的利益和需要,它强调人类的整体和长远的利益应当高于人们的那些局部、暂时的利益。

代内公平原则认为,所有人都是相互关联的,需要为了所有人的利益,将地球作为"公共地域"来共享。无论是在世界的不同区域、在区域内的不同群体还是在不同的社会阶层或其他不同的群体中,这项原则都承认所有人有权享有适当的份额。在促进可持续发展方面,代内公平意味着需要通过制定政策,确保人人的基本需要得到满足,不允许任何人低于健康生活质量所需的最低限度;还包括发展满足食物、住房、衣物和保健的生理需要以及尊重和爱的社会需要的方式,缩小特权者和受压迫者之间的物质和社会的差距。通过承诺遏制对环境和社会资源的浪费和破坏性使用,代内公平原则不仅促进对所有人人权的尊重,还支持保护和发展所有人的创造力。

代内公平主要表现为国内公平和国际公平。国内公平是指一国之内的所有人,对于利用自然资源和享受清洁、良好的环境享有平等的权利。国际公平是指不论发达国家还是发展中国家,对于利用自然资源和享受清洁、良好的环境都享有平等的权利。如把污染密集型和有毒有害产品的生产和销售转移到发展中国家,电子零部件、非金属等"洋垃圾"的国际走私活动猖獗,使发展中国家沦为发达国家的"垃圾堆"。这些活动都严重违背了国际公平。

9.1.2 环境问题

自从工业革命以来,特别是20世纪六七十年代以来,随着人类经济活动的扩大和现代科学技术的盲目应用,人与自然的冲突日益加剧,人类共同的家园——地球的生态环境遭到了空前的破坏。1992年11月18日,包括99位诺贝尔奖获得者在内的全球1500多位著名科学家发表了《对人类的警告》一文。科学家们认为,"人类与自然界正处于相互冲突之中",至少8个领域中存在着对全球环境的严重威胁:①大气问题;②全球变暖;③水资源问题;④固体和有害废物;⑤土壤侵蚀、贫化和盐化;⑥雨林遭破坏;⑦物种减少;⑧人类人口增长。其中,大气问题、全球变暖问题、水资源问题和土壤污染问题在2022年仍然严峻,尤其是以全球变暖为主要问题的大气污染问题。

下面将对大气问题、水资源问题和土壤污染进行介绍。

1. 大气问题

大气污染是指大气中污染物质的浓度达到有害程度,它会破坏生态系统和人类正常生存与发展的条件,对人和物造成危害的现象。其成因有自然因素(如火山爆发、森林灾害、岩石风化等)和人为因素(如工业废气、燃料、汽车尾气和核爆炸等),以后者为甚。比利时马斯河谷烟雾事件、美国洛杉矶光化学烟雾事件、日本四日市事件等大气污染案例,引发了人类对工业文明弊端和传统发展模式的反思及对大气污染的关注,也促使各国加强对空气污染严重状况的认知和治理。

(1) 全球变暖问题是全世界都面临的一种重要大气问题。人们焚烧化石燃料,如石油、煤炭等,或砍伐森林并将其焚烧时会产生大量二氧化碳等温室气体。这些温室气体对来自太阳辐射的可见光具有高度透过性,而对地球发射出来的长波辐射具有高度吸收性,能强烈吸收地面辐射中的红外线,导致地球温度上升,即温室效应。全球变暖会使全球降水量重新分配、冰川和冻土消融、海平面上升、干旱和洪涝加剧、山林火灾频发、病毒释放和传播加快等,不仅危害自然生态系统的平衡,还影响人类健康甚至威胁人类的生存。

2021年10月31日,世界气象组织(WMO)发布了《2021年全球气候状况》临时报告。数据显示,2020年全球温室气体浓度已达到新高,二氧化碳、甲烷和氧化亚氮的浓度分别比工业化前高出149%、262%和123%,而这种增长在2021年仍在继续。与此同时,全球海平面自2013年以来加速升高,并在2021年创下新的纪录。海洋正因温室气体浓度的升高而不断酸化。从海洋深处到高山之巅,从冰川融化到极端天气,全球的生态系统和所有社区都在遭受破坏。

(2) 除了全球变暖问题,氮氧化物也是导致我国一系列大气环境问题的重要根源。我国氮氧化物排放总量居高不下,污染形势十分严峻。大气氮氧化物排放会造成多种环境影响,主要表现在五个方面:氮氧化物直接造成的污染及其引起的臭氧污染、酸沉降、颗粒物污染和水体富营养化二次污染问题。氮氧化物是生成臭氧的重要物质之一,与城市臭氧浓度和光化学污染紧密相关。同时,氮氧化物还是城市细粒子污染的主要来源,成为我国大中城市普遍存在较为严重的大气颗粒物污染特别是区域细粒子污染和灰霾的重要根源。有关研究表明,氮氧化物排放也加剧了区域酸雨的恶化。

近年来,我国大气氮氧化物污染防治政策法规逐渐完善、技术日益成熟、产业初具规模。据2016—2020年中国生态环境统计年报,全国废气中氮氧化物、颗粒物排放量呈逐年下降的趋势(图9-1),证明我国近年常规大气污染物控制取得了积极进展,城市空气质量常规监测项目指标向好。但大气污染治理是一个长期且艰巨的过程,未来我国仍需不断努力以实现减排目标。

2. 水资源问题

(1) 淡水资源缺乏。地球上的水,尽管数量巨大,但能直接被人们生产和生活利用的水却少得可怜。首先,海水又咸又苦,不能饮用,不能浇地,也难以用于工业。其次,地球的淡水资源仅占其总水量的2.5%,而在这极少的淡水资源中,又有70%以上被冻结在南极和北极的冰盖中,加上难以利用的高山冰川和永冻积雪,有87%的淡水资源难以利用。人类真正能够利用的淡水资源是江河湖泊和地下水中的一部分,约占地球总水量的0.26%。全球淡水资源不仅短缺,而且地区分布极不平衡。21世纪,水资源正在变成一种宝贵的稀缺资源,水资源问题已不仅仅是资源问题,更成为关系到国家经济、社会可持

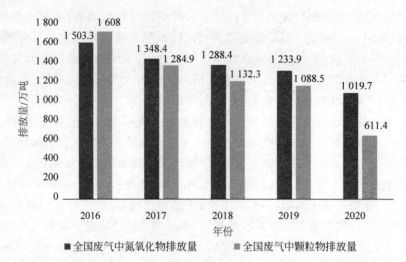

图 9-1　2016—2020 年全国废气中氮氧化物、颗粒物排放量变化趋势

资料来源：中华人民共和国生态环境部生态环境统计年报．https://www.mee.gov.cn/hjzl/sthjzk/sthjtjnb/．

续发展和长治久安的重大战略问题。

（2）水污染严重地威胁着我国的水资源安全。水污染恶化水质，不仅包括地表水环境，还包括土壤、地下水、近海海域甚至大气等相关的生态环境，并且会影响饮水安全和农产品安全，最终威胁人体健康，导致社会福利的损失。

据环境保护部（2008 年以前为国家环境保护总局，2018 年后为生态环境部）公布的《中国环境统计年报》数据（图 9-2），2019 年的全国废水排放总量较大，为 567.1 亿吨，原因在于经济和人口增长、快速的城市化给有限的水资源带来巨大压力。但我国废水排放总量处于逐年下降阶段，相比 2015 年废水排放总量最高峰的 735.3 亿吨，2019 年已经下降近 23%。可见我国水污染防治取得了一定的成效。

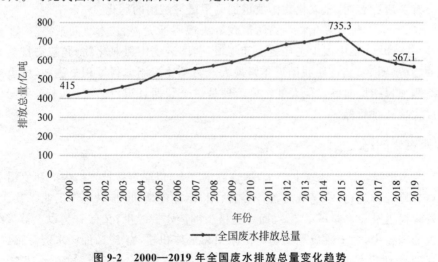

图 9-2　2000—2019 年全国废水排放总量变化趋势

资料来源：中华人民共和国生态环境部生态环境统计年报．https://www.mee.gov.cn/hjzl/sthjzk/sthjtjnb/．

未来我国在水污染治理上仍面临许多的问题。我国用近 40 年时间追赶发达国家的工业化城市化进程,当前的生态环境问题是发达国家 200 多年工业化进程中出现问题的集中,处理起来难度很大。我国水生态环境压力仍然处于高位,水生态环境保护形势依然严峻。从发展阶段看,尽管经济增速下降了,但按照水资源规划,用水总量到 2030 年将控制在 7 000 亿吨以内。用水总量增速逐步下降,用水效率加速提升,但水资源消耗与环境承载不足的矛盾依然突出。

3. 土壤污染

随着社会经济的发展,人类工业或农业生产过程中产生的各种污染物通过不同途径进入土壤环境,最终超过土壤自净能力,使土壤质量与功能发生变化,危及人类及其他生物的生存和发展,即为土壤污染。

按照污染物属性,土壤污染可分为无机污染、有机污染以及生物污染等。土壤无机污染以重金属或类金属(如镉、砷、汞、铜、铅、铬)污染为主。值得注意的是,近年来随着纳米技术和纳米材料的大规模应用,大量的人工纳米颗粒物如纳米金属氧化物、含碳纳米颗粒物及量子点等进入土壤中,其生态安全性和潜在健康风险也日益受到关注。

2021 年 6 月 4 日,联合国粮食及农业组织(粮农组织)与联合国环境规划署(环境署)联合发表《全球土壤污染评估》。报告指出,日益加剧的土壤污染和到处扩散的废弃物正在威胁着未来全球的粮食生产以及人类和环境的健康,需要全球即刻行动起来,以应对这一挑战。报告还指出:2000 年至 2017 年间,杀虫剂的使用量增加了 75%。2018 年,全球人工合成氮肥的使用量高达 1.09 亿吨;最近几十年来,塑料在农业中的使用量大幅增长。2019 年,仅欧盟地区的农业领域就消耗了 70.8 万吨非包装用塑料;废弃物也在逐年增加。目前,全球每年产生的废弃物约为 20 亿吨;随着人口的增长和城市化进程,预计到 2050 年,这一数字将增长至 34 亿吨。全球土壤正面临严峻的污染形势。

根据环境保护部和国土资源部 2014 年 4 月发布的《全国土壤污染状况调查公报》,全国土壤环境状况总体不容乐观,部分地区土壤污染较重,耕地土壤环境质量堪忧,工矿业废弃地土壤环境问题突出。工矿业、农业等人为活动以及土壤环境背景值高是造成土壤污染或超标的主要原因。全国土壤总的超标率为 16.1%,其中轻微、轻度、中度和重度污染点位比例分别为 11.2%、2.3%、1.5% 和 1.1%。

当前及今后的一段时间内,我国经济增长仍受资源环境约束,土地资源紧缺、人口众多的基本国情没有变化,粮食安全保障的压力持续加大,土壤环境保护面临诸多挑战。我国重化工业仍将保持较大规模,污染物排放将进一步加重区域性、流域性土壤污染。我国土壤环境问题呈现多样性和复合性的特点,风险管控难度进一步加大,多年累积的土壤环境问题将呈集中爆发的态势。

9.2 企业与环境

虽然习惯国际法有规定在其管辖范围内和管辖范围外都要遵守保护环境的一般义务,但对于商业企业来说似乎没有这样的规则。因为国际公法只约束国家,所以商业企业这类非国家行为体的国际权利和义务是有限的。然而，企业确实有责任保护环境。虽然2011年的《企业社会责任指南》提供了企业社会责任框架，但企业的环境责任却被忽视了。因此，目前的企业社会责任框架必须由企业环境责任补充。通过平衡经济发展与社会和环境需求，企业社会责任将致力于甚至将成为实现可持续发展的工具。

9.2.1 企业环境责任的概念

企业环境责任一直都是企业社会责任的重要内容，但随着环境问题日益深化，它逐渐从企业社会责任中独立出来。20世纪90年代伊始，企业环境承诺、有效社会责任（ECSR）、企业环境主义、企业环境公民、企业绿色化与绿色管理等概念纷纷出现，显示了学术界对企业环境责任及其企业环境行为的高度关注。

企业环境责任的定义是：在认识到企业对环境的伦理性责任前提下，企业采取开发环境友好型产品、改善生产流程的环境影响、提高资源可持续利用效率以及慈善捐赠等形式对企业的环境影响进行管理，并取得生态环境改善、资源效率提高与污染减排等环境绩效的管理行动和过程。企业的环境责任通常包括对自然的环境责任、对市场的环境责任和对公众的环境责任。

企业对自然的环境责任，是指企业为了实现可持续发展而对自然环境承担的社会责任。企业对待环境不应当仅持有索取的态度，一味地消耗自然资源。企业应该在取得自身的发展之后，给予环境一定的回报，通过特定的方式，将一部分的资源返还给环境。

企业对市场的环境责任，是指企业为了实现可持续发展对产品市场承担的社会责任。企业向市场提供的产品除了应该具有特定的功能性价值以外，还应该具有一定的环境价值。企业在生产经营活动过程中，要尽可能地采取绿色的生产方式，努力实现清洁生产、循环经济，不断地降低生产过程对环境造成的负面影响。企业应当创新产品设计和产品回收体系，推动产品生产过程生态化、产业发展可持续化，为产品市场提供绿色产品。

企业对公众的环境责任，是指企业为了实现可持续发展而对社会公众承担的社会责任。在我们国家，企业践行环境责任是为了全社会人民的生态福祉。企业在生产经营活动中，不仅要通过污染治理、碳交易、生态补偿等多种措施促进当代人之间的机会均等和公平正义，还需要减少耗竭资源和不可再生资源的使用，维护"当代人"与"后代人"的代际公平，不能为了满足当代眼前的利益而损害后代人的利益。

9.2.2 企业承担环境责任的原因

《2020年中国生态环境统计年报》显示：全国废气中颗粒物排放量为611.4万吨，其中，工业源废气中颗粒物排放量为400.9万吨，占总量的65.5%以上。企业是我国环境的主要破坏者，应该承担相应的环境责任已经成为社会的共识。虽然，仍有学者认为企业承担环境责任会在短期内减少企业的经济利益，在一定程度上会影响企业的发展。但是，企业承担环境责任不会影响企业的长远发展，相反，有时还能带来意想不到的收获。

企业承担环境责任的原因主要有以下几点。

1. 影响企业的管理效率

企业承担环境责任会影响企业的管理效率。企业为了更好地履行环境责任,会选择创新的环境责任,不断地进行环境创新,从而推动技术进步,以此来改变原有的缺乏效率的生产方式,减少资源的浪费,最终体现为成本节约效应。

国外的学者 Sharma(2000)以加拿大的企业样本为研究证实了成本效应。企业提高排放效率可以提升运营效率、节约成本,为企业创造成本优势。企业采取环境保护的生产方式,不仅是在践行环境责任,同时也能降低企业包括能源节约、资源利用和废物排放在内的生产环境成本。

企业承担环境责任除了能降低企业的生产环境成本之外,也对雇员关系和人力资源管理绩效有着正面的影响。主动承担环境责任的企业拥有较好的外部声誉,更能吸引高素质的员工(员工的素质越高,他们对企业的要求就越高,如更高的企业公民行为)。另外,对环境更负责的企业可能更加看重可持续发展以及长远的利益,其可持续发展的理念有助于在企业内部营造一种积极向上的良好氛围,影响员工的组织承诺。

2. 影响品牌形象与声誉

企业承担环境责任会影响品牌形象与声誉,甚至有学者认为企业环境责任本身就是企业声誉的重要维度。长久以来,随着环境问题的日益深化,社会公众和利益相关者对企业履行环境责任拥有更高的期待,他们希望企业在追逐经济利益的同时,能够兼顾环境效益,减少对环境的破坏。主动承担环境责任的企业在社会上都饱受赞誉,拥有良好的品牌形象,获得顾客认同,提升顾客的满意度与品牌忠诚度,最终这些无形资产都会在企业的有形利益上有所体现。

相反,如果一个企业将环境责任置之不理,其企业形象和社会声誉也会崩坏,最终造成难以挽回的后果。2010年,紫金矿业发生严重的企业废水泄露污染事件,在此事被曝光之后,紫金矿业股价大跌。2021年4月13日,日本正式决定向海洋排放福岛第一核电站含有对海洋环境有害物质的核废水,东亚各国消费者获得消息之后纷纷指责日本,同时也对日本企业的产品产生了抵制情绪,他们认为一个国家或者企业对环境持有不负责的态度,那么它们对其产品也必定抱有同等态度。

3. 影响企业的财务绩效

企业承担环境责任会付出一定的成本,但同时也会有一些财务上的收益。对企业而言,是否愿意付出成本面临着决策,因为成本是必需的,但收益却无法确定。

研究显示,企业承担环境责任能带来经济收益。许多学者用不同的方法评估了环境绩效变化与财务绩效变化之间的关系,并得出了环境绩效与财务绩效正相关的结论。此外,人们发现,积极主动的企业环境战略或环境实践模式不仅限于遵守环境法规,还能改善财务业绩。Klassen 和 McLaughlin(1996)发现公司获得的环境奖励与其股票价格之间存在正相关关系。Christmann(2000)的研究表明,当企业实施环境管理的"最佳实践"时,互补过程能力有助于成本优势。Triebswetter 和 Hitchens(2005)通过三个案例,研究了德国工业工厂是否因严格的环境立法而对竞争力造成了负面影响。而结果表明,污染治理措施得到了实施,并且没有造成明显的经济损失。

从这些学者的研究中可以发现,一般而言,企业承担环境责任带来的收益都会多于付出的成本,也就是说,承担环境责任对企业的财务绩效有正向的影响。

4. 增加企业的可持续竞争优势

当管理者认为环境责任是通过节省成本、形成产品差异化、提高生产效率、提高形象或补贴和免税等优势来提高竞争力时,他们会促进积极的环境战略的发展和应用,也会努力减少企业活动对自然环境的影响,从而促进社会的可持续发展。因此,许多企业会采取战略来保护环境。

在某些情况下,如在美国,消费者在作出购买决定和选择品牌之前,可能会考虑那些有环保标志的品牌。文献表明,那些表现出尊重环境行为的公司会获得更好的结果。例如,有学者通过对欧洲中型企业进行为期4年的研究,证明了企业绩效的提高与清洁生产呈正相关,这也有助于生产成本的降低。

总的来说,企业承担更多的环境责任能给企业带来可持续竞争的优势,从而帮助企业更好地在市场竞争激烈的环境中脱颖而出,取得优势地位。

9.2.3 影响企业承担环境责任的因素

我们国家的政策鼓励企业自觉承担企业环境责任,同时也有越来越多的企业意识到了承担企业环境责任的好处,然而企业环境责任的承担状况却仍然不容乐观。企业承担环境责任受制于多重因素,包括外部因素和内部因素。

1. 外部因素

影响企业承担环境责任的外部因素主要包括制度环境、市场力量、利益相关者的压力和环境自律机制。

(1) 制度环境。制度环境是企业从事生产经营活动时需要遵守的基本的政治、经济和文化有关的法律、法规和习俗,它规定了企业从事生产经营活动可选择的范围。在违法成本较低或者社会规范程度较低的环境下,企业往往会偏向于机会主义,仅仅满足最低限度的环保法规要求,尽量回避采取志愿性环保行为,甚至破坏环境仅缴纳较低额度的罚款来获取不道德的收益。而在制度规范严格的国家,即便没有严格而明晰的环境制度,企业对于破坏环境的行为也会采取谨慎的态度来规避可能出现的风险和惩罚。

(2) 市场力量。市场力量也是影响企业承担环境责任的一个重要外部因素。随着公众环保意识的日趋增强,绿色消费发展劲头十足,绿色需求渐渐成为一道重要的市场力量,引导着市场的发展。越来越多的消费者会更倾向于选择生产过程对环境影响更小的绿色有机蔬菜;而诸如优衣库、ZARA等快时尚品牌企业加快服装迭代速度的行为,加剧了服饰对环境的污染而遭到部分消费者的自觉抵制。

(3) 利益相关者的压力。企业的决策不是独立进行的,它受利益相关者的影响。同时,企业的决策和经营活动也要考虑对利益相关者的影响。社会媒体和公众通过对企业的监督和舆论压力影响企业承担环境责任,企业会为了获得良好的声誉和更少的指责而承担社会责任。此外,员工也是企业承担环境责任的中心环节,企业能够承担环境责任有赖于员工的介入和参与。

(4) 环境自律机制。环境自律机制指的是企业通过谈判对企业的环境行为进行约束或自我约束,并执行特定的环境标准与采取相应行动,如全球契约组织或碳交易机制。企业发起成立和参加环境相关的组织(如阿拉善 SEE 生态协会等),或通过 EMAS(欧盟生态管理与审核系统)和 ISO 14001 认证以及参与全球报告倡议组织的倡议活动,可获得更多的企业环境影响信息,以全面审视企业运作表现,从而对企业承担环境责任产生积极影响。

2. 内部因素

影响企业承担环境责任的内部因素主要包括企业规模、环境价值观和企业战略。

(1) 企业规模。大企业往往在社会上备受瞩目,因此它们也面临着较大的政治成本。另外,企业规模越大,其行为对环境的影响也越大,它们承载着公众更多的期望。大企业以充足的资金、丰厚的人力和先进的技术为倚靠,能为企业承担环境责任提供更有力的支持。

(2) 环境价值观。在环境管理中,领导人的环境价值观被认为在企业承担环境责任过程中扮演关键性角色。有学者认为,以创新创业形态承担企业社会责任需要强烈的价值观导向和愿景依赖。东风 Honda 认为企业是社会的企业,秉承"给孩子留下一片蓝天"的基本理念,打造绿色工厂,生产绿色产品,获得了较显著的成效。

(3) 企业战略。企业战略是影响企业环境责任重要内部因素之一。迄今为止,在全球范围内积极承担企业环境责任的企业都曾先后提出绿色或者可持续性的发展战略。企业会基于自身的条件和未来的发展道路制定发展战略,企业的绿色战略会为企业承担环境责任的程度和具体行为指明方向。2010 年,美国通用电气公司宣布了"绿色创想"战略,规划在未来 5 年内要将盈利与节约能源相结合,以获取经济效益和社会责任上的成功。这一长期性和规范性的战略是美国通用电气公司目前最成功的战略之一,它帮助企业的产品在中国快速落地。

9.3 "双碳"目标下的企业行动

全球气候问题是人类生存的重大隐患。全球气候变暖的主要凶手是包括二氧化碳、甲烷等在内的温室气体(greenhouse gas,GHG)。这些温室气体像一床厚厚的被子,紧紧地裹住地球,带来两极冰川融化、海平面上升、高温热浪等全球性问题。近些年来,极端天气频发,带来不计其数的经济损失和难以预料的风险,这是大自然给人类的警示和惩戒。面对这些难题,学界早已给出了挽救方法,那就是"零碳"。然而,无论是企业的经营生产还是生命体的日常活动,必然会产生二氧化碳,零碳是指采取科学的方法吸收与排放量相等的温室气体。步入"零碳社会"涉及两个关键概念——"碳达峰"和"碳中和",即"双碳"目标或"30·60双碳目标。

9.3.1 "双碳"目标

1. 碳达峰和碳中和的概念

"双碳"是"碳达峰"和"碳中和"的简称。

广义上的碳排放是指所有温室气体的排放,狭义上的碳排放是指二氧化碳的排放。因此,从狭义上讲:

碳达峰是指二氧化碳排放量达到历史最高值,经历平台期后持续下降的过程,是二氧化碳排放量由增转降的历史拐点。实现碳达峰意味着一个国家或地区的经济社会发展与二氧化碳排放实现"脱钩",即经济增长不再以增加碳排放为代价。因此,碳达峰被认为是一个经济体绿色低碳转型过程中的标志性事件。[①]

碳中和是指在某一个时间段内,每一个对象(可以是全球、国家、企业甚至某个产品等)未来"排放的碳"和"吸收的碳"相等。

只有尽早实现碳达峰的目标,才能够进行碳中和的行动,越早实现碳达峰,迈向碳中和的过渡时间也就越长,减排压力也越小,对经济的影响也就越平缓。实现碳中和是守护我们唯一的地球家园的重要举措,是全人类的责任,每一个国家、地区、行业、企业以及个体都责无旁贷。

2. "30·60"双碳目标的正式提出

为了维护气候环境,截至2021年,全球共有120多个国家和地区提出了"净零排放"或"碳中和"的目标。不丹和苏里南已经率先实现了碳中和,英国、法国和丹麦等6个国家已经对碳中和进行了立法。

中国一直是全球气候环境强有力的守护者。2020年9月22日,中国在第七十五届联合国大会一般性辩论上提出:中国将提高国家自主贡献力度,采取更加有力的政策和措施,二氧化碳排放力争于2030年前达到峰值,努力争取2060年前实现碳中和。

随着"30·60"双碳目标的正式确立,2021年10月24日中共中央、国务院印发的《关于完整准确全面贯彻新发展理念做好碳达峰碳中和工作的意见》中提出五方面主要目标:构建绿色低碳循环发展经济体系;提升能源利用效率;提高非化石能源消费比重;降低二氧化碳排放水平;提升生态系统碳汇能力。

目前,我国明确了长期低碳转型的总体思路,完善了相关的政策体系,建立了健全绿色低碳循环的经济发展体系,规划了有序退煤路线图以及电力、建筑、钢铁等重点产业的转型路径,助力碳达峰与碳中和的中长期目标。

3. "双碳"目标提出的背景

(1) 国际背景。科学家们经过长期研究已达成共识,全球变暖是全人类都面临的重

[①] 2030年前碳达峰的总体部署——就《2030年前碳达峰行动方案》专访国家发展改革委负责人[EB/OL]. (2021-10-27). http://www.gov.cn/zhengce/2021/10/27/content_5645109.htm.

大环境危机,导致全球变暖的"罪魁祸首"是人类活动不断排放的二氧化碳等温室气体。2022年4月4日,联合国政府间气候变化专门委员会(IPCC)发布3000页最新报告,题为《气候变化2022:减缓气候变化》。报告显示,2010—2019年全球温室气体年平均排放量处于人类历史上的最高水平,2019年的排放量达到590亿吨,比2010年全球525亿吨的排放量跃升了12%,即过去10年平均每年增长1.3%。

为了共同应对气候变化的挑战,减缓全球变暖趋势,2015年12月,近200个缔约方共同通过了《巴黎协定》,对2020年后全球如何应对气候变化作出了行动安排。《巴黎协定》的目标是:联合国气候变化框架公约的缔约方,立即明确国家自主贡献减缓气候变化,碳排放尽早达到峰值,在21世纪中叶,碳排放净增量归零,以实现在21世纪末将全球地表温度相对于工业革命前上升的幅度控制在2℃以内。

之后,多数发达国家在实现碳排放达峰后,明确了碳中和时间表。作为世界上最大的发展中国家和最大的煤炭消费国,中国尽快实现碳排放达峰以及与其他国家共同努力到21世纪中叶左右实现二氧化碳净零排放对全球气候应对至关重要。

(2)国内背景。改革开放以来的实践证明,只有让发展方式绿色转型,才能适应自然规律,实现中华民族的永续发展。根据智研咨询发布的《2021—2027年中国二氧化碳行业运行动态及投资前景评估报告》数据,2020年中国二氧化碳排放量为98.9亿吨,占全球二氧化碳总排放量的30.93%,居全球首位,排放量是位居第二的美国的近2.5倍。为此,2020年,中国基于推动实现可持续发展的内在要求和构建人类命运共同体的责任担当,宣布了碳达峰、碳中和目标愿景,主动作出减排承诺,彰显了大国责任与担当。

4. "双碳"目标提出的意义

对于中国来说,实现碳中和不只是一种责任,对于加速我国社会、经济、能源、技术等方面的转型与重构同样具有许多高瞻远瞩的战略意义。例如:

(1)摆脱能源的对外依赖程度;
(2)促进全球产业链重构;
(3)推动资产重新配置;
(4)以气候外交提升国际话语权;
(5)推动产业技术升级;
(6)创造新型就业机会;
(7)推动循环经济转型。

9.3.2 "双碳"目标下的战略和路径

2022年3月,中国工程院发布重大咨询项目《我国碳达峰碳中和战略及路径》成果。该重大咨询项目由40多位院士、300多位专家、数十家单位,重点围绕产业结构、能源、电力、工业、建筑、交通、碳移除等方面展开系统研究,旨在贯彻落实党中央、国务院关于实现碳达峰碳中和重大决策部署,为我国实现碳达峰碳中和提供八大具体战略及七条路径选择。研究认为,实现碳达峰碳中和是推动我国经济社会高质量发展的必由之路,同时也面临诸多挑战。

1. "双碳"目标下的八大战略

为有序推进我国碳达峰碳中和工作,应坚持八大具体战略。

(1) 节约优先战略:秉持节能是第一能源理念,不断提升全社会用能效率。

(2) 能源安全战略:做好化石能源兜底应急,妥善应对新能源供应不稳定,防范油气以及关键矿物对外依存风险。

(3) 非化石能源替代战略:在新能源安全可靠逐步替代传统能源的基础上,不断提高非化石能源比重。

(4) 再电气化战略:以电能替代和发展电制原料燃料为重点,大力提升重点部门电气化水平。

(5) 资源循环利用战略:加快传统产业升级改造和业务流程再造,实现资源多级循环利用。

(6) 固碳战略:坚持生态吸碳与人工用碳相结合,增强生态系统固碳能力,推进碳移除技术研发。

(7) 数字化战略:全面推动数字化降碳和碳管理,助力生产生活绿色变革。

(8) 国际合作战略:构建人类命运共同体的大国责任担当,更大力度深化国际合作。

2. 实现"双碳"目标的七条路径

在八大战略基础上,通过以下七条路径实现碳达峰、碳中和目标。

(1) 提升经济发展质量和效益,以产业结构优化升级为重要手段实现经济发展与碳排放脱钩;

(2) 打造清洁低碳安全高效的能源体系是实现碳达峰碳中和的关键和基础;

(3) 加快构建以新能源为主体的新型电力系统,安全稳妥实现电力行业净零排放;

(4) 以电气化和深度脱碳技术为支撑,推动工业部门有序达峰和渐进中和;

(5) 通过高比例电气化实现交通工具低碳转型,推动交通部门实现碳达峰碳中和;

(6) 以突破绿色建筑关键技术为重点,实现建筑用电用热零碳排放;

(7) 运筹帷幄做好实现碳中和"最后一公里"的碳移除托底技术保障。

3. 解决"双碳"过程中问题的三大建议

为更好解决我国实现碳达峰、碳中和过程中所面临的问题,咨询项目组专家进行综合研判,提出三个方面重大建议:一是保持战略定力,做好统筹协调,在保障经济社会有序运转和能源资源供应安全前提下,坚持全国一盘棋、梯次有序推动实现碳达峰碳中和。二是强化科技创新,为实现碳达峰碳中和提供强大动力,尤其是必须以关键技术的重大突破支撑实现碳中和。三是建立完善制度和政策体系,确保碳达峰碳中和任务措施落地。加快推动建立碳排放总量控制制度,加速构建减污降碳一体谋划、一体推进、一体考核的机制,不断完善能力支撑与监管体系建设。

9.3.3 "双碳"目标下各行业的转变路径

本部分从能源供给侧和能源需求侧两个方面,讨论"双碳"目标下各行业的转变路径。

1. 各行业的碳中和全景图

中国要达成碳中和,依赖于发电部门的完全脱碳和所有经济部门的电气化,而这就离不开氢能、生物质能和碳捕集、利用和封存(CCUS)等技术的大规模应用,见图9-3。能源基金会研究表明,为实现碳中和的目标,必须提高低碳能源在一次性能源消费中的占比。因此,要想实现碳中和,就必须完成对能源系统的低碳绿色转型。此外还需要完善碳排放交易体系、发展碳的"负排放"技术和健全绿色金融体系为能源系统的转型提供有力支持。

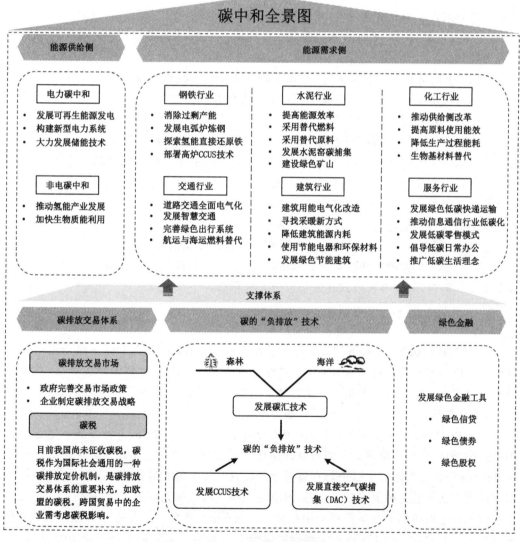

图9-3 碳中和全景图

资料来源:安永碳中和课题组. 一本书读懂碳中和[M]. 北京:机械工业出版社,2021:36.

2. 能源系统转型

能源系统分为供给侧和需求侧。在供给侧，实现电力碳中和是我国减排的核心。2019年，我国煤发电量占总发电量的比重为63.9%，煤电是火电的主体，传统的燃煤机耗能高、污染重，需用水电、风电和太阳能发电这些可再生能源电力，逐步取代非可再生能源电力的主导地位。在需求侧，实现工业、交通、建筑和服务行业的脱碳。

（1）供给侧发展可再生能源电力。实现发电侧"脱碳"要推进陆上风电外送，加强海上风电技术研发。风电是环保能源技术中最为成熟的一类，也是目前成本最低的环保发电方式。我国风力资源十分丰富，然而，我国陆上的风电集中于东北、西北和青藏这些偏远地区，而东部沿海地区是我国的用电密集区。因此，要通过加快特高压跨区输电通道建设增强风电消纳能力。同时，推进光伏发电产业的发展，要持续降低光伏发电成本，鼓励光伏发电分散式分布和就地消纳，减少"弃光"现象。此外，我国拥有较为成熟的水电开发技术，实现发电侧"脱碳"要发挥水电基础保障作用。当然，水电开发要注意土地利用和环境保护规划。

（2）需求侧实现行业"脱碳"。①要实现工业行业"脱碳"，必须实现行业"三大巨头"——钢铁、水泥和化工的"脱碳"。我国钢铁行业碳排放量占全球钢铁碳排放量的50%以上，是名副其实的行业巨头。解决钢铁行业的排放难题，首先要做的就是消除过剩产能，淘汰那些高耗能的低端钢铁产品，优化产业结构。其次则是发展CCUS、氢能直接还原铁和电弧炉炼钢新技术，实现产能升级。石灰石是水泥生产生料的主要成分，经过高温煅烧会排放大量二氧化碳，发展绿色水泥也不失为一种高效手段。化工行业的"脱碳"要依靠市场的力量，龙头企业会在市场竞争中更有优势。②交通行业的"零碳"未来在于道路交通的全面电气化，新能源汽车会点亮未来的环保之路。③建筑行业"脱碳"的主要方法包括电气化的推广、新的供暖方式、节能电器和环保建筑材料的使用等。④服务行业的"脱碳"与每一个人的生活联系得更紧密，它着眼于绿色低碳的快递运输和信息通信行业低碳化。同时，低碳零售模式在未来也会大放异彩。

3. 构建支撑体系

（1）碳排放交易体系。碳排放交易市场是指允许将诸如碳配额和碳金融衍生产品碳排放交易权相关产品放到市场上买卖。这样有助于激励企业进行新旧动能转换，并且引导资金和技术自觉流向低碳领域。建立健全碳排放交易市场体系必须依仗国家政策的支持、明确的奖惩机制和公平公正的碳配额分配标准。

（2）碳的"负"排放技术。碳汇是利用生态系统实现"负排放"的一种方式。生态系统中的植被、微生物和土壤可以利用自身碳循环固定大气中的二氧化碳。林业碳汇是国际认证的"绿色黄金"，可以通过造林和森林管理吸收大气中的二氧化碳。与森林不同，海洋储碳固碳的功能总是被大多数人忽略，但事实上海洋却是碳循环的最大"功臣"。

CCUS是指捕集工业生产过程中排放的二氧化碳，再将其投入新的工业生产中进行循环再利用的过程。CCUS技术为能源密集型企业提供了有效的低碳解决方案。目前，CCUS技术成本高昂，大规模推广比较困难。

(3) 绿色金融。传统的金融主要从经济的可行性、财务回报的角度考虑最有效的配置资金资源,以产生收益,并在给定的资产组合下将收益率最大化。而绿色金融则更加注重负外部性,并且将其视为资金配置效率的指标之一。绿色金融工具主要包括绿色信贷、绿色债权和绿色股权三大种类。绿色金融是构建碳中和支撑体系的重要一环,能为低碳企业和行业带来新的生机。

9.3.4 企业的"双碳"行动

1. 企业面临的挑战和机遇

随着我国"30·60"双碳目标的提出,应对气候变化,不再只是环保者的呼吁和污染企业所需要考虑的问题,而是所有企业需要考虑的重要战略之一。企业将如何根据自身情况,应对"双碳"目标,采用怎样的响应态度,采取怎样的战略决策,是现今企业实践和学界讨论的热门话题。

(1) 企业面临的挑战。在"双碳"目标下,企业主要面临三大挑战:一是资金和成本的挑战。企业需要改变现有能源结构,投资新能源体系,替换掉碳排放高的设备和系统,还可能面临一些不在会计条目中的成本。二是目前我国的低碳技术仍处于研发阶段,技术并不成熟。不成熟的技术不仅会影响企业低碳技术的应用和未来更新迭代的成本,还会增加企业低碳技术的投资风险。三是低碳技术的商用化成本高、收益低、过程长,未能形成良好的商业模式。

(2) 企业面临的机遇。

首先,绿色产业的潜在发展空间和大量的绿色创业机会的存在。未来,低碳、零碳、负碳的新型产业体系也将为企业发展带来新的机遇。在这一背景下,将会存在大量绿色低碳领域的创新创业市场机遇有待发掘。

其次,绿色金融同时也成为新能源企业盈利的一个新渠道。由于低碳技术和低碳技术市场不成熟,为了实现碳中和目标,我国乃至全球需要巨额资金的投资。如氢能委员会2020年预计,从现在到2030年,需要在全球范围内筹集2 800亿美元投资才能充分发挥氢在能源转型中的重要作用。因此,碳汇、碳交易、碳基金、碳债券等绿色金融形态不断涌现。通过绿色金融市场,"碳"成为交易和投资的资产。

2. "双碳"目标下的企业行动

(1) 认清"双碳"大势。我国推进"双碳"目标的实施,将会围绕碳排放对一些消耗化石能源的重污染、高排放传统行业的产能扩张作出更加严格的约束。此外,为了实现"双碳"目标,各部委已经或将发布一系列"双碳"政策,这将促进产业结构转型和市场变局。因此在"双碳"背景下,企业应当采取更加积极的态度,主动承担起低碳减排的任务,同时搭上能源转型的快车,顺势获得更大的发展空间。

但是就目前情况来看,大部分企业并不情愿主动承担起"减碳"的责任,没有具体制定"双碳"时间表和行动路线。甚至,有一些企业避难就易,闭口不谈核心减排,只是简单地采用类似于植树造林这种杯水车薪的方案。

（2）明确碳中和对企业的重要意义。企业如何有效碳减排、有效管理碳资产等，越来越影响企业在行业中的竞争地位和竞争优势，甚至关乎企业的存亡。因此，企业，特别是领先企业需要通过积极投身绿色低碳创新浪潮，在转型中占领先发优势，并引领产业链的绿色低碳转型和可持续发展，构建和提升绿色转型先发优势。

（3）明确自身碳排放范围，确定碳排放总量。做好碳核算工作是企业开展碳中和工作的基础。企业可以根据世界资源研究所和世界可持续发展工商理事会指定的《温室气体核算体系》来明确自身的碳排放范围。当前国际上有两种核算方法——ISO 14064 和 ISO 14067。

（4）结合企业特征，制定科学的减碳目标。在企业明确自身碳排放范围、确定碳排放总量后，企业可以结合我国"30·60"双碳目标，制定自身的减碳目标。世界自然基金会（WWF）联合全球环境信息研究中心（CDP）、世界资源研究所（WRI）以及联合国全球契约项目（UNGC）在 2015 年发起了一项"科学碳目标倡议"（science based targets initiative, SBTi），为企业制定科学的碳目标提供了一个参考。

（5）制定具体行动路线。企业减碳可以从能源供给侧和能源需求侧分析，具体规划行动路线。实现碳中和时，不能走入只依靠碳抵消的误区。比如，植树造林只是起到一定程度的固碳作用，并且是一种不太稳定的固碳方式，一场森林大火就能将之前的努力付之一炬，温室气体又会重新跑到大气中。因此，只有摆脱对化石能源的依赖，才能从源头上实现减碳，而这需要企业围绕其核心业务，在工艺和技术方面加大研发、投资力度，拓展低碳转型的解决方案，确保技术的持续创新与升级。同时，企业也要注重碳风险的管理与相关信息的披露。

企业参与碳中和目标，不仅要从观念上理解、接受，还要制定碳排放权管理计划，学会利用碳足迹、碳标识等工具，并积极参与碳排放权交易和公益事业。

"双碳"目标下远大"活楼"的实现

2021 年 6 月 5 日，在中国长沙远大城内，一座 11 层的住宅楼，仅仅使用 28 小时就建成了。这栋建筑被取名为"活楼"，是全球首创的不锈钢工厂化建筑。紧接着，7 月 16 日，远大城内召开活楼科技畅想大会，会议在全球掀起了"千年活楼，保护人类"运动。事实上，自 2018 年不锈钢芯板研发成功，远大科技集团有限公司（以下简称"远大集团"）就停产碳钢结构建筑，用不锈钢替代碳钢，从此致力于不锈钢工厂化建筑的开发。"活楼"的开发，正是远大集团致力于实现我国"双碳"目标而作出的努力。

碳排放的急剧增加，使温室效应持续加强，导致全球平均气温不断攀升，而人类活动的碳排放是气候变暖的主要原因。在全球与能源有关的碳排放中，建筑领域二氧化碳排放量约占 40%。2017—2018 年，全球建筑行业 CO_2 排放量增长了 2%，达到历史最高水平。

中国 2012 年将生态文明建设纳入"五位一体"总体布局，2020 年正式提出"30·60"双碳目标，到 2021 年已经把碳达峰、碳中和纳入生态文明建设整体布局。为此，中国已出台一系列政策,完善了绿色低碳循环发展的政策体系,也推进了建筑行业绿色低碳转型。

远大集团成立于1988年,是一家仅用3万元起家的中国民营企业,其使命是"为了人类未来:用原始创新的节能、耐久科技,保护地球家园;用原始创新的洁净、安全科技,保护人类生命"。远大集团的价值观将道德、责任、环保、人类的健康、人类的未来与情谊视作比生存、发展、盈利、自己的健康、自己的未来与得失更为重要的东西。

远大可建科技有限公司(以下简称"远大可建"),创于2009年,是远大集团投资80亿元的全资子公司。远大可建从初期就制定了六项可持续发展标准:9度抗震、5倍节能、10倍寿命、百倍净化、100%钢结构(碳钢)、1%建筑垃圾,致力于开发可持续建筑。

起初,远大集团仅仅为各种类型的建筑提供绿色、节能的空调和空气产品等,但是随着全球建筑行业碳排放量急剧增长,建筑能耗严重上升,远大集团意识到推动建筑行业绿色转型迫在眉睫。建筑的碳排放主要产生于三个阶段:建材的生产阶段、建筑的建造阶段和建筑的运行阶段。远大集团主要从这三个阶段入手,寻找解决问题的方法。

为了解决建筑抗震和节能问题,早在2009年,远大可建就发明了钢结构工厂化建筑,能够实现9度抗震和5倍节能,并在6年间建成了58幢装配式建筑。然而,这类建筑仍以碳钢为结构材料,并不能真正实现节能环保。2015年,考虑到传统的钢筋混凝土建筑材料的性能、寿命和带来的生态问题,远大可建开始构思一种低成本的蜂窝板,于2018年成功研发并取名为不锈钢芯板。这种不锈钢芯板建筑从原材料生产到废弃均能降低碳排放,采用创新技术进行工厂化预制,人工需求较少,能够精确控制质量和成本。

然而,成功研发一栋真正的绿色建筑还面临许多阻碍,解决了基本的材料问题之后,需要进行楼体的设计、制造和施工,还需考虑废弃物处理、标准化和个性化生产等实践问题。6年碳钢结构工厂化建筑的既往实践为公司培养了一批优秀的技术人员和骨干人员,他们积累了从产品设计到试验试制的经验。2018年6月5日,在"活楼"成功开发之前,公司利用不锈钢芯板建成了全球首座芯板示范建筑。至此,公司开始利用不锈钢芯板建造"活楼",开启了对不锈钢工厂化建筑的探索。

"活楼"的建造速度极快,柱、梁采用厚壁不锈钢型材,楼板采用超强超轻"不锈钢芯板",不用一寸混凝土。结构、墙窗、机电、装修全部在工厂预制完成,施工过程中仅需要在现场对芯板进行装配,用螺栓将模块与模块之间拧固,插接水电,一天交付3层,减少了人工成本和建造过程的碳排放,整个建造过程中只产生1%的建筑垃圾。

"活楼"在设计阶段就考虑到个性化生产和废弃物处理的问题。由于建筑的结构安全由梁、柱来保证,所有墙体为非承重墙体,建成后墙、门、窗可轻易移改,因此建筑的户型、房型布置极为灵活,空间开阔、通透。此外,不锈钢材料比普通碳钢耐腐蚀50倍,这些材料均可循环利用,不会对生态环境造成破坏,因此"活楼"可拆除异地复建,复建成本仅为新建的5%左右,建筑寿命能达到1000年。

在建筑运行的过程中,由于"活楼"内房间均采用远大洁净新风机,产生100%新风,能够过滤99.9%的PM2.5,空气极为洁净。此外,楼体采用22厘米厚保温墙、3~4层玻璃窗、新风热回收,隔绝噪声的同时提升空气品质,比传统建筑节能80%~90%。如果采用生命周期评估办法测算,一套92平方米的"活楼"相当于种了1000棵树,这极大改善和优化了近年来居民居住环境的污染。

最终，远大可建带领 1000 多名员工，前后历经 12 年研发，投入 80 多亿元，于 2021 年 7 月 16 日在全球正式发布"活楼"。"活楼"耐久、节能、环保和舒适，是全新一代的绿色低碳建筑。在 1000 年的预估寿命中，"活楼"可以一直"活"在人们的生活中，以不同形式矗立在世界大地上，这也是"活楼"名字的由来。

远大集团正满怀信心在全球推广应用"活楼"，希望在保护人类生存环境、提升住房品质、实现全球低碳减排方面，贡献中国解决方案。

资料来源：编者根据现场访谈远大集团的文字整理而成。

问题：

1. "双碳"目标下的远大集团是如何承担企业环境责任的？为何要这么做？
2. 远大集团的实践对其他企业有何借鉴意义，企业在"双碳"背景下，结合自身实际，应该如何来履行环境责任？

本章小结

环境公平指的是不分种族、肤色、国籍或收入的所有人公平地享有环境资源并公平地承担环境责任。环境公平是实现社会和谐和可持续发展的重要方面，包括代际公平和代内公平。代际公平指当代人和后代人在利用自然资源、享受清洁环境、谋求生存与发展上权利均等，其实质是自然资源利益上的代际分配问题。代内公平是指代内的所有人，不论其国籍、种族、性别，经济发展水平和文化等方面的差异，对于利用自然资源和享受清洁、良好的环境享有平等的权利。

自从工业革命以来，特别是 20 世纪六七十年代以来，随着人类经济活动的扩大和现代科学技术的盲目应用，人与自然的冲突日益加剧，人类共同的家园——地球的生态环境遭到了空前的破坏，产生了大气问题、水资源问题以及土壤污染等环境问题。

企业环境责任是指，在认识到企业对环境的伦理性责任前提下，企业采取开发环境友好型产品、改善生产流程的环境影响、提高资源可持续利用效率以及慈善捐赠等形式对企业的环境影响进行管理，并取得生态环境改善、资源效率提高与污染减排等环境绩效的管理行动和过程。企业承担环境责任的原因包括：能提高企业的管理效率；会影响品牌形象与声誉；能带来经济收益；增加企业的可持续竞争优势等。影响企业承担环境责任的外部因素主要包括制度环境、市场力量、利益相关者的压力和环境自律机制。影响企业承担环境责任的内部因素主要包括企业规模、环境价值观和企业战略。

在狭义上，碳排放是指二氧化碳的排放。广义上的"碳排放"是指所有温室气体的排放。碳达峰是指碳排放量达到峰值之后不再增长并逐渐下降的过程，碳中和是指在某一个时间段内，每一个对象（可以是全球、国家、企业甚至某个产品等）未来"排放的碳"和"吸收的碳"相等。

"双碳"目标提出有着深刻的国内外发展背景，必将对经济社会产生深刻的影响。为有序推进我国碳达峰碳中和工作，应坚持八大战略和七条途径，完成对能源系统的低碳绿色转型。此外还需要完善碳排放交易体系、发展碳的"负排放"技术和健全绿色金融体系为能源系统的转型提供有力支持。

在"双碳"目标下，企业面临的挑战包括：资金和成本的挑战；不成熟的低碳技术；低碳技术的商用化成本高、收益低、过程长、未能形成良好的商业模式。但同时,绿色产业(如氢能等绿色能源产业)还存在着潜在发展空间和大量的绿色创业机会,碳汇、碳交易、碳基金、碳债券等绿色金融形态也不断涌现。

企业可以从以下几个方面开始行动,科学地认知碳中和:明确碳中和对企业的重要意义;明确自身碳排放范围,确定碳排放总量;结合企业特征,制定科学的减碳目标;制定具体行动路线。

核心概念

环境公平(environmental equity)
代际公平(intergenerational equity)
代内公平(intragenerational equity)
企业环境责任(corporate environmental responsibility)
温室气体(greenhouse gas,GHG)
双碳(carbon peaking and carbon neutrality)
碳达峰(carbon emissions peak)
碳中和(carbon neutrality)
碳汇(carbon sink)
碳排放交易市场(carbon emission trading market)

思考题

1. 什么是环境公平、代际公平和代内公平?
2. 当前人类面临的环境问题主要有哪些?
3. 什么是企业的环境责任?企业为什么要承担环境责任?
4. 什么是碳达峰?什么是碳中和?什么是"双碳"?
5. "双碳"目标提出的国际、国内背景是什么?实现"双碳"目标的战略和路径是什么?
6. "双碳"目标背景下的企业会面临哪些挑战和机遇?
7. 在"双碳"背景下,企业要怎么做才能顺应时代发展?

即测即练

第 10 章

共 益 企 业

学习目标

1. 了解共益企业是什么；
2. 了解共益企业的特点；
3. 掌握影响共益企业的因素；
4. 学习企业成为共益企业的途径。

引言

在中国，随着改革开放、经济快速发展，一股明亮的"共益"浪潮正在发生，且愈演愈烈。尤其是在提倡共同富裕的时代背景下，如何通过"共益经济"实现共同富裕已成为当下的热门话题。[①]

如今，在信息爆炸的时代背景下，企业任何一个微小的举动都有可能如蝴蝶效应般带来巨大的影响。这不禁引发许多企业家深思：该如何依照一套可持续、可量化的标准，助力企业真正可持续地良性发展？

其中就有越来越多的企业用商业手段解决社会问题。这类企业不仅要对股东（shareholders）负责，同时也要对利益相关者（stakeholders）负责，一方面强调社会价值，另一方面并不忽视商业运作下经营和财务的可持续。在中国，这类企业亟须一些能高效优化现行公司治理的解决方案和相应的判断标准。而这恰恰也是共益企业的理念：以"不断成长与反思"为价值标准的营利性企业，可以通过一套科学严谨且有生命力的评估认证体系，不断提升其在社会与环境绩效、企业透明度和社会责任感等方面的表现，以达到可持续发展的企业目标，并提升企业的整体形象与社会价值。

第一反应：中国第一家共益企业

你知道吗，在中国，每分钟有 1 人因心脏骤停而死亡。第一反应（First Respond），是

---

① 国内外专家研讨如何通过"共益经济"实现共同富裕，2021 斯坦福中国创新峰会召开[EB/OL].（2021-12-14）. https://www.rmzxb.com.cn/c/2021-12-14/3004311.shtml.

中国领先的急救培训、应急自救 SOS 系统提供方及生命救援机构。通过搭建全民互助急救平台,它致力于将互救互助发展为中国社会的常态。换句话来说,它希望急救成为每个国人的本能,让市民在救护车到达之前能够提供有效的救助。第一反应用商业解决社会痛点的思路不是凭空而来,而给予企业创始人灵感的正是由 B Lab(共益实验室)创立并在全球范围内兴起的共益企业。2016 年,第一反应通过认证成为中国内地第一家官方认可的共益企业。同时期,第一反应的创举被列入美国哈佛肯尼迪政府学院的教材案例中。

资料来源:北京乐平公益基金会. http://lepingfoundation.org/knowledge/explore/welfare###.

10.1 共益企业的概念和特点

在第 8 章中,我们学习了 2015 年通过的联合国"2030 年可持续发展议程",以及消除贫困和饥饿、实现平等和应对气候变化等可持续发展的 17 个目标。正如艾朗普(Avrampou)所言,实现可持续发展的目标每年需要 5 万亿~7 万亿美元,而当前真正投入的却是杯水车薪。如果仅依靠公共资源将很难实现全球范围内的可持续发展,但是近些年来共益企业崭露头角,给实现可持续发展这一目标又带来了新的可能。

10.1.1 共益企业的概念

1. 共益企业的含义

随着企业社会责任概念的广泛传播和可持续发展需求的日益增强,纯粹地追求经济价值的商业性组织和纯粹地追求社会价值的公益性组织已经很难满足社会的需要,一种新的公司治理结构开始出现。

共益企业是一种新的商业形态,它是营利性企业,具有所有传统企业的特征,但在环境绩效、透明度及责任感方面达到了高标准。希勒(Hiller,2013)将共益企业看作在一个市场运行的场域中所创建的业务实体,为了企业利润而设计,但却包含着追求公共利益的要求。斯塔布斯(Stubbs,2016)认为共益企业是一种以营利为目的的企业,但其追逐"有目的的利润",在运行过程中创造积极的社会与环境影响。无论各种学者如何定义共益企业,共益企业的本质就是企业不再追求经济利润的最大化,它通过确定企业的治理结构来保证企业治理能够实现其社会价值。

2. 商业性组织、公益性组织与共益企业的区别

组织的产生和发展离不开目标。目标可以简单地分成两种:一是社会目标(social objectives),旨在完成组织的使命即社会价值创造,这些使命根据组织部门各有差异。例如,为穷人提供经济机会、为残疾人提供就业、环境保护、教育、人权保护、加强公民社会等。二是财务目标(financial objectives),它关注的是财务可持续性即经济价值创造,随着资金需求和商业模式的不同而变化。例如,社会服务的成本回收、用劳动收入使赠款资金多样化、自筹资金计划或利润补贴组织的运作。传统的商业性组织的目标一般是财务

目标,追求经济利益最大化,而公益性组织追求的是社会目标。

共益企业是一种混合型组织(hybrid organization)。所谓的混合型组织,既是市场的,同时又以基于共同利益的使命为核心理念。共益企业处于传统的商业性组织和公益性组织之间,在追求社会价值的同时也追求经济价值。除了在目标方面与商业性组织、公益性组织有差异之外,它们之间的差别还体现在动机、方式和利益分配上(表10-1)。纯公益性组织的动机是吸引善意,而商业性组织的动机是追求自身利益,作为混合型组织的共益企业的动机是二者的结合。商业性组织是由市场驱动的,公益性组织是由使命驱动的,共益企业是由市场和使命共同驱动的。在利益分配上,商业性组织会将利益分配给股东和所有者,公益性组织直接将所得利益分给非营利组织的使命活动(法律或组织政策要求),作为混合型组织的共益企业则会将所得利益再投资于特派团活动或运营活动,或者保留用于业务增长和发展。

表10-1 商业性组织、公益性组织和共益企业的区别

	公益性组织	共益企业	商业性组织
动机	善意	混合动机	自身利益
方式	使命驱动	使命和市场共同驱动	市场驱动
目标	创造社会价值	创造社会价值和经济价值	创造经济价值
利益分配	非营利组织的使命活动(法律或组织政策要求)	再投资于任务活动或运营活动,或保留用于业务增长和发展(利润可能会重新分配一部分)	分配给股东和所有者

资料来源:ALTER K. Social enterprise typology[J]. Virtue ventures LLC,2007,12(1):13.

3. 共益企业的形式

共益企业作为一种公司的治理结构,代表着企业的治理方式,既可以是由法律认定的,同时也可以是由私人组织认定的。

2004年,英国确立了社区利益公司(Community Interest Company,CIC),它是英国现有公司形式的一种补充,这种公司除了向投资者提供有限的股息外,必须将其资产和收益锁定在社区利益流中。社区利益公司的理念是通过创造新的法定公司形式来提供一种清晰的监管体系。2008年,美国佛蒙特州通过立法的形式确立了低利润责任公司(Low-Profit Limited Liability Company,L3C),它是一种有限责任公司形式,成立的目的是"加快推进一个或多个慈善目标的实现"。对于这类公司而言,收入增加或财产增值并不是首要目的,但它们一旦停止追求慈善目标,就会转变为普通有限责任公司。

无论是CIC抑或是L3C,都是通过公共组织来认定企业的治理框架,用以平衡企业的社会价值和经济价值之间的关系。但是,由于在全球仅有一些国家和地区使用CIC或L3C形式,公司还能通过一种非法律的认证方式成为共益企业。自2006年起,一家名为"B Lab"的私人非营利组织可以为企业提供相关的审查,确认这些公司的治理结构符合共益企业的要求,以确定这些需要认证的企业如何利用"企业的力量来解决社会和环境问题"。通过B Lab的认证之后,企业就成为"B Corp"的一员。由于目前我国内地不存在由

法律认定的共益企业形式,所以我国内地的共益企业特指此类由共益实验室认证而成的 B Corp。

与英国的 CIC 不同,B Corp 可以为投资者提供无限的剩余回报,其宗旨或活动不受政府监管。虽然 L3C 也拥有这些属性,但 B Corp 的治理结构比 L3C 几乎完全灵活的契约治理结构更严格,B Corp 的信息披露程度比 L3C 更高。尽管组织形式的基本理念都是对企业的共益目的进行第三方审查,但这些信息披露和受托人授权也代表了这些共益企业结构之间的分歧。CIC 和 L3C 没有将认证公司是混合型组织的责任委托给私人机构的想法。

4. 共益企业与 CSR 的关系

企业社会责任这一概念涵盖管理、商业伦理、政治理论和法律哲学领域,用来描述"企业的经济、环境、社会和民事责任"。该术语经常与企业公民、利益相关者管理和社会企业等术语互换使用。虽然共益企业的相关法规没有具体使用"企业社会责任"一词,但追求企业社会责任是其决定性特征。共益企业之所以可以说是在追求社会责任,是因为它们对自己的责任描述广泛,它们的使命不仅对股东有潜在影响,而且对包括顾客、雇员、社区和自然环境在内的各种利益相关者也有潜在影响。

根据克劳恩(Crane)提出的 CSR 六因素框架模型,可以从企业社会责任的角度来理解共益企业。CSR 六因素框架模型可以用来分析企业是否有 CSR 的特征(表 10-2),它主要包括:行动主要是自愿的;外部性得到解决;考虑多个利益相关者;环境和社会利益被整合;企业社会责任被纳入价值体系;企业社会责任是可操作的(不仅仅是慈善行为)。

表 10-2 克劳恩的企业社会责任六因素框架模型与共益企业对比

CSR 六因素框架模型	共 益 企 业
自愿性	实体选择,无法律强制
外部性	对社会的净效益考虑了广泛的影响
利益相关者	考虑利益相关者的影响,但没有直接审查利益相关者的要求
环境/社会	受托责任考虑环境和社区,但不需要直接纳入审查
价值体系	在公司章程中,共益董事和职员的任命
可操作性	要求有可获得的年度报告

资料来源:HILLER J S. The benefit corporation and corporate social responsibility[J]. Journal of business ethics,2013,118(2):287-301.

在第 4 章,我们学习到了 CSR1.0 到 CSR4.0 的演变过程。其中,共益企业可以被视为 CSR4.0 阶段。

我国学者肖红军认为,CSR4.0,即共益企业的形式,是原有社会企业追求共享价值转变为共生价值的一个新范式。他认为:"共益企业既吸收了共享价值式企业社会责任范式承认企业经济属性的优点,又突出企业社会价值创造目的的同等重要,双重价值的高阶均衡使得以共益企业为组织载体的 CSR4.0 超越共享价值式企业社会责任范式,具有更为合意的社会责任实践组织形态。"

10.1.2 共益企业的特点

Baldo(2019)认为共益企业的核心属性是：对社会和环境产生实质性积极影响的企业宗旨；扩大董事职责，既要考虑股东的财务利益，也要考虑非财务利益相关者；有义务使用全面、可信、独立和透明的第三方标准报告其整体社会和环境绩效。

1. 公共利益

共益企业必须是广泛公共利益企业，即对社会和环境产生实质性、积极影响的企业。这些公共利益一般交由第三方机构来衡量确定，但除了第三方确定的公共利益外，所有法规都允许公司追求更多的具体公共利益。比如：为低收入或很少被服务到的个人或社区提供有益的产品或服务；除了正常的商业过程中创造就业机会以外促进个人或社区的经济机会；保护或改善环境；改善居民健康；推进科学、艺术、技术发展；促进资金向公益性实体流动等行动。

很少有法条会清晰地划分共益企业提供的服务等级，除了在美国，弗吉尼亚州的法律规定了共益企业可以追求特定的公共利益，但即使这样，也不会妨碍这些共益企业履行广泛的公共利益的义务。

所有的法律都指出了一点：公司追求广泛或者特定的公共利益都要符合公司的最佳利益。这一条款可能被用来反驳潜在股东的主张，即董事追求一般或特定公共利益的决定在妨碍利润最大化或其他商业目标时损害了公司的最佳利益。

2. 股东的义务和对股东的保护

每条法规都解释了共益企业股东的义务，即要考虑它们的决定对利益相关者的影响，但是在后续的相关法规中又澄清了这一点，股东在决策过程中不需要优先考虑任何特定的人或团体的利益。这样的表述似乎可以拓宽股东决策中考虑的范围，以给予股东作出有利于实现社会使命而非利润最大化的决策的自由裁量权。此外，如果股东的这种广泛的决策不足以让企业股东受益，法规还明确规定，共益企业的股东在上述广泛的自由裁量权范围内不承担履行职责的责任，并规定此类股东的义务不涉及公司的受益人。

后来颁布的法规中的条款，要求董事们考虑共益企业的短期利益和长期利益，包括共益企业可能从其长期计划中获得的利益，以及这些利益可能从共益企业的持续独立性中得到最佳服务的可能性。

3. 第三方制定标准

我们能够通过公司宗旨和股东义务之间的显著差异来区分共益企业和普通商业企业。这也就表明，只有追求广泛的或特定的公共利益的公司才有资格成为共益企业，那些不追求公共利益的企业肯定不属于共益企业。衡量一个公司是否共益企业的标准通常是由第三方制定的。法律甚至没有提供衡量什么是共益企业基本的内容，也没有规定这些标准由谁来制定、怎样应用。法律仅仅规定了标准制定者要保持独立和透明。为了保证透明度，法律规定第三方标准制定者要公开提供四种类型的资料：衡量企业业绩时考虑的因素、这些因素的相对权重、标准制定和变更者的身份及改变的过程。

B Lab 就是这样的一个第三方标准制定者,它利用 BIA(B Impact Assessment,共益影响力评估)来评估潜在的共益企业。B Lab 的评估内容及其过程将在 10.3 中具体介绍。这样的一个第三方标准制定者的身份似乎是为 B Lab 量身打造的,同时还有很多符合条件的评估机构也存在。像公平劳工协会是独立透明的,也可以担任第三方标准制定者的身份。同样,那些被授权可以评估企业是否符合 ISO 14001 环境管理系统标准的机构,也可取得第三方标准认证者资格。

4. 强制性

法律要求共益企业承担披露义务,要求它们向股东提供年度福利报告,并将其发布在公共网站上。所有的共益企业必须描述它们是如何追求它们的广泛和特定的公共利益的目的,以及任何阻碍它们这样做的因素。每一次的评估都要求每个共益企业根据其第三方标准,考虑并报告其与先前绩效相比的表现如何。

在国外,除了强制披露以外,有的地方的法律还要求共益企业将报告提交给国务院财政部,否则其就会失去共益企业的身份。还有些地区不要求申报,但要求共益企业必须提交年度报告,供股东批准或否决。

10.2 影响共益企业的因素

在关于共益企业的研究中,探讨了许多成为共益企业的驱动因素。根据过去的研究,我们认为存在内部因素和外部因素两方面原因促使企业成为共益企业,其中内部因素包括领导者和战略两个方面,外部因素包括利益相关者、法律和环境三个方面。

10.2.1 内部因素

1. 领导者

从组织伦理学的角度来看,价值观是组织伦理决策的基石,各个部门的许多组织均将使命和愿景中的价值集结整合在一起,并在战略规划过程中予以陈述。由于价值观有助于形成组织的公民道德行为,并进一步影响个人和组织决策,因此持有领导者价值观的学者聚焦于企业家精神、企业家个体道德意识、社会责任意识、共享价值观及亲社会行为因素对共益企业成长的影响。

一种观点认为,企业家个体价值观对共益企业的创新与成长发挥着不可替代的作用。有学者评估了共益企业与非营利组织中的高管所具备价值观的差异,发现在共益企业中,占据前五位的价值观类型是正直、信任、有效、问责制及公平,但较之非营利组织而言,共益企业的领导者在效率、创新及问责制等维度的价值观更为明显。

另一种观点则聚焦于企业家精神对共益企业创新与成长的影响。可持续的企业家精神可以被定义为"一种创新的、以市场为导向的、个性驱动的形式,通过对环境或社会有益的市场或制度创新的突破来创造经济和社会价值"。这类观点认为可以通过可持续的企业家行动促进经济社会的可持续创新,而共益企业的创新与成长正是受到可持续企业家精神的持续驱动。

同时,社会价值驱动型的企业家会反对传统的单一维度的组织价值创造观念,并认为利润仅是公司的目标之一,而不是唯一的主要目标,因而企业家个体的价值观和道德观是否与可持续的企业家精神相契合,深刻影响着共益企业的组织形态的合意性,并深刻影响着共益企业成长过程中为社会、环境和经济创造三重价值的持续性。

领导者是组织价值创造过程中的重要成员,领导者的价值诉求变化将直接影响到组织在运营管理与业务实践过程中经济价值与社会价值的融合程度,因此共益企业的领导者的价值诉求变化也深刻影响着共益企业成长过程中的社会责任绩效。

2. 战略

组织的战略导向是组织为获取创造可持续的绩效能力与行为的整体战略实施方向,组织的整体战略愿景是影响共益企业是否顺利发展的关键因素。在组织战略愿景与使命承诺维度上,组织的使命承诺已经由单纯的技术变革追求转向依靠技术改进或效率变革,来解决组织所面临的社会环境问题,以及寻找更大机会、追求组织使命的混合化成为规避市场失灵或公共志愿失灵的重要手段,而共益企业正是使命混合化的混合型组织的重要应用场景。除此以外,促使使命变革的愿景、需要筹集有效的初始资本、适应创始人的个人身份、对创新组织的感知及创立者先前的选择经验等因素都是驱动混合型组织(包括了共益企业)创立与成长的重要因素。

同时,就企业社会责任的自身功能而言,企业社会责任是一个组织内不断增长的风险因素,如果管理不善,公司的声誉可能会受到严重损害,对其业务可能产生直接的负面影响,因此越来越多的企业选择将社会责任纳入企业的战略管理框架。基于社会责任的战略导向存在两种模式,即工具竞争观下的社会责任战略导向和内在使命承诺观下的社会责任战略导向,而共益企业作为一种社会责任内生化的新型混合组织,在其成长中,社会责任战略导向下的具体模式选择对于组织为利益相关方创造可持续的综合价值至关重要,能否持续地采取内在承诺的社会责任战略导向成为共益企业实现企业社会责任内生化的关键因素,也成为共益企业成长过程中因组织社会责任使命漂移而丧失组织合法性的关键。因此,共益企业战略导向下的企业社会责任内生融入的程度,决定着共益企业能否创造出既定合意的混合均衡型的组织绩效。

10.2.2 外部因素

1. 利益相关者

利益相关者诉求的变化也深刻影响着共益企业的创新和成长。尤其是外部利益相关者的价值诉求的变化,对共益企业的创新和成长过程产生了关键作用。美国 2007—2008 年的次级抵押贷款债务危机和接下来的欧元区债务危机,不仅暴露了发达经济体的结构性缺陷,引起了社会公众对资本主义和自由市场的意识形态的质疑,也使得社会公众要求变革近现代社会所形成的"市场—政府"的二元极端主义的经济运行模式与社会资源配置结构的诉求与呼声越来越高,公众期望通过新的载体构建可持续的经济运行模式。就组织的外部利益相关者诉求而言,责任投资和责任消费所发挥的作用在21世纪已经达到一个拐点,这意味着投资者、消费者和社会企业家需要一种新的商业模式来满足他们的需求,并且相当多的消费者表示更偏好以对经济、社会与环境负责任为企业行为宗旨的企业的产品。在消费者偏好诉求的影响下,越来越多的组织通过创造一种新的商业模式来满足组织实践中所面临的消费者的多元价值诉求,进而驱动了共益企业的兴起,并进一步使越来越多组织的外部利益相关者如投资者、消费者与社会公众积极寻找具有长期可持续性的公司,以满足解决日益紧迫的社会环境问题的需求。

在消费者行为方面,智利的一项前沿研究表明,消费者从共益企业购买产品的主要动机是该组织的环境责任,而认证可以提供企业行为对社会或环境贡献有效性的证明。另外,投资者将认证视为一个可靠和相关的指标,表明共益企业将比传统组织提供更高的企业社会责任绩效,即使传统公司表现出更好的财务结果,投资者仍倾向于投资共益企业。

因此,外部利益相关者的价值诉求的变化深刻影响着共益企业的创新和成长,并且,外部利益相关者对共益企业成长过程中的社会责任绩效的关注程度,甚至可能成为共益企业成长的关键性因素。

2. 法律

共益企业的主要目的是利用市场来解决社会或环境问题。美国的共益企业立法要求公司实体具有"对社会和环境产生重大积极影响的公司宗旨"。它扩大了董事的受托责任,将非金融利益纳入考虑范围,要求共益企业根据第三方标准报告其社会和环境表现,并将企业的社会使命与盈利目标提升到同等水平。因此,通过法律授权,公司的操作程序中包含了对包括员工、社区和消费者在内的利益相关者的考虑。共益企业立法的支持者认为,为了保护"使命驱动型公司"的董事不被起诉,这样的法律是必要的,因为法院"经常依赖于股东至上"。

2010年,美国马里兰州通过了第一个共益企业的立法。它明确要求董事考虑股东以外的利益相关者,并解决一些人认为对公司追求非社会使命能力的法律限制。截至2016年初,31个州和哥伦比亚特区已经通过或签署了共益企业立法,还有5个州正在等待立法。

美国并不是唯一一个制定法律保护有社会意识的企业利益的国家。意大利在2015年通过了共益企业立法。英国也存在一种类似的法律形式,即社区利益公司(CIC),它是随着2004年的《公司法》而产生的。CIC可以持有公共有限公司(public limited company,PLC)的身份,这类公司的资产被保存在一个资产锁中,该锁将这些资产保护到应用程序中,以便社区良好使用。CIC监管机构紧密关注CIC,并要求其提交有关这些功能的年度报告。

3. 环境

社会组织的推动即外部环境的支持程度也会影响共益企业的成长。如共益实验室向全球的商业组织推广共益企业的认证与测评体系,通过其持有的"商业向善"的行为理念吸引世界各国消费者、投资者的广泛关注,从而推动商业企业向共益企业的理念转换,最终为共益企业的成长运行提供其所需要的外部环境支持,如外部资金支持。因此,共益企业的成长也可以归结为已有的法律制度环境与社会认知环境的支持程度。更为重要的是,在非营利组织和传统企业之间,提出企业社会责任和企业可持续发展倡议的社会伙伴关系和社会联盟越来越多,混合型组织顺畅运行的影响因素在于,越来越多的传统组织从商业伙伴联盟的绩效贡献中看到了社会价值,并期望自己能从中受益。在外部认知驱动和制度驱动的作用下,无形之中形成了共益企业的价值创造过程中的支持型网络群体,从而驱动共益企业在日常运行中融入社会责任的商业实践。

一项研究指出,共益运动(B movement)的地位不断扩大,共益实验室(B Lab)提出了扩大社会影响的生态系统的六个有利因素:融资、组织、技术和数据、战略、制度基础设施以及政府政策。另一项研究指出,共益运动与商业和人权运动具有一些共同的特征。在东非,共益运动刚刚开始,世界上只有约1%的认证共益企业来自东非,因为东非大陆相关的社会和环境问题向共益运动目标提出了挑战。由此可见,社会和环境问题对共益企业的产生有巨大的影响。

10.3 成为共益企业的途径

10.3.1 共益企业实践

在2020年出版的《未来好企业:共益实践三部曲》中,朱睿和李梦军提出共益企业实践可以分为三步:第一步,将共益理念融入企业文化中;第二步,将企业的业务与社会痛点相结合;第三步,提供全方位的制度保障。

1. 将共益理念融入企业文化中

共益企业是追求社会价值与经济价值的融合。企业在探索共益之路时,要将共益理念视为企业愿景、使命和价值观的一部分。表10-3展示了一些优秀企业的使命、愿景和价值观,它们虽然不是经过共益认证的共益企业,但它们的企业文化中却包含着共益企业所倡导的核心思想,如尊重员工、服务顾客、保护环境等。

表10-3 融入共益理念的企业文化

企　业	使　命	愿　景	价　值　观
百果园	让天下人,享受水果好生活!	成为全球最伟大的果业公司	立宏愿、能善解、恒义利、勇精进、有成果
德龙钢铁	打造行业最具影响力的样板式工厂,建设和谐德龙、百年德龙	展德龙钢铁、振兴民族工业、共创和谐社会	立德、立业、立回报
海底捞	通过精心挑选的产品和创新的服务,创造欢乐火锅时光,向世界各国美食爱好者传递健康火锅饮食文化	让所有人吃火锅的时候首选都是海底捞	一个中心:双手改变命运;两个基本点:以顾客为中心,以"勤奋者"为本

续表

企　　业	使　　命	愿　　景	价　值　观
腾讯	用户为本,科技向善	一切以用户价值为依归,将社会责任融入产品及服务之中;推动科技创新与文化传承,助力各行各业升级,促进社会的可持续发展	正直:坚守底线,以德为先,坦诚公正不唯上;进取:无功便是过,勇于突破有担当;协作:开放协同,持续进化;创造:超越创新,探索未来

2. 将企业业务与社会痛点相结合

将企业业务与社会痛点相结合是共益实践中面临的较大挑战。当公司决定直面某一社会问题的时候,它首先就需要考虑应开展什么样的项目、如何选择项目。但由于社会上亟待解决的问题纷繁复杂,正如联合国提出的 17 个可持续发展目标,全球、各个国家都存在着这 17 个大方向上的难题,在各个地区,这些难题的解决难度和紧急程度也各不相同。与这些难题相比,企业拥有的资源如同杯水车薪,因此企业需要衡量资源的投入与需要解决的是否匹配,找到最佳、最有效的实践方法,科学地参与这些社会问题。

对于如何找到企业需要参与的社会问题,首先是要对企业有清晰的认知,从自己的核心业务出发,梳理自身的业务、流程与核心能力。其次,要将企业业务涉及的各个方面(产品、员工、产业链和顾客等)与社会痛点联系起来,找到两者的连接处。

3. 提供全方位的制度保障

各个企业发展情况不同,侧重点也不同,所以各个企业能够提供的制度保障也不同,但可以大致归纳为公司治理、执行机构(内部组织结构)、财务安排(资金)及具体实施方案等方面。

(1) 在公司治理方面,在经营理念上,企业要将之前股东权益之上的理念逐渐转换成对经济价值和社会价值的综合考量。也可以在董事会中增加拥有共益理念的外部董事。在治理过程中,积极推进外部关键利益相关者参与。在决策时,要充分考虑社会和环境因素及利益相关者的期望,尊重他们的利益。

(2) 在内部组织结构中,有的企业会专门设置企业基金会,或者成立可持续发展的相关部门,负责连接社会问题。同时在这些问题中,要企业领导人直接参与。

(3) 在财务安排上,应该提供足够的资金支持,并且配备专业的人才。

(4) 在具体实施方案上,要保障共益理念能够渗透到组织的各个层级,被各个层级的员工知晓并且接受。企业文化在制度层面必须落实,要使社会目标与环境目标体现在员工手册中,并开展适当的培训。将环境目标和社会目标纳入员工的绩效考核体系,建立相应的奖惩制度。

不同的行业有着不同的特征,企业在自身的经营和发展过程中也积累了独特的竞争优势与核心能力,践行共益理念绝非纸上谈兵,需要企业投入时间与精力才能获益。

10.3.2 共益企业认证

在前面的章节中学习到了共益企业有一种形式是适用于特定国家的法律结构,其目的是为公司在决策时平衡财务利益和非财务利益提供法律保护,即使在所有权变更的情况下也能保护社会使命。虽然在中国并没有特殊的法律来明确共益企业的边界、责任和义务,但是 B Lab 为普通的企业打开一扇通往共益的"大门"。在此之前必须明确一点,共益实验室的认证与共益企业法律框架的可用性没有直接关系,法律框架下共益企业和共益实验室认证的 B Corp 都是共益运动的重要组成部分。

法律框架下的共益企业需要企业在注册时就注册成为共益企业,现在已经有多个国家通过了共益企业法律。而共益实验室认证的 B Corp 则需要达到认证标准才能成为共益企业(B Corp 形式)。本部分我们将对如何成为共益实验室认证的 B Corp 进行介绍。

1. 谁来认证

共益实验室成立于 2006 年,是一家第三方非营利性机构,它为企业是否具备成为 B Corp 的资格提供审查。B Lab 的目标是加快用商业力量来解决社会问题。B Lab 的愿景是为地球和所有人建立一个包容、公平和可再生的经济体系。

B Lab 通过三种相互关联的核心运作模式,为共益企业提供法律依据并帮助其吸引消费者、优秀的人才及规模化的风险投资。

通过 B Lab 认证的企业即成为 B Corp 的一员,这些企业承诺在追求利润的同时也会成为"社会中一股向善的力量"。B Corp 为社会面临的诸如气候变化、不平等程度加剧、政治动荡和社会不公这些最困难的挑战提供了利润驱动的解决方案,并通过推广强调社会和环境管理承诺的价值观来应对这些挑战。B Corporation 的官网显示,截至 2022 年 9 月,全球已有 83 个国家和地区的 5 000 多个企业获得了认证,先后成为 B Corp 的一员,覆盖 156 个行业和领域。在我国内地,已有 41 个企业获得了共益认证(不含港澳台),成为 B Corp 是一种新的潮流与趋势,也彰显出企业为了解决全球性问题的决心。

2. 认证标准

BIA 旨在衡量社会和环境的影响并且发现公司在环境、社区、员工、客户和治理五个影响领域可以改进的地方,见图 10-1。评估问卷因公司的规模、行业和所在市场不同而不同。我们可以从共益企业影响力评估的主要内容来核查,企业要想成为共益企业可以朝着哪些方向努力。

运营影响力是衡量经营企业时产生的日常影响,如设施对环境的影响、与当地社区的互动、工作场所、购物和治理结构。

影响力商业模式是衡量公司的设计是否能为一个或多个利益相关者创造具体的、积极的结果。这可能是你的产品、受益人、业务流程或活动,如每年捐赠 5% 的收入,由工人拥有,或用你的产品或服务服务于一个服务不足的市场。这种影响力模式没有其他的认证。

(1) 环境。BIA 在环境这一部分通过对企业设施、材料、排放、资源和能源使用来评

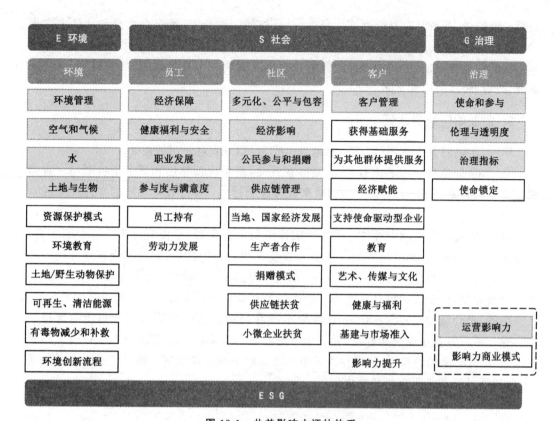

图 10-1 共益影响力评估体系

资料来源：根据 BLab 创建的模型稍作调整而成。

估公司的环境绩效。公司回答关于它们的运输或分销渠道和供应链对环境的影响的问题。评估还衡量公司的产品或服务是否旨在解决环境问题，包括产品是否有助于提供可再生能源，节约资源，减少浪费，促进土地/野生动物保护，防止有毒/有害物质或污染，或教育，采取措施或协商解决环境问题。

（2）社区。BIA 的社区部分评估公司的供应商关系、多样性和对当地社区的参与。它还衡量公司在社区服务和慈善捐赠方面的做法和政策，包括公司的产品或服务是否旨在解决一个社会问题，如获得基本服务、保健、教育、经济机会和艺术。

（3）员工。BIA 员工部分评估公司与员工的关系。其主要通过补偿、福利、培训和提供给员工的所有权机会这些方面来衡量公司如何对待员工。该类别还通过评估管理者或员工的沟通、工作灵活性、企业文化以及工人的健康和安全做法，重点关注公司内部的总体工作环境。

（4）客户。BIA 的客户部分通过衡量公司是否销售促进公共利益的产品或服务，以及这些产品或服务是否针对服务不足的人群来衡量公司对其客户的影响。该部分还衡量公司的产品或服务是否旨在解决社会或环境问题（改善健康、保护环境、为个人或社区创造经济机会、促进艺术/科学或增加流向目的驱动型企业的资金）。

（5）治理。BIA 治理部分评估公司的总体使命、道德、责任和透明度。它会衡量公司是否采取使命、是否具有社会性或绿色性,以及如何调动员工、董事会成员和社区来实现这一使命。这个部分评估员工对财务信息的了解情况、客户提供反馈的机会,以及公司治理机构的多样性,包括公司的产品或服务是否旨在解决一个社会问题,如获得基本服务、保健、教育、经济机会和艺术。

3. 企业如何获得认证

第一,阐述商业案例,并能够清晰地表达成为 B Corp 对公司的益处。

第二,全员参与。为了让 B Corp 变得有意义,需要让领导层和员工全员参与。有两种方式组织和完成 BIA:召集一个团队来管理这个过程;自行收集必要的文件并完成这个过程。

第三,完成共益影响力评估。共益影响评估是一种免费、全面且特定于行业的工具,旨在衡量企业的社会和环境影响。参加 BIA 将突出公司的优势,并能发现在业务的五个方面("影响领域")可以改进的地方。评估审查了企业的运营影响(经营业务的日常影响)和影响商业模式(公司的设计是否为一个或多个利益相关者创造了具体的积极成果)。

第四,符合法律规定。B Corp 认证要求所有公司的法律结构与其公司使命保持一致。通过采用共益企业法律标准,企业将:把公司的价值观融入其法律 DNA(脱氧核糖核酸);获得法律保护和许可,以在决策中考虑非财务利益相关者;确保任务一直受到保护,包括通过管理或所有权的变化。

第五,审查认证。如果企业在评估中获得了超过 80 分的分数,那么就获得了 B Corp 认证。

第六,最后步骤。首先,将签署 B Corp 协议。协议的认证期限是 3 年。在这 3 年之后,要求公司完成更新的共益影响评估,并通过验证流程(包括提供支持文件和完成审查电话)来维持认证。其次,一旦认证完成,企业将支付 B Corp 协议中规定的认证费。这是一种基于分层系统的年费,由企业的年收入决定。最后,一旦完成认证,为了遵守认证的透明度要求,企业共益影响力评估分数将在 www.bcorporation.net 上进行公开发布。

Rifò:循环经济、工艺和可持续时尚的结合

Rifò 是一个新兴的服装和配饰品牌,位于意大利的普拉托,其生产由回收的纺织纤维制成的优质产品。100 多年前,普拉托纺织区的工匠发明了一种工艺流程,这种工艺能够将织物残留物和旧衣服变成与原始产品质量相同的新衣服,这能够合理地减少生产中使用的水、染料和化工产品。如今,衣服的样式越来越多样化,质量越来越好,人们的选择也越来越多。但 Rifò 认为自己可以做得更好:它继承了上述工艺,能让人们既可以穿着优质时尚的衣服,同时为保护地球家园贡献一分力量。

Rifò 源自创始人 Niccolò(尼科勒)的一个想法。

2017 年 7 月,尼科勒去了越南,在那里,他意识到时装行业中存在着生产过剩和消费过度问题。于是,他产生了创建可持续时装品牌的想法。

在越南河内的办公室里，尼科勒想出了一个主意，称之为 Rifò。Rifò 来自托斯卡纳方言，是动词 rifare 的托斯卡纳词形变化。此外，在意大利语中，Rifò 是"再次做"的意思，因为它"重建"了一项近年来正在消失的传统工艺。

2017年9月，尼科勒从越南回来，在家乡普拉托研究该项目的可行性。为此，他参观了 Cenciaioli（Cenciaioli，即对破布进行分类以对其进行升级再循环的工匠），并与 Clarissa、Michele 和 Fiammetta 三人一起准备了一场众筹活动。

多亏了 Rifò 的支持者，在不到30天的时间里，他们通过众筹筹集了约11 500美元。2018年4月，100%回收T恤的众筹活动启动，并在一个月内售出300多件。同年7月，Rifò S.r.l. 正式成立，从一个想法变为一个具有社会目标的企业。

2020年11月，根据 B Corp 评估，Rifò S.r.l. 的总体得分为99.9。自此，Rifò 认证成为共益企业。

Rifò 认为，自己的使命是用100%的再生纤维打造一个时尚、优质的服装系列，它有自己独特的价值观。首先是"可持续发展"，Rifò 认为地球的情况不再能够维持快时尚的节奏，有必要为更美好的未来创造可持续的替代品。其次是"责任"，Rifò 意识到自身的每一项日常行为都会对环境和社会产生巨大影响，因此 Rifò 认为自己具有保护环境、回馈社会的责任。最后是"质量"，Rifò 坚持每件服装都采用意大利的工艺传统制成，这将使 Rifò 的产品都有质量保障。

此外，Rifò 有自己的一套的售前机制，这个售前机制使 Rifò 能够创建一个可持续的服装系列。当 Rifò 推出新产品时，会将其进行预售，以了解市场需求并避免生产过剩，通过这种方式，Rifò 能够倾听顾客的意见，了解他们有哪些需求，并在生产中将这些需求考虑进去。小批量生产使 Rifò 能够控制生产链及其质量。

同时，作为一家电子商务公司，Rifò 希望自身在践行"可持续性发展"方面能够有与众不同的做法。

出于这个原因，第一，Rifò 决定不用塑料进行包装，只使用当地箱子工厂和工匠提供的纸张和纸板，并选择了两种规模：小型和中型，能够适应 Rifò 货物的不同尺寸，并在必要时容纳更多物品，最大限度地减少浪费。第二，Rifò 的盒子是可以重复使用的。Rifò 推出了 Repack，这是一种耐用且可重复使用的包装，由一家芬兰初创公司设计，其将可持续性和工业设计相结合，对地球的影响仅为36.2克二氧化碳。重新包装的信封可以被世界各地的消费者重复使用多达20次。第三，Rifò 在制作服装的过程中使用了大量的回收材料。首先是从塑料瓶中回收聚酯。聚酯是 Rifò 目前使用的唯一非天然来源的纤维。Rifò 使用一种特定类型的塑料瓶，这种塑料瓶是通过回收塑料瓶生产的，这种塑料瓶如果不加处理，最终会进入海洋或垃圾填埋场。于是，Rifò 回收了大约870万个 RPET（回收的聚对苯二甲酸乙二醇酯）瓶用于生产聚酯纱线。使用再生聚酯纱线不仅意味着使用已经生产的资源，而且污染也要少得多。其次，Rifò 使用再生和有机棉。这种纱线由50%的回收棉（来自工业棉花废料）和50%原始的有机棉组成。这两种材料可以节省大量水，因为有机棉的种植尊重环境，没有杀虫剂，避免了土壤的贫瘠。

在社区方面，Rifò 致力于回馈其诞生的社区，与当地志愿协会合作，资助各种具体项目，并与协会一起跟进。对于在 Rifò 在线商店进行的每笔购买，顾客都可以选择一个项目,Rifò将向当地的社会项目捐赠2欧元。

Rifò还有一个与大陆环境组织合作资助的项目,这个项目旨在保护托斯卡纳—艾米利亚亚平宁山脉的一座保护区,并对其进行强化改善。该保护区坐落在落叶林中,由志愿者和专业环境指南管理,非常注重可持续发展的价值观。Rifò主要做的是安装光伏系统,从能源的角度来看,这将使避难所更具可持续性。此外,Rifò希望促进年轻人的活动。因此,这个项目的收益的一部分将用于购买避难所教学活动的有用工具。

Rifò对实现联合国可持续发展目标具有重大贡献,不仅通过继承纺织传统进行制造创新,减少消耗或浪费,促进负责任的生产和消费,还在团队中促进性别平等,创造有偿工作机会,并为当地经济增长作出贡献,除此之外还支持更绿色的城市产业。

资料来源:根据Rifò官网、共益企业官网内容整理。

问题:
1. 作为一家共益企业,Rifò做了哪些事?
2. Rifò的行为给其他企业带来了什么启示?

本章小结

共益企业是一种新的商业形态,它是一个营利性企业,但本质上却不再追求经济利润的最大化,它通过确定公司的治理结构,来保证企业治理能够实现其社会价值。有别于纯商业企业和公益性组织,共益企业是一种混合型组织,它追求社会价值的同时也追求经济价值。共益企业作为一种公司的治理结构,代表着企业的治理方式,既可以是由法律认定的,同时也是可以由私人组织认定的。公益性、保护股东利益、有第三方制定的标准和强制性是共益企业的特点。

影响一个企业能否成为共益企业的因素有很多,内部因素包括领导者和战略两个方面,外部因素包括利益相关者、法律和环境三个方面。共益企业的领导者的价值诉求会深刻地影响共益企业成长过程中的社会责任绩效。共益企业战略导向下的企业社会责任内生融入的程度决定着共益企业能否创造出既定合意的混合均衡型的组织绩效。外部利益相关者对共益企业成长过程中的社会责任绩效的关注程度甚至可能成为共益企业成长的关键性因素。同时,外部环境的支持程度也会影响共益企业的成长。

实践共益企业有三步:第一步即将共益理念融入企业文化中,第二步是将企业的业务与社会痛点相结合,第三步是提供全方位的制度保障。在中国,并没有特殊的法律来明确共益企业的边界、责任和义务,但是B Lab为普通的企业打开一扇通往共益的"大门"。其可以通过BIA的认证成为B Corps一员。BIA认证包括对五个方面的考察,分别是环境、社区、员工、客户和治理。

核心概念

共益企业(benefit corporation,B Corp 或 BC)

混合组织(hybrid organization)

商业组织(business organization)

公益组织(public welfare organizations)

共益企业实践（benefit corporation practice）
共益实验室（B Lab）
共益影响力评估（benefit impact assessment，BIA）

思考题

1. 什么是共益企业？
2. 共益企业与公益组织、传统的商业性组织有什么区别和联系？
3. 共益企业有什么特点？
4. 企业成为共益企业受哪些因素影响？
5. 企业如何成为共益企业？
6. 什么是共益影响力评估体系？
7. 如何评估企业对社会和环境的影响力？

即测即练

参考文献

[1] 安永碳中和课题组.一本书读懂碳中和[M].北京:机械工业出版社,2021.
[2] 贝尔商学院责任领导力可持续发展教育项目商学院评估报告[J].世界环境,2014(9):34-40.
[3] 贝拉斯克斯.商业伦理:概念与案例[M].刘刚,张泠然,程熙镕,译.8版.北京:中国人民大学出版社,2020.
[4] 鲍恩.商人的社会责任[M].肖红军,王晓光,周国银,译.北京:经济管理出版社,2015.
[5] 常永强.从苏格拉底转向看伦理学的性质与功能[J].伦理学研究,2021(5):63-69.
[6] 陈炳富,周祖城.企业伦理学概论[M].天津:南开大学出版社,2008.
[7] 陈真.当代西方规范伦理学[M].南京:南京师范大学出版社,2006.
[8] 陈正辉.广告传播的社会责任与伦理规范[M].南京:南京师范大学出版社,2012.
[9] 常凯.劳动法[M].北京:高等教育出版社,2011.
[10] 邓新明,田志龙,刘国华,等.中国情景下企业伦理行为的消费者响应研究[J].中国软科学,2011(2):132-153.
[11] 大内.Z理论:美国企业界怎样迎接日本的挑战[M].北京:中国社会科学出版社,1984.
[12] 范伯格.自由、权利和社会正义——现代社会哲学[M].王守昌,等译.贵阳:贵州人民出版社,1998.
[13] 甘碧群,符国群.关于市场营销的道德界限[J].商业经济与管理,1995(5):7-10.
[14] 甘碧群.关于绿色营销问题的探究[J].外国经济与管理,1997(3):19-22.
[15] 郭国庆.营销伦理[M].北京:中国人民大学出版社,2012.
[16] 韩玉胜.儒家伦理传统与儒家道德记忆[J].伦理学研究,2021(5):41-46.
[17] 洪大用.环境公平:环境问题的社会学视点[J].浙江学刊,2001(4):67-73.
[18] 胡森,杜金莉,万思达.营销伦理道德文献综述[J].商讯,2019(14):85-88.
[19] 霍尼曼.共益企业指南[M].游海霞,王群,译.北京:中信出版社,2017.
[20] 蒋志刚,马克平,韩兴国.保护生物学[M].杭州:浙江科学技术出版社,1997.
[21] 金乐琴.企业社会责任与可持续发展:理论及对策[J].绿色中国,2004(1M):50-52.
[22] 奎因.互联网伦理:信息时代的道德重构[M].王益民,译.北京:电子工业出版社,2016.
[23] 科特勒.营销管理[M].梅汝和,梅清豪,周安柱,译.10版.北京:中国人民大学出版社,2020.
[24] 寇小萱.关于重视营销道德问题研究的系统思考[J].南开管理评论,1999(1):50-55.
[25] 罗思,温克.共益企业家[M].肖红军,等译.北京:经济管理出版社,2018.
[26] 拉什,康纳威.责任管理原理:全球本土化过程中企业的可持续发展、责任和伦理[M].秦小琼,曹毅然,译.北京:北京大学出版社,2017.
[27] 黎四奇.金融机构高管薪酬治理:基于公平性正义的立场[J].法商研究,2021(1):151-162.
[28] 李方君,熊玉双,李斌.伦理型领导产生机制及影响因素[J].心理科学进展,2018(5):886-895.
[29] 李国平,韦晓茜.企业社会责任内涵、度量与经济后果:基于国外企业社会责任理论的研究综述[J].会计研究,2014(8):33-40.
[30] 李伦.人工智能与大数据伦理[M].北京:科学出版社,2018.
[31] 李玫.企业财务伦理缺失与重新审视[J].金融经济,2017(10):191-193.
[32] 李伟阳,肖红军.企业社会责任的逻辑[J].中国工业经济,2011(10):87-97.
[33] 梁军莉.现代社会为什么需要底线伦理[J].人民论坛,2017(22):86-87.
[34] 刘爱军.商业伦理学[M].北京:机械工业出版社,2016.
[35] 刘爱君,钟慰.商业伦理学[M].北京:机械工业出版社,2016.
[36] 刘鸿宇,王伟.西方企业伦理实证研究的知识图谱分析[J].中央财经大学学报,2018(5):

106-116.

[37] 柳学信,杨烨青.中国企业如何更好地承担环境责任[J].当代经理人,2020(3):37-41.

[38] 龙成志,BONGAERTS J C.国外企业环境责任研究综述[J].中国环境管理,2017(4):98-108.

[39] 吕荣胜,高蕾蕾.营销伦理研究述评[J].经济纵横,2008(1):70-72.

[40] 罗尔斯.正义论[M].何怀宏,等译.北京:中国社会科学出版社,1999.

[41] 墨菲,等.市场伦理学[M].江才,叶小兰,译.北京:北京大学出版社,2009.

[42] 倪愫襄.商业伦理的基本原则及其建设[J].长沙理工大学学报(社会科学版),2004(3):24-27.

[43] 钱小军,龚洋冉.碳责任:企业环境责任的新阶段[J].清华管理评论,2021(9):96-100.

[44] 钱小军.以可持续发展引领我国商业伦理实践[J].可持续发展经济导刊,2021(7):99-100.

[45] 邱凯,毛洁.财务伦理:证券市场健康运行的重要维度[J].财会月刊,2018(17):129-135.

[46] 本刊编辑部.把握趋势 布局未来——2022 中国可持续发展十大热点议题与趋势研判[J].可持续发展经济导刊,2022(1):16.

[47] 施泰因曼,勒尔.企业伦理学基础[M].李兆雄,译.上海:上海社会科学院出版社,2001.

[48] 索叙特.人工智能时代的市场操控(中英双语版)[M].李涛,译.上海:华东理工大学出版社,2021.

[49] 苏勇.管理伦理学[M].北京:机械工业出版社,2021.

[50] 唐人虎,刘卓君,陈志斌."双碳"目标下企业如何应对碳市场带来的挑战与机遇[J].可持续发展经济导刊,2021(5):16-19.

[51] 汪怀君,汝绪华.人工智能算法歧视及其治理[J].科学技术哲学研究,2020,37(2):101-106.

[52] 汪怀君.人工智能消费场景中的女性性别歧视[J].自然辩证法通讯,2020(5):45-51.

[53] 王宝森.企业伦理与文化[M].北京:经济科学出版社,2013.

[54] 王方华,周祖城.营销伦理[M].上海:上海交通大学出版社,2005.

[55] 王彦超.会计师事务所审计业务和管理咨询服务的有效结合[D].北京:北京工商大学,2006.

[56] 吴昊旻,张可欣.长计还是短谋:战略选择、市场竞争与企业环境责任履行[J].现代财经(天津财经大学学报),2021(7):19-38.

[57] 武翠芳,姚志春,李玉文,等.环境公平研究进展综述[J].地球科学进展,2009(11):1268-1274.

[58] 武振铎,关贺,刘军屏,等.企业环境责任与经济绩效相关性研究[J].经济研究导刊,2019(14):18-20.

[59] 肖红军,阳镇,焦豪.共益企业:研究述评与未来展望[J].外国经济与管理,2019(4):30.

[60] 肖红军.共享价值式企业社会责任范式的反思与超越[J].管理世界,2020(5):13,87-115,133.

[61] 肖祥.伦理学教程[M].成都:电子科技大学出版社,2009.

[62] 徐大建.企业伦理学[M].上海:上海人民出版社,2002.

[63] 徐鸣.商业广告伦理构建[M].北京:社会科学文献出版社,2018.

[64] 徐少锦.中国古代优秀的商业伦理精神[J].审计与经济研究,1997(5):37-40,42-43.

[65] 叶陈刚.企业伦理与会计道德[M].大连:东北财经大学出版社,2011.

[66] 于惊涛,肖贵蓉.商业伦理(理论与案例)[M].北京:清华大学出版社,2016.

[67] 郁建兴,任本.共同富裕的理论内涵与政策议程[J].政治学研究,2021(3):13-25,159-160.

[68] 袁波.企业营销伦理探讨[J].企业经济,2007(10):63-65.

[69] 战炤磊.居民、企业与政府收入协同增长:共同富裕的重要实现路径[J].学术研究,2021(11):107-114.

[70] 张坤.企业社会责任实现机制研究[M].西安:西安交通大学出版社,2017.

[71] 张庆龙.内部审计学[M].北京:中国人民大学出版社,2017.

[72] 赵剑波,史丹,邓洲.高质量发展的内涵研究[J].经济与管理研究,2019(11):15-31.

[73] 中国可持续发展工商理事会,中国企业联合会.中国企业可持续发展指数报告:2018[M].北京:

中国经济出版社,2019.

[74] 周祖成.企业伦理学[M].4版.北京:清华大学出版社,2020.

[75] 周祖城.我国MBA企业伦理学教学现状分析与前景展望[J].伦理学研究,2010(4):76-80,88.

[76] 周祖城.走出企业社会责任定义的丛林[J].伦理学研究,2011(3):52-58.

[77] 朱睿,李梦军.未来好企业:共益实践三部曲[M].北京:中信出版社,2020.

[78] 中国可持续发展工商理事会,中国企业联合会.中国企业可持续发展指数报告[M].北京:中国经济出版社,2019.

[79] ALTER K. Social enterprise typology[J]. Virtue ventures LLC,2007,12(1).

[80] BAUER J,UMLAS E. Making corporations responsible: the parallel tracks of the B Corp movement and the business and human rights movement[J]. Business & society review,2017,122(3):285-325.

[81] BOFINGER Y,HEYDEN K J,ROCK B. Corporate social responsibility and market efficiency: evidence from ESG and misvaluation measures[J]. Journal of banking & finance,2022,134(10).

[82] BECKMANN M, HIELSCHER S, PIES I. Commitment strategies for sustainability: how business firms can transform trade-offs into win-win outcomes[J]. Business strategy and the environment,2014,23(1):18-37.

[83] CARROLL A B. A three-dimensional conceptual model of corporate social performance[J]. Academy of management review,1979(4):497-505.

[84] CARROLL A B,BROWN J A,BUCHHOLTZ A K. Business and society: ethics,sustainability, and stakeholder management[M]. Stamford: Cengage Leatning,2018.

[85] CARROLL A B,SCHWARTZ M S. Corporate social responsibility: a three-domain approach[J]. Business ethics quarterly,2003,13(4):503-530.

[86] HILLER J S. The benefit corporation and corporate social responsibility[J]. Journal of business ethics,2013,118(2):287-301.

[87] HARJOTO M,LAKSMANA I,YANG Y W. Why do companies obtain the B corporation certification?[J]. Social responsibility journal,2019,(5):621-639.

[88] KAPTEIN M. Developing and testing a measure for the ethical culture of organizations: the corporate ethical virtues model[J]. Journal of organizational behavior,2008,29(7):923-947.

[89] KIRST R W,BORCHARDT M,CARVALHO M N M,et al. Best of the world or better for the world? A systematic literature review on benefit corporations and certified B corporations contribution to sustainable development[J]. Corporate social responsibility and environmental management,2021,28(6):1822-1839.

[90] MENSAH J. Sustainable development: meaning, history, principles, pillars, and implications for human action: literature review[J]. Cogent social sciences,2019,5(1):1653531.

[91] MALPHURS A. Values-driven leadership: discovering and developing your core values for ministry[M]. Ada,MI: Baker Publishing Group,2004.

[92] MITCHELL R,AGLE B,WOOD D. Towards a theory of stakeholder identification and salience: defining the principle of who and what really counts[J]. Academy of management review,1997,22(4):853-886.

[93] PATRICK M E. Corporate codes of conduct: the effects of code content and quality on ethical performance[J]. Journal of business ethics,2011,99(4):1653531.

[94] PORTER M E,KRAMER M R. The big idea: creating shared value. how to reinvent capitalism—and unleash a wave of innovation and growth[J]. Harvard business review,2011(89):62-77.

[95] PURVIS B,YONG M. ROBINSON D. Three pillars of sustainability: in search of conceptual

origins[J]. Sustainability science,2019,14(3):681-695.

[96] ROBINSON J. Squaring the circle? Some thoughts on the idea of sustainable development[J]. Ecological economics,2004,48(4):369-384.

[97] SCHWARTZ M S. Universal moral values for corporate codes of ethics[J]. Journal of business ethics,2005,59(1):27-44.

[98] SCHWARTZ M S. Developing and sustaining an ethical corporate culture: the core elements[J]. Business horizons,2013,56(1):39-50.

[99] STUBBS W. Sustainable entrepreneurship and B Corps [J]. Business strategy & the environment,2016,26(3):331-344.

[100] VISSER W. The age of responsibility: CSR 2.0 and the new DNA of business[J]. Journal of business systems governance & ethics,2014,5(3):61-65.

[101] WIDYANI A A D,LANDRA N,SUDJA N,et al. The role of ethical behavior and entrepreneurial leadership to improve organizational performance[J]. Cogent business & management,2020,7(1):1747827.

[102] WILSON I. What one company is doing about today's demands on business[C]//STEINER G A. Changing Business-Society Interrelationships,UCLA,1975.

[103] WARTICK S L,COCHRAN P L. The evolution of the corporate social performance model[J]. Academy of management review 1985,10(4):765-766.

[104] WOOD D J. Corporate social performance revisited[J]. Academy of management review,1991,16(4):691-718.

[105] WEBLEY S,WERNER A. Corporate codes of ethics: necessary but not sufficient[J]. Business ethics: a european review,2008,17(4):405-415.

[106] WEISS J W. Business ethics: a stakeholder and issues management approach [M]. San Francisco:Berrett-Koehler Publishers,2014.

附录1 联合国全球契约

资料来源:联合国全球契约官网 http://cn.unglobalcompact.org

1. 联合国全球契约组织

联合国全球契约组织是世界上最大的推进企业可持续发展的国际组织,拥有来自160多个国家的1万多家企业和其他利益相关方会员。这些会员承诺履行以联合国公约为基础的,涵盖人权、劳工标准、环境和反腐败领域的全球契约十项原则并每年报告进展。联合国全球契约组织持续帮助企业将全球契约十项原则整合到其战略和运营中去,通过合作与伙伴关系共同推进更广泛的联合国目标的实现,如联合国可持续发展目标(SDGs)。

联合国全球契约组织认为商业是一种向善的力量,通过致力于可持续发展,商业能够为实现更好的世界承担共同的责任。

2. 联合国全球契约组织的使命

联合国全球契约组织致力于在全球范围内动员可持续发展的企业和利益相关方,创造一个我们想要的世界。这正是我们的愿景。为了实现这一目标,联合国全球契约组织帮助企业:

(1)将有关人权、劳工、环境和反腐败的全球契约十项原则纳入企业战略和运营中,确保负责任地开展业务;

(2)以合作和创新为重点,采取战略行动推动更广泛的社会目标的实现,如联合国可持续发展目标。

3. 全球契约十项原则

企业可持续发展始于公司的价值体系以及基于原则的经商之道。这意味着至少要在人权、劳工标准、环境和反腐败领域履行基本责任。负责任的企业在其经营的任何地方都会遵守执行相同的价值观和原则,并且理解在一个区域的良好实践并不会抵消在另一个区域所造成的危害。通过将联合国全球契约十项原则纳入企业战略、政策和程序流程,建立诚信文化,企业不仅要维护对人类和地球的基本责任,而且还要为其自身的长期成功奠定基础。联合国全球契约十项原则来自《世界人权宣言》、国际劳工组织的《关于工作中的基本原则和权利宣言》、关于环境和发展的《里约宣言》以及《联合国反腐败公约》。

(1)人权

原则一:企业应该尊重和维护国际公认的各项人权

原则二:企业决不参与("同谋")任何漠视与践踏人权的行为

(2)劳工标准

原则三:企业应该维护结社自由,承认劳资集体谈判的权利

原则四：企业应该消除各种形式的强迫性劳动

原则五：企业应该消灭童工制

原则六：企业应该杜绝任何在用工与职业方面的歧视行为

(3) 环境

原则七：企业应对环境挑战未雨绸缪

原则八：企业应该主动增加对环保所承担的责任

原则九：企业应该鼓励开发和推广环境友好型技术

(4) 反腐败

原则十：企业应反对各种形式的贪污，包括敲诈勒索和行贿受贿

4. 根植于全球契约十项原则的企业推进 SDG 目标行动

根植于具有普遍适用性的全球契约十项原则，负责任商业和投资行为对于通过联合国可持续发展目标实现转型变革至关重要。对于企业而言，成功的实施将会加强在世界各地开展业务和建立市场的有利环境。以下 18 个图标分别代表联合国可持续发展的 17 个目标和可持续发展目标。

附录2 贝迩商学院责任教育评估表

资料来源：贝迩商学院责任领导力可持续发展教育项目商学院评估报告[J]. 世界环境，2014(9):34-40.

商学院认证体系和排名在一定程度上引领并推动了商学院教育的发展。为了更好地帮助中国国内商学院迎接挑战，实现培养教育的变革，推动责任教育，贝迩商学院项目在中国开展对商学院责任教育的评估，预计每年评估一次。

贝迩商学院责任教育评估表

一级指标	二级指标	分值	评分标准
组织愿景 (15%)	1. 学院使命、愿景、价值观等提及责任教育	10	学院使命、愿景、培养目标等内容中提及环境责任、可持续发展、责任教育[1]得10分，否则得0分
	2. 学院、项目相关介绍中提及责任教育	5	学院简介、项目介绍等介绍中提及环境责任、可持续发展、责任教育得5分，否则得0分
师资与教研 (35%)	3. 研究机构	15	学院内有专门的机构研究责任领导力、可持续发展、环境责任相关内容[2]，得15分，否则得0分
	4. 专著、案例、研究课题	15	就责任领导力、可持续发展、环境责任相关内容，教师撰写专著、开发案例、研究课题这三者中，三项均满足得15分，满足任意两项得10分，满足任意一项得5分，均不满足得0分
	5. 研讨会和公开演讲	5	学院就责任领导力、可持续发展、环境责任相关内容开展研讨会或组织公开演讲，得5分，否则得0分
学生培养 (40%)	6. 专业方向	10	设有责任领导力、可持续发展、环境责任等相关专业得10分，否则得0分
	7. 课程	10	学院将责任领导力、可持续发展、环境责任相关课程[3]设置为必修得10分，设置为选修课得5分，无相关课程得0分，以得分较高的课程为准计算
	8. 招生要求	5	招生时将学生参与公益活动的经历纳入评估内容，得5分，否则得0分
	9. 学生实践	10	培养计划中要求学生参与社会、环境可持续发展相关的实践得10分，否则得0分
	10. 学生社团或活动	5	学院有关注责任领导力、可持续发展、环境责任相关内容的学生社团或活动，得5分，否则得0分
行动倡导 (10%)	11. 加入CSR相关组织、倡议	10	加入PRME、GRLI、ABIS任意一项得5分，获得AACSB、EQUIS、AMBA、CEEMAN任意一项认证得5分，两者可累加，未加入相关组织也未获得认证则得0分

注：1) 责任教育包括商业伦理、商业道德、企业社会责任、责任投资等内容；
2) 责任领导力、可持续发展相关内容包括责任领导力、责任管理、商业伦理、商业道德、企业社会责任、企业环境责任、责任投资、可持续发展等经济、社会、环境发展内容；
3) 责任领导力、可持续发展相关课程包括培养学生负责任地经营管理企业以促进商业、社会、环境可持续发展的课程。

附录3 "双碳"重要会议和文件

1. 中国在第七十五届联合国大会一般性辩论上向世界承诺：中国将提高国家自主贡献力度，采取更加有力的政策和措施，二氧化碳排放力争于2030年前达到峰值，努力争取2060年前实现碳中和(2020.9)
2. 国务院印发《关于加快建立健全绿色低碳循环发展经济体系的指导意见》(2021.2)
3. 两会受权发布《中华人民共和国国民经济和社会发展第十四个五年规划和2035年远景目标纲要》(2021.03)
4. 联合国政府间气候变化专门委员会(IPCC)发布第六次评估报告第一工作组报告《气候变化2021：自然科学基础》(2021.8)
5. 中共中央办公厅 国务院办公厅印发《关于深化生态保护补偿制度改革的意见》(2021.9)
6. 中共中央办公厅 国务院办公厅印发《关于推动城乡建设绿色发展的意见》(2021.10)
7. 中共中央、国务院印发《中共中央 国务院关于完整准确全面贯彻新发展理念做好碳达峰碳中和工作的意见》(2021.10)
8. 国务院印发《2030年前碳达峰行动方案》(2021.10)
9. 国务院新闻办公室发表《中国应对气候变化的政策与行动》白皮书(2021.10)
10. 《联合国气候变化框架公约》第26次缔约方大会(COP26)最终达成《格拉斯哥气候公约》(2021.11)
11. 国务院印发《"十四五"节能减排综合工作方案》(2021.12)
12. 教育部印发《加强碳达峰碳中和高等教育人才培养体系建设工作方案》(2022.4)
13. 国家发改委等七部委联合印发《促进绿色消费实施方案》(2022.1)
14. 生态环境部等17部门联合印发《国家适应气候变化战略2035》(2022.7)

教师服务

感谢您选用清华大学出版社的教材！为了更好地服务教学，我们为授课教师提供本书的教学辅助资源，以及本学科重点教材信息。请您扫码获取。

❯❯ 教辅获取

本书教辅资源，授课教师扫码获取

❯❯ 样书赠送

企业管理类重点教材，教师扫码获取样书

 清华大学出版社

E-mail: tupfuwu@163.com
电话: 010-83470332 / 83470142
地址: 北京市海淀区双清路学研大厦 B 座 509

网址: http://www.tup.com.cn/
传真: 8610-83470107
邮编: 100084